NLLS (TRICK-KISTE): 43 Kügeli

ASSOZIATIV-Spiele und -Techniken
(derzeit 13 !)

1. ● ABC-Listen
2. ● KaWa
3. ● ABC-COUVERT
4. ● KaWa-COUVERT
5. ● ABC-Kreativ
6. ● STADT-LAND-FLUSS-Spiele
7. ● LULL'sche LEITERN
8. ●● VERGLEICHE
9. ● TRAIN-OF-THOUGHT
10. ● MADELAINE-Spiele
11. ● VERGLEICHs-Spiele
12. ● GEMISCHTE ABC.s
13. ● KNICK-Spiel

Weitere Techniken

14. ● BALL-IM-TOR-EFFEKT
15. ● CHORSPRECHEN
16. ● EXPLORER-STIL
17. ●● FRAGE-RÄTSEL-Spiele
18. ●● FRAGEN formulieren
19. ● Frontal-Info einbetten
20. ● HIERARCHISIEREN
21. ● HITLISTEN-Spiel
22. ● IDEEN GENERIEREN (Denck=Register)
23. ● IDEEN KONSULTIEREN
24. ● INFOS FESTHALTEN
25. ● IMITATION
26. ● KATEGORISIERUNGS-Spiele
27. ● KRYPTISIEREN
28. ● LÜCKEN-TEXTE
29. ● METAPHERN-Spiel
30. ● PASSIV HÖREN
31. ● QUIZ-Spiele
32. ● RECHTSCHREIB-Spiele
33. ● TAPETEN-EFFEKT
34. ● TÄTIGKEITEN-Lernen
35. ● UNBEWUSSTES LERNEN
36. ● VOR-ANKÜNDIGUNG
37. ● WIEDERHOLUNGEN (JOY-Wiederholungs-Spiel)
38. ●● WQS – Wissens-Quiz-Spiele
39. ● ZITATE-VERGLEICHS-Spiel

69 Kügeli

Vera F. Birkenbihl

Trotzdem LEHREN

GABAL

Bibliografische Information der Deutschen Bibliothek

Die Deutsche Bibliothek verzeichnet diese Publikation in der Deutschen Nationalbibliografie; detaillierte bibliografische Daten sind im Internet über http://dnb.ddb.de abrufbar.

ISBN 3-89749-419-1

Alle Abbildungen: Vera F. Birkenbihl
Lektorat: Andreas Kobschätzky, Landsberg
Umschlaggestaltung: die imprimatur, Hainburg
Umschlagillustration: Vera F. Birkenbihl
Satz: JUNFERMANN Druck & Service, Paderborn
Druck: Salzland Druck, Staßfurt

2. Auflage 2005

Die Autorin hält es mit der *Frankfurter Allgemeinen Zeitung* und setzt auf die alte Rechtschreibung.

Inhalt

Hier geht's los

Erlauben Sie mir, Ihnen eine erste kleine Demonstration dessen zu geben, worum es geht (damit Sie das WESEN dieses Buches kennenlernen). Sind Sie bereit, Schreibzeug zu holen und ein wenig **aktiv** mitzumachen? Dann durchlaufen Sie bitte folgende 3 kleine Aufgaben, die Sie sowohl inhaltlich als auch methodisch in unsere Thematik einführen.

Materialien: **Schreibzeug, Timer** (mindestens Uhr mit Sekundenzeiger)

Aufgabe 1: Einen Absatz LESEN (ohne Zeitlimit)

Bitte lesen Sie den nachfolgenden Absatz und beantworten die Frage in der Überschrift:

Zielgruppe – Ist dieses Buch für Sie? ______

Antwort:
( ) ja
( ) nein

Sind Sie eine (be-)LEHRENDE PERSON? Ob Sie an einer **Privat-** oder einer **Regelschule** unterrichten oder Kurse geben, ob Sie als AusbilderIn (im beruflichen Alltag) oder eher „theoretisch" unterweisen, spielt da keine Rolle. Vielleicht sind Sie ja auch jemand, der neue KollegInnen einführt, oder ein **Chef** oder eine Chefin, der/die Mitarbeiter anweist? Oder Sie sind ein/e KundenberaterIn **(VerkäuferIn)** mit einem sogenannten erklärungsbedürftigen Produkt, das Sie so „lehren" müssen, daß der Kunde nicht meint, er sei dafür wohl zu dumm ... Oder Sie sind vielleicht als **Mutter** oder **Vater** eine Person, die regelmäßig „unterweist"? In anderen Worten:

Vielleicht sind Sie auch engagierte Großeltern, Onkel, Tanten ... und/oder wollen einfach verstehen, was Ihren Kindern in der Schule widerfährt?

- Sie sind (im weitesten Sinne) eine Lehrkraft oder jemand, der sich professionell mit dem Lehren befaßt (inkl. Eltern).

Falls Ihre Antwort auf die Frage „Ist dieses Buch für Sie?" NEIN lautet – vielleicht kennen Sie jemanden, für den es geschrieben wurde? Dann bitte weitersagen!

Aufgabe 2: Erste (freie) Assoziationen (2 Minuten)

BEGRIFFE notieren ⇒

Bitte notieren Sie so viele Begriffe (zur folgenden Fragestellung), wie Ihnen in 2 Minuten einfallen. Das Thema lautet: Was müssen die LehrerInnen und Eltern den Kindern und Jugendlichen ihrer Gesellschaft **bieten**, um sie zukunftstauglich zu machen?

Anzahl

Bitte zählen Sie die Begriffe und tragen Sie die Anzahl hier ein:

Beispiel: „Eine Obsttorte ...?" bringt in der Regel weniger Ergebnisse als „Eine Obsttorte mit A ...?"

Sie haben gerade „frei" assoziiert. Das ist eine von vielen Formen, Assoziationen festzuhalten. Allerdings weiß man seit Jahrzehnten, daß uns mehr einfällt (wir **kreativer** werden), wenn wir mindestens eine Spiel-**REGEL** einhalten müssen. Sie kennen den Kreuzworträtsel-Effekt: Die Frage, ob wir einen Begriff nennen können, kann zu der berühmten Leere im Kopf führen, aber dieselbe Frage mit der Forderung, der gesuchte Begriff müsse mit einem spezifischen Anfangsbuchstaben beginnen, löst sofort eine Antwort aus. Wir kommen im Buch auf beide Mechanismen zurück (ANTWORT-REFLEX und ANFANGS-

BUCHSTABEN führen zum Kreuzworträtsel-Reflex; momentan wollen wir letzteren nutzen).

Sie werden gleich eine kleine ABC-Liste anlegen. Falls Sie das noch nie getan haben sollten, das einzig wirklich Wichtige dabei ist dies: Wandern Sie mit den Augen das ABC „rauf und runter" und notieren Sie bei den Buchstaben, bei denen Ihnen etwas einfällt, Ihre Ideen (statt sich krampfhaft von A bis Z „durchzukämpfen"). Dabei kann es sein, daß Ihnen zu dem einen oder anderen Buchstaben **mehrere ASSOZIATIONEN** „zufallen" und bei anderen gar nichts. Das ist völlig ok, es hat damit zu tun, daß die Begriffe unserer Sprache mit ihren Anfangsbuchstaben nicht gleichmäßig auf das ABC verteilt sind (deshalb gibt es beim Scrabble von manchen Buchstaben mehr, von anderen weniger Spielsteine).

Vgl. Rollo MAY: *Mut zur Kreativität.* Er stellte vor einem halben Jahrhundert fest: LIMITATION fördert Kreativität, weil es den Geist zwingt, Wege zu SUCHEN und diese innere Such-Haltung weit mehr zutage fördert, als abzuwarten, was uns einfällt. In Kriegszeiten sind Menschen (aus diesem Grund) besonders kreativ ...

Aufgabe 3: Eine ABC-Liste (2 Minuten)

Es gilt wieder, 2 Minuten lang zu notieren, aber diesmal sollen Sie die Frage beantworten: Was müssen die Kinder und Jugendlichen **lernen**, um zukunftstauglich zu werden? Denken Sie nicht nur an Lernstoff sondern vor allem an Qualitäten, die sie haben müssen:

Das ABC befindet sich auf der nächsten Seite.

Was müssen SchülerInnen lernen/entwickeln?

A ______________________________

B ______________________________

C ______________________________

D ______________________________

E ______________________________

F ______________________________

G ______________________________

H ______________________________

I ______________________________

J ______________________________

K ______________________________

L ______________________________

M ______________________________

N ______________________________

O ______________________________

P ______________________________

Q ______________________________

R ______________________________

S ______________________________

T ______________________________

U ______________________________

V ______________________________

W ______________________________

X, Y ______________________________

Z ______________________________

Aufgabe 4: Ergebnis

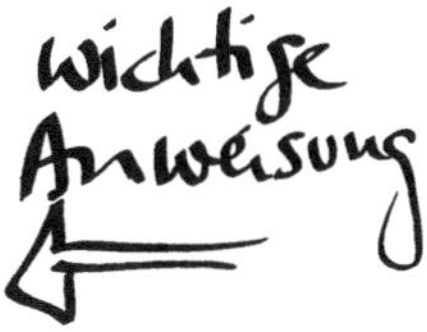

Bitte versuchen Sie sich hundertprozentig an folgende kleine Anweisungen zu halten: Blättern Sie so lange nicht zurück, bis Sie die Fragen beantwortet haben, einverstanden?

1. Am Anfang haben Sie einen Absatz GELESEN. Worum ging es bitte? Ihre Antwort: ______________________
2. Dann durften Sie völlig FREI assoziieren. Wie viele der Begriffe hatten Sie notiert? __________ Wieviele davon fallen Ihnen jetzt wieder ein (auf das separate Blatt notieren)? Raten Sie, wenn Sie nicht sicher sind.
3. Danach folgte ein erstes Wissens-ABC, bei dem Ihre Assoziationen weitgehend, aber nicht völlig frei waren. Wie viele der Begriffe hatten Sie diesmal notiert? __________ Wieviele davon fallen Ihnen jetzt wieder ein (auf das separate Blatt notieren)?

Bitte ein separates Blatt Papier verwenden!

Jetzt sehen Sie bitte nach, um Ihre Erinnerungen zu überprüfen oder zu ergänzen.

Ergebnis

1. Im ersten Fall sollten Sie LESEN. Nur die Besten können LESEND aufnehmen und wissen später, was sie gelesen haben. Wer in der Vergangenheit niemals zu einem AKTIVEN Lese-Stil hingeführt wurde, weiß hinterher „fast nichts" und, was noch schlimmer ist, er/sie hält sich selbst für verantwortlich (= schuld). Tatsache aber ist, PASSIVES KONSUMIEREN führt dazu, es liegt also an der Technik. Dies führt uns zu der ersten ketzerischen Frage: **Die meisten LehrerInnen beherrschen diese Technik, die meisten SchülerInnen nicht – wieso?**
2. Dann folgten zwei Assoziations-Übungen, zuerst das FREIE Assoziieren. Es ist immer besser, die Zielgruppe **aktiv** mitdenken zu lassen und die einfachste Form ist, erste Gedanken abzurufen. Dies aktiviert den **Neuro-Mechanismus** ASSOZIATIONEN. Er bewirkt,

daß passives Wissen im inneren Archiv (weitgehend unbewußt) „angezapft" werden kann. Das löst **Interesse** für das Thema aus. Deshalb ist es anschließend spannend, VERGLEICHEN zu dürfen (z.B. mit SitznachbarInnen oder in Klein-Gruppen). Auch VERGLEICHEN ist ein machtvoller Neuro-Mechanismus (ihm widmen wir viel Raum in diesem Buch). Nach dem ASSOZIIEREN und VERGLEICHEN ist man sehr offen für Infos von „vorne", also für das, was die Lehrkraft zu sagen hat. Im Klartext: Frontal-Unterricht ist nicht per se falsch, böse, veraltet etc. (wiewohl es in Zukunft auch neue Formen geben muß), aber wenn er auf eine Vorbereitungsphase von kurz Selberdenken und Vergleichen **folgt**, kann er wenigstens als **Saat** in den „vorbereiteten" Boden eingepflanzt werden. Auf daß die SchülerInnen später reiche **Ernte** einfahren können ...

3. In der dritten Übung haben Sie nicht nur frei, sondern ge-ZIEL-t frei assoziiert: Bei der ABC-Liste werden **zwei** „Naturgesetze" aktiv: **Erstens**: LIMITATION führt zu erhöhter Ausbeute. Somit ist eine ABC-Liste stärker in der Wirkung als ein FORMLOSES Notieren. Aber die **zweite** Regel ist genauso wichtig: Es kann uns nur einfallen, was uns einfällt. Je geübter wir sind, desto mehr **fällt uns zu** (welch ein **Zu-Fall**). Beide Assoziations-Aufgaben berührten Fragen, über die Lehrkräfte (inkl. Ausbilder, Eltern etc.) eigentlich öfter nachdenken müßten ... (hmmm).

Fazit

Mit diesem kleinen Vorgeschmack wollte ich darauf hinweisen, daß neue Wege in der Schule weder „schwer" sind, noch daß Lehrkräfte (AusbilderInnen, TrainerInnen etc.) jetzt sofort alles umstellen müssen! Wir alle wissen, daß wir Probleme haben, aber unsere Pilot-Projekte (auch an Regelschulen) zeigen eindeutig, daß wir schon mit einfachsten Maßnahmen (wie dieses Buch sie vermittelt) enorm schnell erste Ergebnisse erzielen können, die allen Beteiligten zeigen: Lernen muß nicht „schlimm" sein. Das bringt uns zum Ziel und Zweck dieses Buches.

Worum geht es in diesem Buch?

Es hat sich ja inzwischen herumgesprochen, daß die meisten modernen Industriestaaten gravierende Probleme haben: Sie können ihre Jugend **nicht** auf die zukünftige Wissens-Gesellschaft vorbereiten. Auch unsere Wissenschaftler wissen dies; so sagte neulich im Fernsehen ein Professor für Pädagogik, Andreas GRUSCHKA (Münster), **im Fernsehen** (Zitat):

> „So wie Schüler lernen, lehrt in der Regel der Lehrer nicht. Er lehrt nach einem bestimmten Muster, einem bestimmten Standard; er hat einen Königsweg, wie zu lehren ist. Aber die Art und Weise (...) steht im Widerspruch zu den **Strategien, die die Schüler selbst zu entwickeln versuchen, wenn sie sich bemühen zu lernen.** Es sind zwei Welten, wobei man feststellen muß, daß die Welt des Lehrers (nur) einen Teil der Schüler bedient.“

Schüler lernen ganz anders, wenn sie dürfen

Er meint, es gäbe deshalb keine Proteste, weil EINIGE SCHÜLER so lernen können, wie (er) lehrt. Tja, und die anderen? Leider wächst die Zahl jener „anderen“ von Jahr zu Jahr: Jedes Jahr schicken wir mehr Kinder auf SONDER-Schulen. Jedes Jahr wächst die Anzahl jener, die zwar die Schule „durchlaufen“ haben, aber wegen mangelnder Kompetenz in Lesen, Schreiben, Rechnen und – das wird meist gar nicht erwähnt – in der Fähigkeit zu denken, nicht einmal einen Ausbildungsplatz erhalten können! SchülerInnen, die eine Prüfungsaufgabe nicht mehr begreifen, wenn ihre Formulierung ein wenig von den geübten Mustern abweicht, sind die Norm, wie mir unlängst der Rektor einer großen Berufs-Fachoberschule versicherte. Die SchülerInnen könnten nur Aufgaben lösen, die exakt jenen gleichen, die sie vorher geübt hatten – das heißt, sie können eine Aufgabe denkerisch **nicht** bewältigen – und das nach monatelangem „Lernen“ dieser Art von Mathe-Aufgaben (z.B. im wirtschaftlichen Zweig der Fachoberschule).

Auch einer der prominentesten Lehrer-Lehrer (stern) der Nation, Heinz KLIPPERT, der die Lehrer mit Seminaren begeistert, zu denen sie

Schul-
reform:
3 Fak-
toren

am Samstag freiwillig zu Hunderten kommen, hat große Zweifel ob der notwendigen Reform. In seinem Buch *Pädagogische Schulentwicklung* stellt er fest, daß für eine erfolgreiche Schulreform **drei** Faktoren erfolgreich bewältigt werden müßten: **Erstens** die Unterrichts-Zentrierung, um „mehr Berufszufriedenheit für die verantwortlichen Lehrkräfte" zu erreichen. **Zweitens** EVA (das ist der Schlüsselbegriff für Eigenverantwortlichkeit), „daß (die SchülerInnen) sukzessive selbständiger, kreativer und verantwortungsbewußter werden und auf diese Weise zunehmend die Bereitschaft und Fähigkeit erlangen, komplexere Aufgaben bzw. Problemstellungen in eigener Regie und allein oder in Gruppen zu lösen." **Drittens** fügt er hinzu:

> „Allerdings steht und fällt EVA mit dem Vorhandensein tragfähiger methodischer Routinen auf Schülerseite, d.h. mit dem Beherrschen elementarer Arbeits-, Kommunikations- und Kooperationstechniken. Gerade an diesen Basiskompetenzen aber mangelt es (er meint die SchülerInnen!) vielerorts nach wie vor erheblich, so daß der angestrebte offene, handlungsorientierte Unterricht in vielen Schulen auf tönernen Füßen steht."

Sind wirk-
lich
die
Schü-
ler
ver-
ant-
wort-
lich??

Nun, auch dieser Mann ist Lehrer und kann seine Herkunft nicht ganz verleugnen, denn hier wird wieder einmal festgestellt, **daß** es bei den SchülerInnen mangelt, ohne hinzuzufügen, wieso man ihnen in der Vergangenheit nicht **beigebracht** hat, selbstverantwortlich zu arbeiten. An anderer Stelle wird zwar erwähnt, daß die Ausbildung unsere LehrerInnen schlecht auf diese heutige Zeit vorbereitet hat, aber auch KLIPPERT zitiert wichtige Forscher, die seit den 1970ern Jahren publiziert haben, was er **heute** sagt. Also – wir haben es gewußt, daß nur was ein Mensch aktiv selbst erarbeitet, auch **begriffen** werden und daß nur Begriffenes **gemerkt** werden kann ... Dann spricht KLIPPERT als dritten notwendigen Faktor von der Serviceorientierung, und ich denke: endlich. Die SchülerInnen sind unsere Zukunft, sie sind unsere **Kunden**, und wir als Lehrende müssen endlich **Dienstleister** werden. Aber so hat KLIPPERT das **nicht** gemeint. Er beschreibt vielmehr eine aufwendige Dienstleistungspalette, die man für die **Lehrer** aufbauen müsse. Es folgen 5 Unterstützungsmaßnahmen, ohne die KLIPPERT eine Schulreform scheitern sieht – von Trainingsmaßnahmen für die KollegInnen über gezielte Maßnahmen für Innovationsberatung, Bereitstellung bewährter Materialien und Lernarrangements über die Unterstützung und Moderation innovationszentrierter Info-Veranstaltungen für Eltern, Schüler, Betriebsvertreter bis hin zu einer konsequenten Prozeß- und Schulbegleitung (Supervisions-Service wo gewünscht) und allgegenwärtigen Innovationsberatern usw. Ich schätze, in ca. 3 Generationen könnte man diesen Apparat aufbauen und in der Zwischenzeit ist wohl alles nur Flickwerk? Nun, die Finnen haben ihr Land in weniger als einer Generation umgepolt, sie wurden zu einem **Lernland** (ebenso Schweden und Dänemark). Warum sollten wir in Deutschland nicht Ähnliches erreichen können? KLIPPERT meint auch, daß viele unserer LehrerInnen nicht wirklich fähig seien, sich selbst in die neue Richtung auszubilden, weshalb man ja ein Heer dieser Innovationsberater benötigen würde. Ich sehe das etwas anders, und zwar gleichermaßen für Schulen wie für Bildungseinrichtungen für Erwachsene (z.B. firmenintern) mit festem Stab an Lehrkräften, AusbilderInnen etc.

Ich dachte, die Schüler sollen lernen selbständig zu arbeiten, wieso benötigen die LehrerInnen dazu bewährte Materialien?

1. Ein Drittel (Pioniere) der LehrerInnen warten nur auf echte ErLEICHT-erung, die es beiden Parteien einfach macht, erfolgreiches Lernen in die Schulen zu bringen. Diese Leute brauchen eigentlich nur einige Infos, Techniken, Denk-Anstöße etc., denn sie sind bereits seit langem „auf dem Weg" und packen es schnell. Von solchen LehrerInnen höre ich immer wieder, wie schnell erste Maßnahmen greifen, was es bringt, um wieviel LEICHTER es für alle wird etc. etc. (Einige dieser Kommentare stehen auch in unserer **Wandzeitung** auf **www.birkenbihl.de**)
2. Ein weiteres Drittel ist im zweiten Durchgang (zeitversetzt) auch bereit, einige der neuen Wege zu gehen, **nachdem** die Pioniere bewiesen haben, **daß** es geht. Sie wollen es erst in der Praxis sehen und sich überzeugen, daß ihre Lern-Investition sich lohnen wird.

1/3 + 1/3 Lehr-kräfte

Dies sind selbstverständlich nur Circa-Werte.

3. Das letzte Drittel gehört **nicht** an diese Institution. Das sind nicht nur jene, die bald pensioniert werden, oder jene, die den vorzeitigen Ruhestand anstreben, das sind teilweise auch jüngere Kollegen, die eher Beamte als be-GEIST-ernde LernhelferInnen sein wollen. Aber die Erfahrungen bei Pilot-Projekten hat gezeigt, daß dieses Drittel von selber geht, denn: Wenn die SchülerInnen erst einmal kapieren, wie schön Lernen sein kann, lassen sie sich von **diesem** Drittel nichts mehr gefallen. So bereinigt sich das System selbst. Die Zeit der herrschaftlichen Beamten ist vorbei, wir treten in das **demokratische Wissens-Zeitalter** ein und dafür müssen wir die jungen Leute fit machen, damit sie fähig werden, sich (so oft wie nötig) alles Wichtige selber beizubringen ...

Wenn Sie hier noch lesen, gehören Sie **nicht** zur dritten Gruppe. Gratuliere! Dann können wir uns gemeinsam Gedanken machen, wie es weitergehen kann, konkret, ab morgen! Und bitte denken Sie nicht, daß Sie als allererste Pioniere vorpreschen müssen, das haben andere – die Skandinavier – bereits getan. Dort hatten die einstigen PISA-Verlierer bereits in den 1980er Jahren begonnen, das Ruder herumzureißen. Heute zeigen sie uns in bewundernswerter Weise, daß (und wie) es geht. Ich empfehle die neue Video-Doku von Reinhart KAHL allen Lehrenden, aber auch allen Eltern.

Reinhard KAHL: *Treibhäuser der Zukunft,* www.reinhardkahl.de

Über eine der dort gezeigten Schulen sagt KAHL:

> Die FUTURUM Schule ist ein Ort, nach dem sich Schüler tatsächlich sehnen, wenn sie mal krank sind. Und dass die Leistungen in der **Futurum Schule** stimmen, zeigen die innerschwedischen Tests. **Die Futurum Botschaft** heißt: **Lust und Leistung sind in der Wissensgesellschaft nicht mehr wie Feuer und Wasser.** Fast jede 10. schwedische Schule arbeitet ähnlich wie Futurum ... Berufsschüler und traditionelle Gymnasiasten in einer Schule? Können da die Schwächeren mithalten, kommen da die Besten auf ihre Kosten? Es geht – und es geht gut.

Seien wir ehrlich: Es wäre uns doch auch lieber, wenn unsere SchülerInnen (Kurs- oder Seminar-TeilnehmerInnen, MitarbeiterInnen, KundInnen etc.) ebenfalls gerne zu dem Ort des Lernens kämen. Dazu sind nur zwei Dinge notwendig:

1. Es muß ein **Ort des Lernens** sein/werden (kein Ort des Belehrt-Werdens) und
2. **Lernen muß Freude machen** (dürfen).

Unabhängig von den „großen Schul-Reformen", die geplant sind und die sicher auch an Ihren Schulen einziehen werden, möchte ich mit meinem Ansatz einen bescheidenen Beitrag leisten, der Dreierlei erreichen soll:

1. Sofortige Er-LEICHT-erung für alle Betroffenen (Lehrende wie Lernende), auf daß beide Parteien gerne an diesen Ort des Lernens kommen.
2. Durch ERFOLGs-Erlebnisse sofortige Ver-BESSERung des Alltags, was die Bereitschaft stärkt, gemeinsam die hier vorgeschlagenen neuen Wege zu gehen.
3. Lernen muß GEIL werden! GEIL steht für:
   Gehirn-gerecht,
   Ent-DECK-end,
   intelligente STRATEGIEN (die „Trick-Kiste" im Buch),
   Lern-Lust (statt Last)!

Die Ziele dieses Buches sind also bescheiden: Wir müssen erste Zeichen setzen, um das leider weitgehend noch sehr lernfeindliche Klima in unseren Klassenzimmern zu ändern. Und ich spreche bewußt vom Klassenzimmer – auch wenn Ihre Schule (Institution, Firma) noch nicht mitziehen will: Wir können im Klassenzimmer, mit den uns Anvertrauten, erste einfache Schritte gehen und sowohl große Er-LEICHT-erung schaffen als auch das Bewußtsein der Betroffenen (Lerner wie Lehrender) ändern: Lernen kann GEIL werden, und dieses Buch zeigt Ihnen, wie! Aber eigentlich ist dies ein Zwillingsbuch, denn ich meine, daß Sie als Lehrende weit mehr Info brauchen und wollen, als die betroffenen LernerInnen selbst. Deshalb:

Zwei Bücher: *Trotzdem LEHREN & Trotzdem LERNEN*

Das Lehrer-Buch:

Trotzdem LEHREN hilft den „Tätern". Das sind neben den **offiziellen Lehrkräften** (in Schule, Aus-/Weiterbildung, wie auch im Arbeitsleben) all jene, die inoffiziell lehren (s. oben). Alle Lehrende könnten das Lernen für die ihnen Anvertrauten dramatisch erleichtern, wenn sie ihre Infos **gehirn-gerecht** „rüberbringen" würden. In dem Maß, in dem dies gelingt, gibt es keine „Opfer" mehr ...

Das Lerner-Buch:

Trotzdem LERNEN hilft den „Opfern", also jenen, die leider noch annehmen, Lernen sei schwer, und jenen, die von sich glauben, sie seien zu dumm, unfähig, unbegabt etc., weil die Wissens-Vermittlung in ihrer Vergangenheit oft leider **nicht gehirn-gerecht** gewesen war. „Opfer" sind vor allem Menschen **mit angeblichen Lern-Schwierigkeiten!**

Die beiden Bücher unterscheiden sich vor allem insofern, als das **Lehrer-Buch** wichtige Zusatz-Infos bietet, damit Sie den Sinn und Zweck von strategischen Maßnahmen einschätzen können, um sich eine informierte Meinung zu bilden (während Lerner eher am WIE als am WARUM interessiert sind). Dieses Lehrer-Buch baut auf den Übungen, Aufgaben und Techniken auf, die Sie bereits kennen (wir kommen darauf zurück) und bietet weitere Techniken, die ich selbst in über 4 Jahrzehnten entwickelt habe. Das **Lerner-Buch** bietet einen Strauß an strategischen Maßnahmen, um auch Lernern aus sogenannten bildungsärmeren Familien Anregungen zu geben, die jene Kinder zu Hause nie erhalten. Somit ist das **Lerner-Buch auch für Lehrkräfte von Interesse**, deren Ausbildung ihnen bisher noch keinen großen Schatz an strategischen Maßnahmen (neben Frontal-Unterricht) geboten hat bzw., um es interessierten SchülerInnen oder deren Eltern zu empfehlen. Ich ging davon aus, daß motivierte LehrerInnen sich das Schülerbuch (d.h. das Lerner-Buch) schon aus Interesse ansehen wollen, z.B. um meine Vorschläge mit den eigenen zu VERGLEICHEN. Sie hätten also das **LEHRER-Buch** auch gekauft, wenn der Teil für Lerner enthalten wäre. Leider hätte dies aber genau die SchülerInnen, die das **LERNER-Buch** am meisten benötigen, abgeschreckt. Deshalb gibt es zwei Bücher.

Die Lernenden müssen nicht unbedingt das vorliegende Buch lesen, das ist für Lehrende wie auch für ErzieherInnen, TrainerInnen, AusbilderInnen etc. und interessierte Eltern wichtig. Die Lernenden sollen ein Praxis-Buch voller Tips, Tricks und Techniken erhalten, zum sofortigen Ausprobieren und aktiven Tun (ohne viel Hintergrund-Info).

Gehirn-gerecht = LEICHT!

Das Kernstück dieser Zwillings-Bücher ist ein Konzept, das eine Jahrzehnte währende Suche zu einem Punkt gebracht hat, der plötzlich viele lose Fäden verknüpfte. Stellen Sie sich zwei Checklisten vor ...

Die doppelte Checkliste: Der erste Überblick

LINKS stehen die Bedürfnisse des Gehirns, RECHTS Maßnahmen, die helfen, diese Bedürfnisse zu befriedigen. Wenn links zu wenige Punkte vergeben werden, schauen wir rechts nach, wie wir den Unterricht (oder das autonome Lernen) an-REICH-ern können.

Sie finden die Listen im Buchdeckel vorne: immer griffbereit!

Die doppelte Checkliste läßt uns beurteilen, ob eine Sache gehirn-gerecht ist. Mit der Frage **„Ist es gehirn-gerecht?"** bewerten wir neben Unterricht und häuslichen **(Lern-)Aufgaben** jede Art von **Lern-Materialien** (z.B. Textbücher, Gebrauchsanleitungen, Werbe-Material, PC-Programme, Lehrfilme etc.). Aber die Checkliste bietet noch viel mehr Möglichkeiten. So können wir als Kunden auch die **Beratung eines Verkäufers** (bei erklärungsbedürftigen Produkten oder Dienstleistungen) anhand der Checkliste überprüfen. Vielleicht stellen wir nun fest, daß es **nicht unsere „Schuld"** ist, wenn wir zuwenig begreifen konnten, weil man es uns eben **nicht** gehirn-gerecht erklärt hatte. Ebenso können wir alle Arten von **Belehrungen, Erklärungen, Ein-** und **Unterweisungen** bewerten, jeden **Vortrag** jede **Vorlesung**, jedes **TV-Programm** – von Dokus über Talk-Shows bis zu Magazinen. Da sitzt man oft „wie der Ochs vor'm Tor", weil man eine „informative" Sendung sieht und trotzdem hinterher nicht viel schlauer ist. Oder man lauscht einer Stunde „Debatte" von „Experten" und weiß hinterher wieder einmal lediglich, daß das alles wohl doch sehr schwierig zu sein scheint oder daß man selbst wohl ein wenig dumm sein müsse. Ob wir LIVE Veranstaltungen (Unterricht, Seminar) bewerten oder eine „Konserve" (vom **Telekolleg** bis zu Wissens-Videos) – endlich haben wir einen Maßstab für Gehirn-Gerechtigkeit!

ENDLICH:
Ein Maßstab für Gehirn-Gerechtigkeit (contra Un-Gerechtigkeit, ha!)

Ein Ort täglicher Lernprozesse sind Schulen: Viel zu viele Pflänzchen (SchülerInnen-Hirne) erhalten zu wenige oder keine der wesentlichsten Grundstoffe, die Lernen möglich machen. **Daher erscheint Lernen Milliarden von Lernenden schwer bis unmöglich.** Aber was, wenn es sogar so leicht werden könnte, daß wir es wie ein SPIEL empfinden? Lernen mit Lust ist angenehm, macht Freude und fällt natürlich leicht. Also können wir uns ein Spektrum vorstellen, auf dem wir Lehr- oder Lernprozesse einzeichnen könnten.

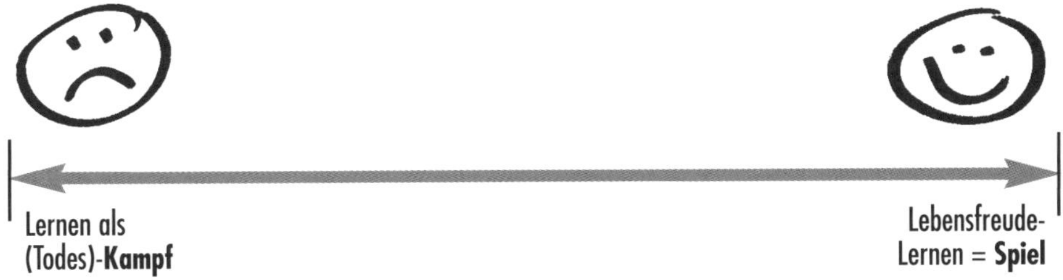

Die Checkliste der Bedürfnisse: **Je mehr dieser Bedürfnisse befriedigt werden, desto weiter nach rechts auf der Skala wandert unser Kreuzchen, desto glücklicher kann das Pflänzchen wachsen und desto GEIL-er wird Lernen! Davon profitieren aber nicht nur Lernende (ehemalige Opfer), sondern auch diejenigen, die ihren SchülerInnen zu dem Erfolg verholfen haben (die keine Täter mehr sein wollen), nicht zu reden von den Eltern und Familien der Betroffenen!**

Auf das LEBEN bezogen, könnten wir sagen: Links stünde vielleicht HUNGER, rechts ESSEN. Links fänden wir z.B. DURST, rechts MASSNAHMEN GEGEN den Durst, also TRINKEN (bzw. Essen von wasserhaltigem Obst oder Tomaten). Wir können also zwischen strategischen Ansätzen **wählen**. Auf alle Fälle wollen wir **Punkte rechts** erwerben, **die links gefehlt** haben. Das ist die Idee hinter der **doppelten** Checkliste!

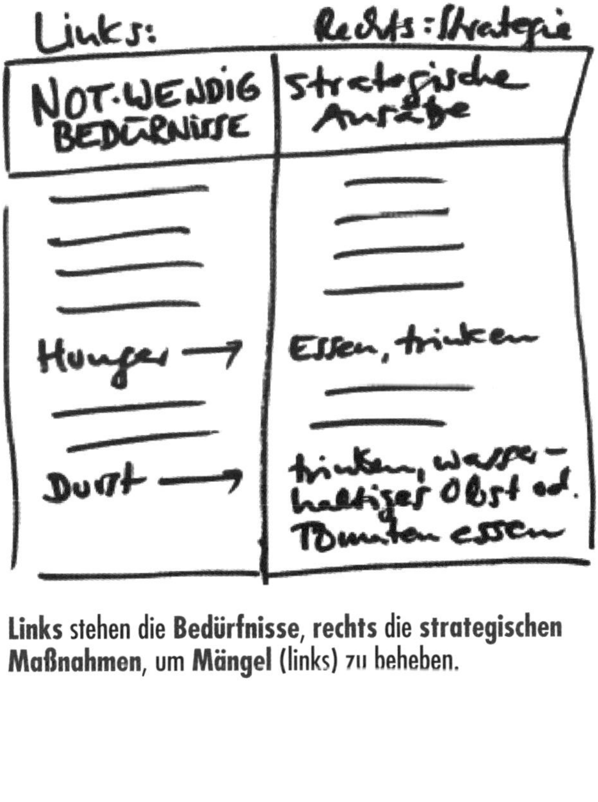

Links stehen die **Bedürfnisse**, rechts **die strategischen Maßnahmen**, um **Mängel** (links) zu beheben.

In bezug auf Lehr- und Lernprozesse, die wir gehirn-gerecht (also leicht und spannend) gestalten wollen gilt:
links: **neurologische Grund-Bedürfnisse**,
rechts: **strategische Maßnahmen**, um Mängel zu beheben.

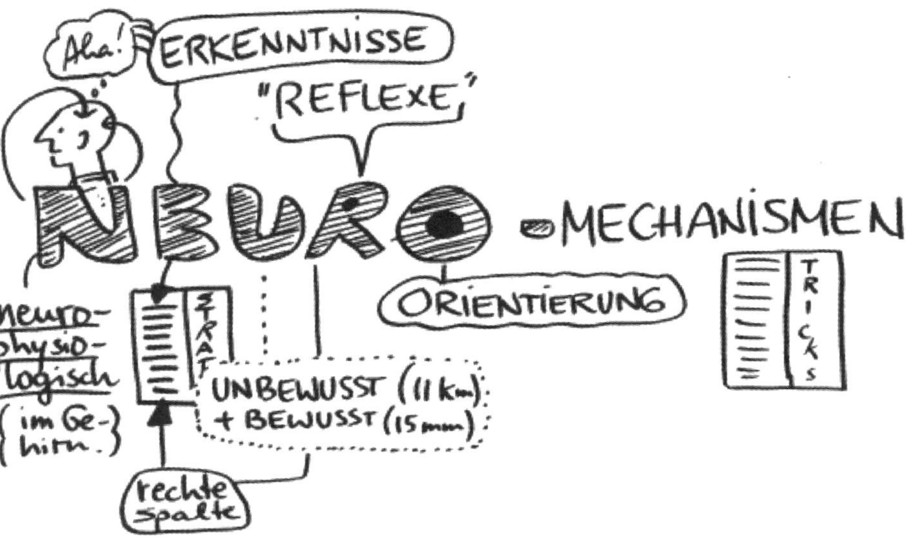

Ich bezeichne die neurologischen Grundbedürfnisse für Lernvorgänge seit 1993 als Neuro-Mechanismen©. Sie sind wie alle Grundbedürfnisse angeboren und **für alle Menschen gleich**, wiewohl es graduelle Unterschiede geben wird (z.B. das menschliche Bedürfnis nach Flüssigkeit). Aber es gibt eben mehr als eine strategische Möglichkeit, um **individuelle Vorlieben individuell anzusprechen**. So neigen einige zum „Saufen" (ich trinke literweise Wasser!), während andere lieber „feuchte" Speisen essen (Melonen, Gurken, Tomaten). Auch diese strategische Maßnahme führt zur Behebung des Wassermangels. Auf Lernen bezogen, heißt das konkret:

Neuro-mechanismen nutzen macht FREUDE

> Neuro-Mechanismen sind **angeboren**, ihre Aktivierung entspricht der **natürlichen Arbeitsweise des Gehirns**. Umgekehrt können wir feststellen, daß **Probleme beim Lernen** ausgelöst werden, wenn es **nicht gehirn-gerecht** „zugeht".

1	ASSOZIATIVES Denken
2	BEDEUTUNG suchen
3	Eigene Ent-DECK-ungen
4	HERUMPROBIEREN
5	IMITATION
6	INCIDENTAL
7	MUSTER suchen, finden, erkennen
8	NEUGIERDE
9	SPIEL-Trieb
10	VERGLEICHEN

Links befinden sich sogenannte **Neuro-Mechanismen**: Je mehr dieser aktiviert werden, desto leichter fällt das Lernen ...

Wenn LehrerInnen oder LernerInnen zu wenige Neuro-Mechanismen „kitzeln", wird (geistiges) Wachstum (= Lernen) be- oder verhindert.

Wir werden noch sehen, daß jedes neurologische Thema mehr als einen Punkt erhalten kann: manche zwei; einer sogar drei (wir kommen darauf zurück).

Vgl. Liste in Buchdeckel vorne und Modul 2, ab Seite 169ff.

1	ASSOZIATIVES Denken	●●
2	BEDEUTUNG suchen	●
3	Eigene Ent-DECK-ungen	●
4	HERUMPROBIEREN	●●
5	IMITATION	●●
6	INCIDENTAL	●●●
7	MUSTER suchen, finden, erkennen	●●
8	NEUGIERDE	●
9	SPIEL-Trieb	●
10	VERGLEICHEN	●●

Je mehr **Neuro-Mechanismen** aktiviert werden, desto leichter fällt das Lernen. Andernfalls wird Lernen immer schwieriger. Unter dem notwendigen Minimum wird Lernen „neuro-logisch" vollkommen unmöglich ...

Somit sind wir bei der Frage angelangt, wie viele Punkte wir benötigen, damit Lernen leicht wird. Antwort: Bei weniger als 4 Punkten wird das Lernen (aus neuro-physiologischer Sicht) ver-**UNMÖGLICH**-t; ab 7 Punkten hingegen wird Lernen zum SPIEL.

<u>**Ab 7 Punkten:**</u>

Lernen passiert einfach immer (bei) **Spannung!**

Der Begriff „SPIEL" steht in diesen zwei Zwillings-Büchern konkret für **vollautomatisches Lernen**, das Lernende nicht einmal verhindern könnten, wenn sie wollten. Mehr davon später (schließlich ist dieser Prozeß das Schlüssel-Thema dieses Buches)!

Da ich die Checkliste das erste Mal in der Schweiz vorstellte, haben sich mir die „**Kügeli**" so eingeprägt, daß ich sie beibehalten habe. Entscheiden Sie, ob Sie lieber flache Punkte, Kügelchen oder Kügeli verteilen wollen.

Wir können die **Punkte** in Form von **Checkmarks** oder als **Kreuzchen** sehen, je nachdem, ob wir auf der Checkliste ab-HAKEN (√) oder an-KREUZ-en (x). Aber viele meiner Seminar-TeilnehmerInnen ziehen die 3-D-Vorstelllung von kleinen Kügelchen inzwischen vor (s. Rand):

Das Lernen wird so leicht, so spielerisch, so natürlich, daß ich die strategischen Ansätze der rechten Spalte als „**Nicht-Lern Lern-Strategien**" bezeichne (neudeutsch: **Non-Learning Learning-Strategies**): Merke: Was in der linken Liste fehlt, kann mit strategischen Ansätzen von rechts ange-REICH-ert werden. Anders ausgedrückt:

Wenn wir auf **Aktivierung von Neuro-Mechanismen** (linke Spalte) testen und feststellen, daß die Anzahl der Kügeli nicht reicht, um die Sache **gehirn-gerecht** zu machen, dann wissen wir, daß Lernen für uns als Lerner oder für unsere Mitmenschen (wenn wir lehren) derzeit leider noch **nicht** zum SPIEL wird. Also wollen wir von „irgendwoher" weitere Punkte erhalten. Dieses „Irgendwo" ist unsere rechte Spalte. Dort befindet sich unsere **Trick-Kiste** mit einer Reihe von **neurolo-**

gisch sinnvollen strategischen Maßnahmen. So können wir gehirn-gerecht an-REICH-ern (was uns die fehlenden KÜGELI einbringt).

ABC-Listen	1
BALL-IM-TOR-EFFEKT	2
CHORSPRECHEN	3
FRAGEN	4
HIERARCHISIEREN	5
INFOS FESTHALTEN	6
KATGORISIEREN	7
LÜCKEN-MANAGEMENT	8
METAPHERN-Spiel	9
WQS – Wissens-Quiz-Spiele	10

Links:
Nicht-Lern Lern-Strategien©
(**Non-Learning Learning-Strategies**©)
zum **An-REICH-ern**, d.h. unsere **TRICK-KISTE**© (our **Bag-of-Tricks**©)

Wie viele Punkte (bzw. Kügeli) = gehirn-gerecht?

- Bei weniger als 4 Punkten (Kügeli) ist Lernen **unmöglich**! (Ohne Wasser stirbt die zarte Lern-Pflanze unter unseren Händen!)
- Bei 4 Punkten (**Kügeli**) ist es **noch schwer**. (Dies ist leider die Norm, deshalb sind ja Millionen von Menschen in unserem Land davon überzeugt, Lernen sei schwer!)
- Bei 5 Punkten (**Kügeli**) wird es zunehmend **leichter** ...
- Ab 6 Punkten (**Kügeli**) wird Lernen bereits **spielerisch**, aber
- ab 7 Punkten (**Kügeli**) wird es wirklich zum SPIEL (im Sinne der Definition von oben). Jetzt haben wir nicht mehr das Gefühl zu „lernen". Es **passiert** einfach. Bei Spannung gilt sogar das Gegenteil: **Wir könnten die Einspeicherung nicht einmal verhindern, wenn wir es versuchten!** Mit 7 Kügeli können wir also sehr zufrieden sein.
- Ab 8 Kügeli wird der **SPIEL-erische Aspekt** dermaßen ausgeprägt, daß viele Menschen regelrecht **erschrecken**, wenn sie begreifen: So leicht hätte Lernen **all die Jahre in ihrer Schul- und Studien- (oder Ausbildungs-)Zeit** sein können!

So bedeutet die Doppel-Checkliste für viele Lernende **Ent-Warnung**. Erstens, weil sie feststellen, daß Lernen nicht a priori unangenehm, langweilig oder gar „schlimm" sein muß. Zweitens, weil sie endlich aufhören können, sich die „Schuld" zu geben, weil sie manche Dinge früher nicht verstanden haben.

Vgl. *Appell an alle lehrenden Personen*, Seite 178ff.

Lehrkräfte, die ihren Schützlingen das Gefühl geben, sie seien fähig, intelligent etc., werden geliebt. Lehrkräfte, die LernerInnen das Gefühl verleihen, sie seien „dumm", liebt man nicht. Der große Streß an Schulen aller **Industrie-Nationen** spricht eine deutliche Sprache ...

Lernen wird leicht mit den **Nicht-Lern Lern-Strategien** (neudeutsch: **Non-Learning Learning Strategies**). Die Abkürzung lautet (deutsch wie englisch) **NLLS**. Wir können auch einfach von unserer **Trick-Kiste** (bzw. unserem **Bag-of-Tricks**) sprechen.

Wie lang ist die Liste eigentlich?

Das entscheiden Sie selbst. Dieses Buch enthält 17 Neuro-Mechanismen, von denen 7 so wichtig sind, daß sie immer 2 Kügeli (●●) bzw. einer sogar 3 Kügeli (●●●) erhalten! Somit könnten Sie, wenn Sie nur links bei den Neuro-Mechanismen nachsehen, theoretisch 26 Kügeli erhalten. Aber das Buch bietet Ihnen auch 39 STRATEGISCHE MASSNAHMEN (NLLS oder Tricks, Spiele, Experimente etc.), so daß Sie theoretisch rechts noch einmal 43 KÜGELI zuweisen können.
Nun entscheiden Sie:

Manche Menschen ziehen eine **lange** Liste vor, damit Sie **alle** Möglichkeiten durch-CHECK-en können. Andere möchten lieber einige ihrer Lieblings-Neuro-Mechanismen und Lieblings-NLLS in eine kurze Liste „stopfen", um ständig „schnell mal" durchzuchecken, wieviel Kügeli eine geplante Maßnahme erhält und ob man sie an-REICH-ern sollte oder nicht. (Im Modul *Lehrer-/Schüler-Fragen* lernen Sie eine Chemie-Lehrerin kennen, die regelmäßig 11 bis 14 Kügeli erreicht, indem sie nur wenig gegenüber früher ändert – aber eine wesentlich bessere Atmosphäre und Lernfreude im Klassenzimmer hat. (Ihre Schüler sind übrigens ca. 19 Jahre alt!)

Neuro-Mechanismen **NLLS-TRICK-Kiste**

Diese Liste enthält (links) **10 Neuro-Mechanismen** und (rechts) **10 NLLS** in der Trick-Kiste, mit allen **Unterpunkten** bietet sie **49 potentielle Punkte (Kügeli)** an: links 23 und rechts 26. Wir wollen ja die magischen 7 Kügeli erreichen. Ab 6 ist es akzeptabel, 7 ergibt das neurologische **SPIEL**, das nicht als Lernen im Sinne von „unangenehm" empfunden wird, und alles „drüber" ist Sahne auf dem LERN-Kuchen, dessen Teig durch gehirn-gerechtes „Backen" entsteht ...

Wenn Sie dieses Buch als „Lehrveranstaltung" ansehen wollen, dann arbeiten Sie wie folgt **aktiv** mit und Sie erhalten ein komplettes Buch-Seminar!

Ich selbst arbeite gern mit langen Listen, weil ich so mehr Chancen wahrnehme, die ich nutzen könnte. Aber wenn Sie lieber mit Teil-Listen arbeiten, so tun Sie dies. Es steht Ihnen völlig frei. Auch wenn Sie die Technik der Doppel-Checkliste weitergeben: Auf einem **Elternabend** könnte es sinnvoll sein, Eltern eine kurze Liste vorzustellen, um die Idee „rüberzubringen", in einem **Trainer-Seminar** für Lehrer-KollegInnen wollen Sie lieber mehr Möglichkeiten anbieten, damit alle Anwesenden sich später **eigene** Lieblings-Listen maßschneidern können.

LESE-HINWEIS für Lehrende

Schritt 1: Listen anlegen (Minimum sind 60 Sek. pro Liste)

Sie haben die ABC-Liste eingangs schon kennengelernt, im Merkblatt *Anlegen von ABC.s und KaWa.s* finden Sie ein weiteres Fallbeispiel (Thema: Konfliktforschung).

Diesmal versuchen Sie eine KUMULATIVE Liste, d.h., Sie denken zur selben Frage mehrmals nach: Es geht um das Thema Unterrichts-Strategien. Versuchen Sie, möglichst viele der **Ihnen bereits bekannten** Strategien aufzulisten.

Bitte beachten Sie: Um sowohl neuere Gedächtnis-Inhalte (z.B. diese Woche) als auch ältere (das letzte Halbjahr) und alte (Ihr gesamtes Berufsleben) „anzuzapfen" reichen 3 bis 4 Listen **nicht** aus. Der Grund hierfür liegt in der Art, wie unser Gehirn arbeitet. Glauben Sie mir einfach vorläufig (wenn Sie das Buch beenden, wissen Sie, warum) und **legen Sie so viele Listen wie möglich an.** Ob Sie **alle halbe Stunde eine** anfertigen (ohne die vorherigen einzusehen) **oder über einige Tage** verteilt – Sie benötigen **mindestens 10 bis 20** Listen, um **ca. 75 % Ihrer Kenntnisse zu einem spezifischen, eng umrissenen Thema zu „finden"**.

Es kann noch viele weitere Listen dauern, um die restlichen 25% zu „finden" – je nachdem, wie verschüttet die Infos sein mögen. Aber um das Buch zu lesen, reichen 75%, weil dies die häufigsten Strategien sind, die Sie normalerweise einsetzen.

Bitte bedenken Sie auch, daß Sie hier einen wichtigen Prozeß des Aktivierens Ihres eigenen Wissens bewußt durchlaufen – zu dem Sie später Ihre SchülerInnen (Seminar-TeilnehmerInnen) einladen wollen. **Man muß selber tun, was man fordert, wenn man überzeugen will.** Und durch aktives Mitmachen können Sie sich selbst überzeugen und die großartigen Möglichkeiten, die einfache ABC-Listen bieten, selbst erleben. Das glaubt niemand, der es nur liest!

Variationen

1. **Markieren** Sie diejenigen **strategischen Ansätze, Übungen, Spiele** etc. in **Farbe**, die Sie **häufig** oder **regelmäßig** einsetzen.
2. **Bitten Sie andere** Lehrkräfte, AusbilderInnen, TrainerInnen etc. **mitzumachen** und tauschen Sie sich (gerne auch per Fax oder elektronisch) aus. So können Sie Ihre Ergebnisse miteinander vergleichen (und auch Leute in Ihre Studie einbeziehen, die weiter weg wohnen).

Schritt 2: Konsolidieren

Konsolidieren Sie nach einigen Tagen Ihre Listen, d.h., übertragen Sie alle in eine „große". Bei Mehrfach-Nennungen machen Sie altmodische Strichlisten, damit Sie wissen, daß diese Ideen mehrmals oder sogar immer wieder aufgetaucht sind. Diese Strichlisten sind sowohl wichtig, wenn Sie eigene Ideen konsolidieren, als auch, wenn Sie Listen mehrere SpielerInnen zusammenführen.

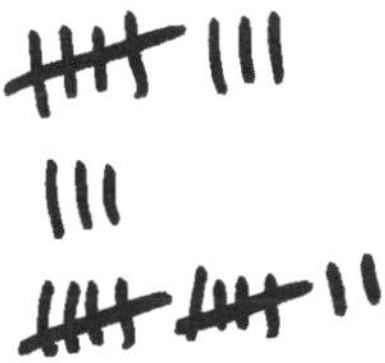

Schritt 3: Numerieren Sie Ihre Liste

Dabei stellen Sie fest, wie viele strategischen Ansätze Ihre 75% darstellen. Natürlich werden Ihnen auch später immer wieder weitere einfallen und Sie werden weiter „sammeln" (beim Lesen, in Gesprächen mit Kollegen). Aber jetzt haben Sie diejenigen Strategien erfaßt, die Sie **zum Weiterlesen benötigen** werden.

Variation: mit „U-..." (s. Rand)

Vielleicht wollen Sie beim Zählen dieser Nummern eine **Kennung** geben (z.B. **U** für „ursprüngliche Liste"). Spätere Techniken, Übungen etc. erhalten **keine** Kennung mehr, weil Sie als engagierte Lehr-Person **Zeit Ihres Lebens weitersuchen werden**. Somit erhalten alle nach der **ursprünglichen Liste** ent-DECK-ten strategischen Ideen eine **fortlaufende** Nummer.

Angenommen Ihre U-Nummern zählten 17 strategische Übungen, Spiele etc., dann beginnen Sie ab 18 ohne das kennzeichnende „U" zu numerieren.

Schritt 4: VERGLEICHEN Sie Ihre Liste beim Lesen

Während Sie dieses Buch lesen, tragen Sie die Zahlen Ihrer **eigenen Strategien** in das Buch ein. Angenommen Sie lesen etwas über **die Notwendigkeit, ASSOZIATIV zu denken**, und Ihre Liste enthält einige Strategien (z.B. Nr. 2, 6 und 17), die genaugenommen vor allem deshalb so gut funktionieren, **weil** sie assoziatives Denken fördern und fordern. Diese Erkenntnis ist **wichtig** für Sie.

IHRE LISTE + dieses BUCH: "Power pur"

Tragen Sie beim Lesen alle relevanten Nummern an allen betreffenden Textstellen ins Buch ein!

Dies bringt Ihnen zwei Vorteile:

1. Sie knüpfen eine direkte Ver-BIND-ung zwischen den Infos im Buch und Ihrem unmittelbaren Alltag, indem Sie immer wissen, welche Ihrer **bisher** bekannten/genutzten Strategien betroffen sind. Damit wird dieses Buch-SEMINAR sehr persönlich und Ihre eigene Lehrerfortbildung!
2. Die Erfahrungen der letzten Zeit zeigen immer wieder: Viele Lehrende begreifen durch die Infos zum ersten Mal, **warum** einige ihrer Lieblings-Strategien überhaupt (bzw. so gut) **funktionieren**.

Dadurch aber kann man in Zukunft **systematischer** vorgehen und vergleichbare Strategien entwickeln (z.B. für andere Aspekte, Fächer, Themenkreise – bei denen man in der Vergangenheit immer dachte, es „ginge nicht").

Variation

Tragen Sie die **Strategie-Nummern im Buch** mit einem **Stift einer besonderen Farbe** ein, den Sie **nur dafür** verwenden. So leuchten Ihnen die Zahlen, die sich auf Ihre eigenen **Erfahrungen** beziehen später immer in einer bestimmten Farbe „entgegen", so daß Sie diese eigenen Hinweise jederzeit sehr schnell wieder identifizieren können.

Aufbau dieses Buches (Trotzdem LEHREN)

Natürlich gibt es eine „offizielle" Reihenfolge der Module:

1. NEURO-MECHANISMEN und Tricks
2. Kügeli verteilen
3. APPELL an alle lehrenden Personen
4. Lehrer-/Schüler-Fragen

Wenn Sie möchten, können Sie das Buch linear, also in dieser Reihenfolge lesen. Aber Sie können auch „springen" und Ihren Interessen gemäß vorgehen. Zum Beispiel: Sie wollen wissen, wie die Kügeli verteilt werden? Dann warten Sie nicht bis nach dem laaaaaaaaangen Modul mit zahlreichen praktischen Tips, Tricks und Techniken, sondern lesen zuerst, wie die Kügeli im Alltag verteilt werden. In diesem Modul finden Sie einen Hinweis auf zwei weitere Fallbeispiele im Kapitel *Lehrer-/Schüler-Fragen*, weil sie mit Fragen verbunden waren, also hüpfen Sie auch dorthin und ergänzen das Kügeli-Verteilen.

MODULAR lesen ??

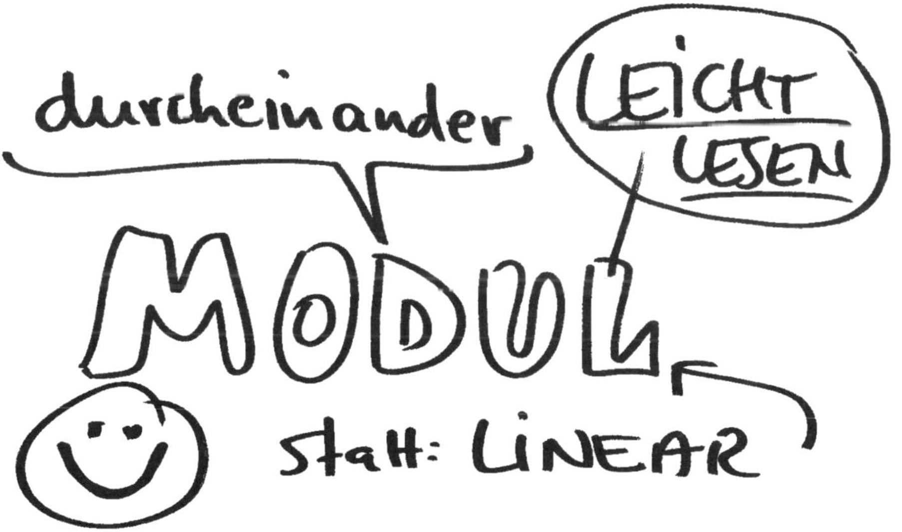

Wenn Sie wissen wollen, worum es bei den häufigsten Lehrer- (und einigen Schüler-)Fragen geht, lesen Sie zuerst „hinten". Das gleiche gilt für das extrem wichtige Modul *Appell an alle lehrenden Personen*, es enthält einige gesellschaftspolitische Gedanken, die wir uns machen müssen, ehe es zu spät ist (es ist ohnehin schon 5 vor 12). Also, Sie entscheiden selbst. In allen meinen Büchern gilt: Kapitel sollten linear gelesen werden (manchmal die ersten Kapitel eines Buches), Module erlauben Ihnen, Ihre eigenen Ent-DECK-ungsreisen zu unternehmen.

Das Thema, wie man ein Thema präsentiert wird übrigens im Fragen-Modul aufgegriffen (s. Seite 211ff.). Dabei stellen wir fest: eine willlkürliche (oder alphabetische) Reihenfolge stellt höhere Ansprüche an den Sender (AutorIn, Lehrkraft), hilft aber, neue Einsichten beim Umstellen zu gewinnen und erleichtert dem Empfänger (LeserIn, SchülerIn, Seminar-TeilnehmerIn) die Arbeit erheblich, weil einzelne Gedanken als abgeschlossene kleine „Module" angeboten werden müssen.

Daher auch die Überschrift Modul (bzw. Kapitel).

Vorbemerkung zu Modul 1

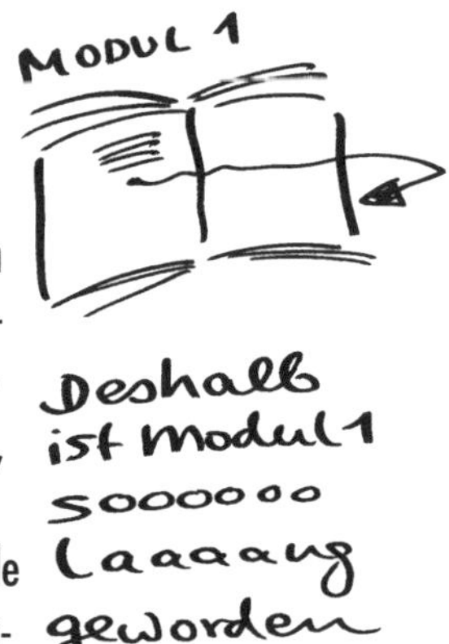

Ursprünglich gab es zwei Module: 1 – Neuromechanismen und 2 – Tricks (NLLS: Nicht-Lern Lern-Strategien). Aber die ersten TestleserInnen fanden es immens ärgerlich, nach dem Kennenlernen eines Neuro-Mechanismus (z.B. ASSOZIATIVEM Denken) in Modul 2 springen zu müssen, um z.B. die 13 Assoziativ-Spiele (TRICKS) kennenzulernen. Dieses Hin- und Herblättern wurde von allen als extrem störend empfunden, weshalb ich die beiden Module zusammengelegt habe. Jetzt fragen einige NEUE TestleserInnen warum es keine zwei getrennten Module gäbe. Nun, die Antwort kennen Sie: Wer sofort erfahren will, wie sich ein Neuro-Mechanismus praktisch auswirkt, braucht jetzt nicht „herumzuspringen". Alle anderen hüpfen zur nächsten (alphabetischen) Überschrift. Dort beginnt (in der Regel) der nächste Neuromechanismus (s. Rand), einverstanden?

Manchmal auch ein Trick, da es mehr NLLS als Neuromechanismen gibt.

Modul 1 – NEURO-MECHANISMEN und Tricks

(alphabetisch sortiert)

1. ABSTRAHIEREN (Regeln ableiten)

Ein wenig beachteter **Neuro-Mechanismus** besteht darin, daß unser Gehirn automatisch versucht, Regeln abzuleiten, während das Schulsystem viel zu oft mit der Regel beginnt. Wir sprechen dabei von Verhalten jeder Art, ob wir ein Abendessen kochen oder eine Wurzel ziehen sollen. Wenn man uns erst mit Regeln „füttert", ist kein eigenständiges Ent-DECK-en mehr möglich, wir werden zu Ausführenden, die Befehlen gehorchen, zu Lernsklaven, zu Robotern. Dies verhindert das automatische beiläufige Lernen regelrecht – wie schade! Es wäre viel besser, wie in alten Zeiten, erst einige Anwendungen durchzuspielen (notfalls durch spielerische Imitation), und die Lernenden einzuladen, selbst herauszufinden, nach welcher Regel eine Sache funktioniert.

Viele der in diesem Buch angebotenen NLLS erlauben dieses **(unbewußte) Abstrahieren der Regeln** und machen **deshalb so viel Spaß** (vgl. *Ver-GLEICH-en*, siehe Seite 136).

2. ASSOZIATIVes Denken

Es ist kaum zu begreifen, wie Schulen die Fähigkeit assoziativ zu denken, verlieren konnten. Die **Vorläufer** heutiger Schulen, die klassischen **Akademien**, waren **Diskussions-Foren**. Wenn wir „selber denken" dürfen, denken wir assoziativ! Erst im **Mittelalter** kamen **Lateinschulen** auf, in denen das **Pauken** an der **Tagesordnung** war. Heute hat sich das in den meisten Regelschulen zum Standard entwikkelt. Dabei gilt, daß viele (zu viele) SchülerInnen in diesem System **leiden**, einmal ganz abgesehen von all jenen, die dem normalen Unterricht nur unter Einnahme von Medikamenten beiwohnen können (oder die man bereits in SONDER-Schulen ausge-SONDERT hat!).

Ein kurzes Stück dieses Abschnitts ist dem Zwillings-Buch (*Trotzdem LERNEN*) ähnlich (aber nicht identisch), jedoch erhalten Sie im vorliegenden Text als Lehrende ZUSATZ-INFOs!

Die natürliche Art des Denkens ist ASSOZIATIV. Leider gehen Schulen und andere Institutionen weitgehend noch davon aus, der rational-analytische Stil entspräche dem normalen Denken, daher ist unsere Ausrichtung noch stark von diesem Irrtum geprägt. In den 1940ern tauchte erstmals die Idee auf, daß unser Denken assoziativ sein

Quelle: Vannevar BUSH: hyperkommunikation.ch/lexikon/hypertext.htm

könnte. Damals nahm ein kühner Denker die Idee von HYPER-TEXT vorweg und prognostizierte, daß spätere Nachschlagewerke und Datenbanken dem assoziativen Denken folgen würden.

Für das Lehren und Lernen ist es extrem wichtig zu begreifen, daß herkömmlicher Unterricht (wie auch klassische Meetings und Konferenzen) noch viel zu wenig Raum für ASSOZIATIVes Denken lassen.

Deshalb müssen wir das ASSOZIATIVe Element **als einen der wichtigsten Neuro-Mechanismen ansehen**. Wer dem ASSOZIATIVen Denken (minutenweise!) freien Lauf läßt, erzielt bald hervorragende Ergebnisse. Dies gilt für Lernende wie für Lehrkräfte (in diesem Fall werden die guten Ergebnisse von deren SchülerInnen erzielt).

Fragen Sie möglichst viele Menschen und lauschen Sie immer wieder, wie sie von **rational-analytische Denkprozessen** sprechen, von **Schlußfolgerungen**, von Problemen, die wir lösen wollen. Aber Augenblicke, in denen wir bewußt **rational-analytisch** vorgehen, ragen wie einzelne Felsblöcke aus einem Meer unablässiger Gedankenketten hervor, und diese Gedanken sind assoziativ.

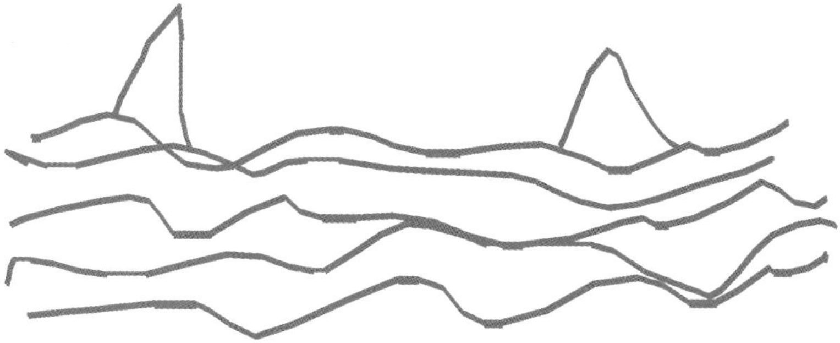

Interessant finde ich, daß viele Menschen **weder** mit dem Wort „assoziativ" **noch** mit dem assoziativen Gedankenprozeß wirklich vertraut sind. Ob man einen Begriff kennt, ist eine Sache, aber den Prozeß selbst? Wir denken doch ununterbrochen, wie kann man da nicht wissen, wie man die meiste Zeit denkt? Ganz einfach: Da wir die meiste Zeit **nicht wirklich bewußt denken** (das meiste läuft an unserem Bewußtsein vorbei), nehmen wir das unablässige „Gurgeln" der eigenen Gedanken nicht wirklich wahr. Wir filtern sie genauso „weg", wie die meisten Reize, die wir **nicht** wahrnehmen (vgl. *Ver-GLEICH-en*, Seite 136ff.).

eine kleine STORY

Woran denken Sie gerade?

Lassen Sie uns mit einer kleinen Story einsteigen. Der Herr Professor erklärt das Wort „Assoziation". Dabei geht es natürlich sehr akademisch zu, so spricht er von „Stimulus", „Response" u.ä. Einige seiner Studenten sehen aus, als seien sie nicht ganz sicher, was er meint. Also will er es etwas anschaulicher erklären. Er zieht sein Seidentaschentüchlein aus der Brusttasche und sagt: „Nehmen wir an, das sei der **Stimulus**, dann werden Sie zwangsläufig irgendwelche **Assoziationen** dazu haben, also eine **Response**."

Er fragt einen Studenten: „Woran erinnert **Sie** das?" Der antwortet: „Bahnhof, Gleis, der Zug fährt ab." Der Professor: „Hervorragend, das ist **Ihre** Assoziation zu diesem Stimulus. Aber unterschiedliche Menschen können ganz andere Assoziationen haben." Zu einem zweiten Studenten: „Woran erinnert **Sie** das?" Der sagt: „Onkel Willi putzt die Brille." Der Professor: „Sehen Sie, eine ganz andere Assoziation zum selben Stimulus!" Zu einem dritten Studenten: „Und **Sie**?" Dieser: „Geschlechtsverkehr, Herr Professor." Dem entgleisen sämtliche Gesichtszüge: „Wie kommen Sie denn darauf?" Der Student: „Ich denke immer daran, Herr Professor!"

Was zeigt uns diese Story?

1. Jeder Mensch **entwickelt immer Assoziationen** zu dem, was wir sagen oder schreiben. Das ist ein mächtiger Neuro-Mechanismus.
2. Wir haben **keinerlei Kontrolle** über die Assoziationen unserer HörerInnen/LeserInnen!
3. **Je mehr wir als Lehrende monologisieren**, desto weniger Kontrolle haben wir über die Gedanken unserer SchülerInnen (bzw. Kurs- oder Seminar-TeilnehmerInnen). Wir haben keine Ahnung, was unser/e GesprächspartnerInnen oder ZuhörerInnen denken.
4. Die Pointe des Witzes („Ich denke immer daran!") erinnert uns daran, daß jeder Mensch **Lieblingsthemen** hat. Stellen Sie sich eine Sitzung vor (in der Firma oder der Familie). Egal worum es geht (z.B. Urlaubsplanung): Es ist in der Regel dieselbe Person, die wissen will, was es kosten wird. Sie fragt: „Wie sollen wir das finanzieren?", „Welchem Budget sollen wir es zuordnen?" usw. Das „Ich-denke-immer-daran" ist in diesem Fall „Geld". Andere Menschen assoziieren zu ihren Lieblingsthemen, dabei fallen dem einen im Zweifelsfall immer **Tiere** ein, einem anderen **Essen**, einem dritten die **Liebe** etc.
5. **Assoziationen** können **intellektueller** oder **emotionaler Natur** sein. Bei einer **intellektuellen** Assoziation fallen uns zu einem bestimmten Thema bestimmte **Wörter** ein, z.B. zu „Bauernhof" diverse Tiere, vielleicht Getreide oder Gemüse, vielleicht EU-Subventionen ... Zu jedem Thema können wir jedoch immer auch **emotionale** Assoziationen haben. Ob „Weihnachten" in uns schöne Kindheitserinnerungen mit **wunderbaren** Gefühlen auslöst, oder ob Sie den Kommerz um das „Fest der Liebe" hassen – Sie werden irgendwelche **Gefühle** erleben, wenn Ihnen der Begriff „etwas sagt", weil Sie persönliche Erfahrungen mit ihm verbinden.

Tip: Achten Sie demnächst bewußt darauf, wie **Politiker** die Macht der Assoziation nutzen. Wolf SCHNEIDER gibt uns in seinem Buch *Wörter machen Leute* ein wunderbares Beispiel: Stellen Sie sich vor, ein Politiker müßte uns mitteilen, daß alles **teurer** wird. Er wird sich jedoch hüten, das Wort „teuer" zu verwenden – wegen der **emotionalen** Assoziationen im Wahlvolk. Also spricht er lieber von einer „Entzerrung des Preisgefüges" oder, noch besser, von einer „Preisbereinigung auf Verbraucherebene". Erstens bewirkt „rein" bei den meisten Menschen positive Assoziationen. Zweitens impliziert „rein", daß vorher „schmutzig" war, wo jetzt be- oder ge-REIN-igt wird ...

Wolf SCHNEIDER: *Wörter machen Leute*

Politiker-sprache

Der NEURO-MECHANISMUS des assoziativen Denkens beschreibt die Tatsache, daß wir ständig **assoziativ denken**. ASSOZIATIVes Denken wird gern als freies Denken (im Sinne von „gegen die Regeln") beschrieben und als „kreativ" bezeichnet. Kreatives Denken ist in Schule, Ausbildung und Arbeitswelt selten erwünscht oder erlaubt und wird nur an extrem wenigen REGELSCHULEN systematisch gefördert (mit Ausnahme von Österreich). Aber wir müssen uns von der Idee lösen, daß „freies" Denken „kreativ" und logisches, rationales Denken demzufolge „unkreativ" wäre.

Es kostete mich Jahrzehnte, das herauszufinden, **denn im Alltag begegnen wir dieser Denk-Art so selten**, daß sie meist als außergewöhnlich (= nicht gewöhnlich) und als besonders „kreativ" eingestuft wird.

Es ist das **freie Umherschweifen** des Geistes (im Sinne der Metapher von Gedanken, die **fliegen**), das zu unserem Geburtsrecht gehört. Es ist ein angeborener Mechanismus, wir müssen, wann immer wir wahrnehmen oder Ideen hören oder lesen, assoziativ durch unsere gigantisches Wissens-Netz **surfen**, um zu sehen, was sich dort bereits befindet. Ich betone ja seit Jahren, daß die Buchstaben „A" und „V" (in ASSOZIATIV) Schlüssel-Charakteristika beschreiben: **ALTE Ver-BIND-ungen** (Abbildung nächste Seite).

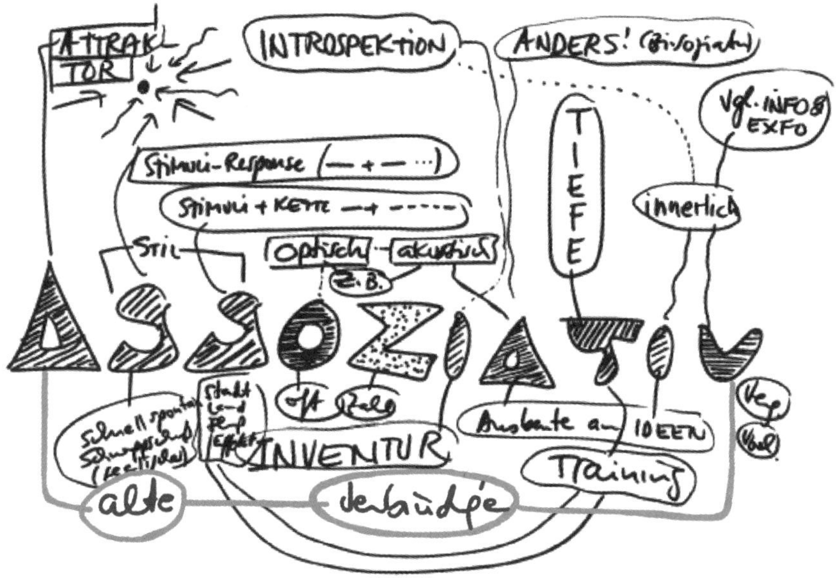

Wenn wir etwas wahrnehmen, beginnt der Prozeß des unmittelbaren VERGLEICHENS (s. Neuro-Mechanismus, Seite 136ff.). Dieser aber funktioniert, indem die Gedanken frei umherschweifen und in unserem Wissens-Netz wie SONDEN suchen können, spricht, durch assoziative Denk-Prozesse. Findet unser Geist im Gedächtnis etwas, dann besteht eine alte VERBINDUNG zu diesem Inhalt. Diese stammt aus der VERGANGENHEIT, sie ist bereits VORHANDEN. Und eben deshalb können wir VERANTWORTUNG für eigene Lern-Prozesse übernehmen. Wir müssen begreifen, daß ASSOZIATIVES Denken eine der besten Lern-Strategien ist, mit denen die Natur uns ausgestattet hat. Und wenn wir lernen, wie einfach die Maßnahmen sind, mit denen wir sie **aktivieren** können (z.B. mit einer einfachen ABC-Liste), dann gewinnen wir alle: Lehrkräfte wie Lernende!

Ab heute bestimmen wir die zukünftige Qualität unseres Denkens!

Unser Denk-Stil legt nicht nur fest, wie gut oder schlecht wir in der Vergangenheit gedacht haben, sondern: Was wir **ab heute** tun, bestimmt, wie gut wir morgen, übermorgen, in einem Jahr und in 10 Jahren denken werden.

Wer (spätestens ab heute) regelmäßig assoziativ trainiert, wird dramatisch profitieren:

VORTEILE

1. **Wenn wir unsere assoziativen Ideen-Ströme FLIESSEN lassen**, dann wird es immer leichter, unsere Gedanken zu betrachten (oder zu hören, wenn Sie lieber akustisch denken). Wir können in zunehmendem Maße feststellen, wie „es" uns denkt, **wie unser Unbewußtes uns mehr und mehr „passende" Assoziationen und Assoziations-Ketten „liefert"**, so daß es ein aufregender Prozeß ist, weiter und weiter zu forschen, um **neue Aspekte zu ent-DECK-en.** Das macht **Spaß**, das löst Gehirn-Hormone (Dopamin, Serotonin) mit angenehmer Wirkung aus (die übrigens auch unserem Immunsystem gut tun).

Sogar unser Immun-System profitiert!

2. **Durch assoziative Denk-Schübe kommt vieles in unserem Geist in BEWEGUNG**, d.h. daß wir auch zu anderen Themen „lockerer" werden, wenn wir die **Fähigkeit, frei zu assoziieren regelmäßig trainieren.** Und mit einfachsten ABC-Listen und KaWa.s© (s. Merkblatt, Seite 248ff.) sind wir bereits in einem hochqualifizierten Training!
3. **Stellen Sie sich zwei Führungskräfte vor: Der eine fragt geschlossen, immer knapp und präzise, was er gerade wissen will und genau das bekommt er von seinen Leuten – nur Minimal-Antworten.** Sowohl von den echten als auch von den metaphorischen „Mitarbeitern" in seinem (unbewußten) Geist (s. Rand). Für ihn ist **Denken unangenehm**. Er drückt sich vor dem Denken, indem er viel über Dinge spricht, die bereits bekannt sind, damit es nicht auffällt, daß er sich vom Rand seines derzeitigen Wissens entfernt hält, denn da müßte er ja zu Forschen beginnen und Forschen geht mit Denk-Prozessen einher. Er drückt sich auch vor Entscheidungen (beruflich wie privat) und wenn eine getroffen werden muß, dann sucht er **alte Topfdeckel** und wählt einen aus, der schon irgendwie auf den heutigen Topf passen soll …

   Der andere ist das genaue Gegenteil. Er liebt es, verschlossene Töpfe zu studieren und Deckel zu heben (also

Mit metaphorischen Mitarbeitern weise ich auf die „Mitarbeiter" unseres inneren Archivs hin, die unser Wissen (bewußt wie unbewußt) verwalten.

Ent-DECK-ungen zu machen). Er **denkt gerne,** weil er **geistige Abenteuer schätzt**. Er ist locker und stellt viele **offene** Fragen („Was hätten wir denn in Richtung ...?“, „Was wäre wenn ...?“, „Woran erinnert mich das ...?“). Er befragt sowohl seine echten Mitarbeiter als auch seine metaphorischen (das heißt: er denkt in Fragen) und erhält aufgrund seiner offenen Art zu fragen von beiden weit mehr Info als die erste Führungskraft. Daher hat er eine weit REICH-ere **Auswahl, er findet Denken von Jahr zu Jahr interessanter, spannender, faszinierender**, denn es ist eine **Kompetenz**, die er **systematisch ausbaut, trainiert, fordert und fördert**. Je größer unser Repertoire, desto mehr Freude macht es auch ...

Das A steht ja u.a. für ALTE VERBINDUNGEN (s. „V“, unten).

Sehen wir uns nun die **anderen** Gedanken zum KaWa© von ASSOZIATION (s. Seite 42) an; jetzt dürfte uns alles einleuchten:

S = Wenn wir zu einem Thema SCHNELL und SPONTAN Assoziationen bilden, dann erfahren wir, was wir denken (vgl. „I“ = Inventur, unten).

S = Je geübter wir sind, über ein Thema frei assoziativ nachzudenken, desto mehr fällt uns ein. Anders ausgedrückt: Je stärker der STADT-LAND-FLUSS-EFFEKT, desto mehr wird uns zufallen (der sogenannte Zu-Fall, ha ha).

O = Je ÖFTER wir zum selben Thema arbeiten desto besser die Ausbeute.

Z = (... desto höher wird die) ZAHL an IDEEN

I = Jede assoziative Übung stellt immer eine INVENTUR dar (s. „S“ oben)! Je bewußter wir unsere eigenen Assoziationen registrieren, desto besser können wir sie nutzen (INTROSPEKTION = INNENSCHAU).

A = AUSBEUTE an Ideen: Ideen, über die wir häufig nachdenken, wirken außerdem wie ein ATTRAKTOR; sie beeinflussen, was wir wahrnehmen und welche Assoziationen wahrscheinlicher sind als andere (vgl. auch INVENTUR und Stadt-Land-Fluß-Effekt).

T = TRAINING bringt TIEFE: Je öfter wir uns einem Thema zuwenden, desto TIEFer kommen wir.
I = IDEEN, die uns einfallen.
V = VERGANGENHEIT etc. (s. Text oben, Seite 42).

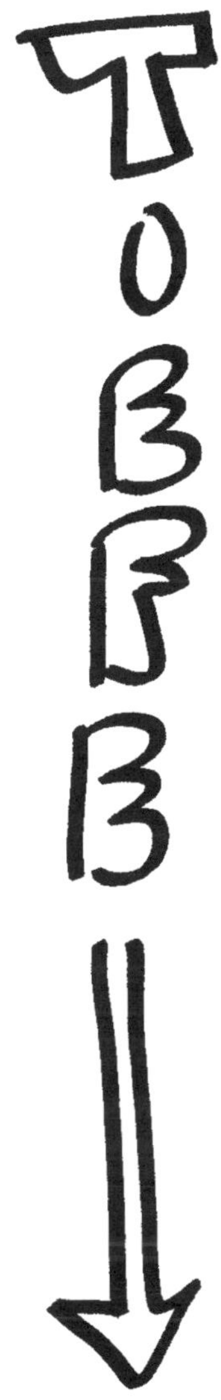

Ich wiederhole: **Wer** (spätestens ab heute) regelmäßig das Minimum (ABC-Listen und KaWa.s©, Seite 248ff.) anwendet, wird dramatisch profitieren. Mit „anwenden" meine ich, daß schon einige wenige kurze (90 Sekunden bis 3 Minuten dauernde) **Mikro-Übungen** sehr viel „bringen"! Wer regelmäßig schnell mal zwischendurch ABC.s oder KaWa.s© zu **derzeit wichtigen** Themen anlegt, wird bereits nach einigen Tagen (spätestens nach wenigen Wochen) **be-GREIFEN**, was es ihm oder ihr bringt (weil dann die Vorteile deutlich zu **GREIFEN** sind).

Ich könnte Ihnen lange Listen von möglichen Vorteilen anbieten, aber diese Erfahrungen muß man letztlich selber machen. Das ist bei regelmäßiger Meditation dasselbe: Man hat ganze Bücher mit möglichen Auswirkungen gefüllt, aber welche Aspekte sich **für uns** als besonders hilfreich entpuppen, **das müssen wir alle selbst ent-DECK-en!** Also: Einige Wochen lang mehrmals am Tag kurz ABC-Listen und/oder KaWa.s© anfertigen – notfalls in der **Werbepause**, im **Stau**, in der **Warteschlange** im Supermarkt (ja, man kann auch im Stehen schreiben, insbesondere wenn man einen Einkaufswagen vor sich stehen hat!). Ich weiß, daß viele meiner TeilnehmerInnen und Coaching-Klienten nur damit begonnen haben, diese drei Situationen auszunutzen, weil ich immer wieder drängte. Schließlich fällt es leicht, Gehirn-Benutzer zu werden, wenn es uns keine Minute unserer „freien" Lebenszeit kostet. (Wir warten auf die Fortsetzung unserer Sendung und wir stehen in der Warteschlange oder dem Stau, ob wir die Zeit nun für ein ABC oder ein KaWa© nutzen oder nicht!) Es ist unglaublich, wie schnell sich diese Denk-Tools in Ihr allgemeines Denken einschleichen, eben weil sie so viel bringen. Weil sie gehirn-gerecht sind. Deshalb ist es sträfliche Vernachlässigung, wenn Lernende sich dieses Denk-Tools nicht bedienen oder wenn Lehrende es den ihnen Anvertrauten nicht vorstellen. Es kostet so wenig Zeit – spart aber weit mehr später im Unterricht, denn **nach** einem assoziativen Gedankenfluß ist man offen und durchaus interessiert, was jemand zu **sagen** hat (z.B. eine Lehrkraft). Somit machen wir als Lehrende, Chefs, Berater (beim Kunden) etc. es nicht nur den „Opfern" leichter, sondern wir profitieren überdies auch noch davon!

Assoziativ wahrnehmen oder assoziativ denken?

Was immer wir wahrnehmen wird **erstens verglichen** (siehe Neuro-Mechanismus *Ver-GLEICH-en,* Seite 136ff.) und **löst zweitens Gedanken**, oft sogar **Gedanken-KETTEN in uns aus**. Diese haben zunächst eine Ver-**BIND**-ung zu dem, was wir gerade wahrgenommen (gehört, gesehen) haben, können aber sehr schnell ein Eigenleben entwickeln und uns regelrecht „entführen".

Oft wird eine solche Assoziationskette z.B. im Unterricht ausgelöst. Leider ärgert es jedoch manche Lehrkräfte, wenn SchülerInnen sich nicht ununterbrochen auf das augenblickliche Geschehen konzentrieren – ohne Rücksicht darauf, daß diese Lehrkräfte selbst gedankliche „Wanderungen" ausgelöst haben. Merke:

> Je krampfhafter jemand sich auf das JETZT konzentrieren soll, desto weniger kann er den eigenen ASSOZIATIVEN Gedanken „lauschen".

Da sich die Fähigkeit, **REICH-haltige Assoziationsketten** zu bilden erst im Schulalter entwickelt, lernen Kinder (die ständig daran gehindert werden) es nie!

> Eben jene Gedankenketten, die manche Lehrkräfte ärgern mögen, sind aber die „Ausbeute" assoziativen Denkens, die wir zeitlebens brauchen, wenn wir intelligent und kreativ auf unsere Umwelt reagieren wollen! Deshalb muß Schule Möglichkeiten finden, insbesondere Kindern aus sogenannten bildungsfernen Familien zu helfen, ihren assoziativen „Muskel" zu trainieren, statt genau dieses Training zu verhindern.

Die Neuro-Mechanismen ASSOZIATIVES DENKEN und VERGLEICHEN bestimmen in großem Maße, welchen **Sinn** wir in der Welt finden, woran wir uns „erinnern“, welche logischen (und analogischen) Ver-BIND-ungen wir entdecken können und mehr!

Es beginnt mit der **Wahrnehmung**: Eine Sache, die wir sehen, hören, riechen, schmecken etc. Der französische Romanschriftsteller Marcel PROUST biß in eine MADELAINE (ein Gebäck) und auf einmal überflutete ihn eine Erinnerung aus seiner Kindheit. Diese war so stark, daß er die restlichen (sieben) Jahre seines Lebens damit zubrachte, zu versuchen, sein Leben ASSOZIATIV zu erforschen. Das mehrbändige Werk (*Auf der Suche nach der verlorenen Zeit*) ist ein wunderbares Dokument assoziativen Denkens!

Marcel PROUST + seine MADE-LAINE

Aber auch Gedanken können Assoziationen auslösen. Neurologisch unterscheidet sich ein Gedanke nicht von anderen „Ideen im Kopf“: Ob wir eine Blume sehen oder an eine Blume denken ist neurologisch sehr ähnlich, nachdem die passende/n Nervenbahn/en aktiviert wurde/n! Deshalb können „echte“ **Dinge**, die wir wahrnehmen, oder aber **Gedanken** assoziative (weitere) Gedanken auslösen. Dabei gilt: **Jede ausgelöste Assoziation benimmt sich wie eine weitere Wahrnehmung.** Daher wird auch sie

a. verglichen (Bekannt/unbekannt? Kennen wir Ähnliches?) und

b. sie löst **weitere Assoziationen** aus.

Somit kann jede Wahrnehmung **oder** Idee immer eine **Kaskade von Assoziationen** auslösen. Theoretisch könnte diese Kaskade unendlich lang „laufen“. Deshalb „reißen“ Gedankenketten selten abrupt ab, außer wir erhalten einen **neuen Input von außen**, der die „Laufrichtung“ der assoziativen Kette verändert (und uns in eine neue Kaskade einsteigen läßt).

Deshalb ist es auch so gut wie unmöglich, auf Befehl „nichts zu denken“ ...

Die einfachste Möglichkeit **assoziatives Denken auszulösen**, ist die **Frage „Was fällt Ihnen** (dazu) **ein?“** (z.B. zu einem Thema, das bereits im Raum steht). Jemand spricht von etwas und wir fragen uns, was uns dazu einfällt. Was immer es ist, es entstand ASSOZIATIV.

Je mehr wir wissen, desto mehr kann uns ein- oder zufallen

Darüber hinaus habe ich eine Reihe von Techniken gesammelt/entwickelt, die uns helfen, jederzeit (auch alleine) ASSOZIATIV zu denken, z.B. ABC-Listen und WORT-Bilder (KaWa.s©). Aber auch der VERGLEICH einiger kurzer Statements (Zitate, Definitionen etc.) zu einem Thema löst umso mehr Assoziationen beim Leser (Hörer) aus, je mehr er oder sie zu diesem Thema weiß. Und das ist die Crux des assoziativen Denkens: Je mehr wir wissen, desto mehr kann uns ein- oder zufallen. Und: Je öfter wir assoziatives Denken trainieren, desto mehr Wissen aus unserem **inneren Archiv** wird „greifbar", weil wir zu unseren wichtigen Themen **Stadt-Land-Fluß-Effekte**© schaffen.

Ich kann nicht oft genug wiederholen, daß **mehrere kurze Übungen** mehr bringen können als langes (tiefes) Nachdenken, insbesondere um einen schnellen Einstieg in ein Thema zu finden:

> Mehrmalige kurze (90 Sekunden bis 3 Minuten) Reflexion über ein Thema kann uns mehr Einsichten darüber bieten, was wir bereits wissen, als langes (tiefes) Nachdenken. Langes (tiefes) Nachdenken wird erst sinnvoll, wenn wir unser passives Wissen mehrmals kurz aktiviert und den Stadt-Land-Fluß-Effekt© zu **diesem** Thema kreiert haben!

Wenn wir mehrmals KURZ assoziieren, „reißen" wir viele Gedanken „an" (denken Sie an das Zupfen von Gitarrensaiten, die kurz „schwingen" und „verklingen"). Denken wir hingegen lange Zeit „weiter", geschieht etwas völlig anderes. Dies läßt sich leicht verstehen, wenn wir uns eine englische Redewendung ansehen: man spricht vom „Gedanken-Zug" („Zug" soll hier im Sinne von Eisenbahnzug verstanden werden). Wir entwickeln also **a train of thought** zu unserem Thema. Dieses Idiom enthält eine **brillante Metapher**. Wir springen quasi auf einen Zug auf und er entführt uns entlang bestimmter Bahnen (Gleise) in eine bestimmte Richtung. Fahren wir lange genug mit, dann landen wir vielleicht in Italien, auf dem Mars oder in einer anderen Galaxie. Im Gegensatz dazu gleicht mehrmaliges kurzes Assoziieren dem Prozeß des **train-hopping**. Hier setzen wir uns nicht in einen Waggon „hinein", sondern wir laufen auf dem Zugdach herum und springen von einem Zug auf den nächsten, der uns gerade begegnet oder überholt. Besonders an großen Bahnhöfen finden wir viele Züge, auf die wir kurzfristig aufspringen können ...

Bleiben wir jeweils kurz „am Thema" und sehen wir in unserem inneren Archiv© nach. Diese Übungen (z.B. ABC-Listen, KaWa.s©, Stadt-Land-Fluß-Spiele, aber zu **unseren** Themen) dienen 1. der schnellen **Inventur**, 2. der **Stärkung vorhandener Nervenbahnen** sowie 3. dem Schaffen eines **Stadt-Land-Fluß-Effektes** zu diesem Thema!

Es ist klar, daß wir dies mit verschiedenen Themen **neu** beginnen müssen: Die ersten Übungen ergeben in der Regel nur wenig. Aber wer am Ball bleibt und weitermacht **(SAAT)** kann bald auch **REICHE ERNTE** einfahren.

Es gibt viele Möglichkeiten, assoziativ nachzudenken. Am schnellsten können wir unser Geburtsrecht wieder/weiter entwickeln, wenn wir regelmäßig die folgenden 13 Variationen aus der Trick-Kiste nutzen!!

Nachdem ich das Thema an anderen Stellen ausführlich behandelt habe, verweise ich auf das Buch-Seminar *Das große Analograffiti-Buch* und *ABC-Kreativ.* An dieser Stelle will ich nur einige Aspekte andeuten. Im Merkblatt: *Anlegen von Wissens-ABC.s* und *KaWa.s©* finden Sie eine **kurze Hinführung**, falls Sie noch nie eine alphabetische Liste zu einem Thema angelegt haben.

3. ASSOZIATIV-SPIELe (derzeit 13!)

Jeder Ansatz, der uns oder unseren SchülerInnen (Seminar-TeilnehmerInnen, MitarbeiterInnen, KundInnen etc.) hilft, unseren „assoziativen Muskel" zu trainieren, ist nützlich. Da das herkömmliche Schul- und Ausbildungssystem assoziatives Denken nicht gerade gefördert hat (um es milde auszudrücken), kann es sein, daß wir die uns Anbefohlenen erst „dazu bringen" müssen, und das geht am besten spielerisch. Deshalb habe ich im Laufe der Zeit die folgenden 13 Assoziativ-Spiele entwickelt, die wir direkt spielen können können: Zunächst zu Spaß-Themen, später zu den Themen, die uns am Herzen liegen ...

1. ABC-Listen als Denk- und Lern-Tool

ABC-Listen (vgl. Merkblatt, Seite 248)

Vgl. Technik Nr. 6: *STADT-LAND-FLUSS-Spiele*, Seite 52.

Es ist enorm wichtig zu begreifen, daß manche Menschen erst beim 7., 8. oder 9. Versuch „aufwachen" und beginnen, das ungeheure Potential so einer „läppischen" ABC-Liste zu sehen. Hier rate ich, mit Technik Nr. 6 zu starten und später erst klarzustellen, daß ABC-Listen als „senkrechtes Stadt-Land-Fluß" gesehen werden können.

Bitte seien Sie sich darüber klar, daß Sie Ihre SchülerInnen (KursteilnehmerInnen) keinesfalls überzeugen werden, im Unterricht oder zu Hause assoziativ vorzugehen, wenn Sie diese Technik nicht selbst regelmäßig einsetzen. Sie wissen ja: Wer WASSER predigt und selbst WEIN trinkt ... Nur ist es hier umgekehrt: Man PREDIGT WEIN und bleibt selbst abstinent! Das merken die Leute und deshalb klagen solche Lehrkräfte darüber, daß „niemand" mitmachen will. Das ändert sich über Nacht, wenn man es selbst regelmäßig tut. Diese Tatsache gilt für alle Aspekte:

- **Lehrende oder Führungskräfte, die selbst nicht viel lesen**, klagen darüber, daß die meisten der ihnen Anvertrauten „lesefaul" seien.
- **Lehrende, die selbst nicht viel schreiben**, klagen darüber, daß die meisten der ihnen Anvertrauten „schreibfaul" seien.
- **Lehrende, die selbst nicht viel lernen**, klagen darüber, daß die meisten der ihnen Anvertrauten nicht lernen wollen ...
- **Lehrende, die selbst nicht viel ausprobieren**, klagen darüber, daß die meisten der ihnen Anvertrauten nicht bereit seien, zu experimentieren.
- **Lehrende, die selbst nicht viel trainieren**, klagen darüber, daß die meisten ihnen Anvertrauten „faul" seien. **usw.**

2. KaWa© (= WORT-Bild) als Denk- und Lern-Tool

Dieses Buch enthält jede Menge WORT-Bilder (z.B. auf den Seiten 13, 21, 26, 30, 42). Wenn Sie eine „richtige Einführung suchen, die über das Merkblatt: *Anlegen von Wissens-ABC.s & KaWa.s©* (Seite 248ff.)

hinausgeht, dann finden Sie in meinem Buch *Intelligente Wissens-Spiele* einen kleinen Spiele-Zyklus, mit dem man sich und andere schrittweise heranführen kann ...

3. ABC-COUVERT

Regelmäßig kurze, schnelle Listen anlegen und sofort WEGPACKEN. Sie können die fertigen Listen abheften, sie in eine Schublade werfen, d.h. anfertigen und weglegen, ohne sie zu lesen! So können Sie mehrmals (sogar viele Male) „neu denken", **ohne von den vorherigen Übungen beeinflußt zu werden.** Das **SCHREIBEN und WEGPACKEN** geschieht **im Hier und Jetzt**, davon wandert bei den ersten Malen sehr wenig ins Langzeit-Gedächtnis. Erst wenn Sie die Listen und/oder KaWa.s© zusammenführen (konsolidieren), erhalten Sie den Überblick. **Ab jetzt wissen Sie weit mehr zum Thema**, weil sie einen Stadt-Land-Fluß-Effekt© geschaffen haben. Dieser entsteht beim echten Stadt-Land-Fluß-Spiel nämlich vor allem dadurch, daß die SpielerInnen **vorlesen**, was sie **geschrieben** haben und nicht beim Schreiben selbst! Wenn Sie immer wieder HÖREN, daß jemand bei Fluß mit „A" den Amazonas vorliest, wird sich dies auf Dauer einprägen. So ähnlich läuft der Prozeß ab, wenn Sie Ihre eigenen Listen miteinander vergleichen. So aktivieren Sie (teilweise Riesen-) Mengen an Wissen in Ihrem inneren Archiv.

Da, als ich die Technik entwickelte, gerade ein altes, leeres, großes B4-COUVERT herumlag und ich dieses nutzte, benannte ich die Technik danach.

4. KaWa-COUVERT (das innere Archiv anzapfen)

Analog zu ABC-COUVERT, nur diesmal mit WORT-Bildern. Beide Techniken helfen uns, wichtige Themen weit tiefer zu „durchdenken" als das normalerweise möglich wäre, wiewohl wir täglich nur wenige Minuten investieren. Unbewußt arbeitet der Geist weiter und schafft immer spektakulärere Ergebnisse. Das Dumme daran ist nur: Um an die spannenden Ergebnisse der 3. und 4. Woche heranzukommen, muß man die ersten zwei Wochen durchgehalten haben.

5. ABC-Kreativ (kreative Problemlösung)

Während Assoziationen immer ALTE VERBINDUNGEN darstellen (vgl. das KaWa© zu *ASSOZIATIV*, Seite 42) sind BISOZIATIONEN Verbindungen, die völlig neu sind und die es in dieser Form noch nie gegeben hat.

Details beschrieb ich in meinem Buch *ABC-Kreativ* (mit 17 konkreten Fallbeispielen der kreativen Problemlösung mithilfe von ABC-Listen).

Wir nehmen willkürlich irgendeine ABC-Liste und suchen einen Begriff mit demselben Anfangsbuchstaben, mit dem ein Schüsselwort zu dem zu behandelnden Problem beginnt. In einem Beispiel ging es um ein Problem mit einer **Flaschenreinigungsmaschine**, also könnte man unter „F" (Flasche) nachsehen, aber auch unter „R" (reinigen). Dann untersucht man diesen Begriff, der in der Regel keine Assoziation sondern eine Bisoziation (nach KOESTLER) darstellt. Bei diesem Spiel lernen wir also, das **Gegenteil einer Assoziation** (= einer **alten** Verbindung) zu erzeugen, nämlich eine **völlig neue Verbindung**. Diese nennen wir (nach KOESTLER) **Bisoziation**. Wir verbinden einen Begriff, der mit dem Thema (Problem) gar nichts zu tun hat und suchen eine gedankliche Verbindung. Steckte man früher eine Stecknadel in einen Text (Buch oder Zeitung) und wählte dann das (dem Begriff) am nächsten liegende Hauptwort, so können wir heute mit ABC-Listen wesentlich eleganter vorgehen.

6. STADT-LAND-FLUSS-Spiele

Da dies eines der wichtigsten Lern-Spiele ist, finden Sie eine ausführlichere Beschreibung unter „S" (ab Seite 127).

Stadt-Land-Fluß-Spiele können selbstverständlich zu allen erdenklichen Themen (Kategorien, Fächern in der Schule etc.) gespielt werden, mit mehreren oder allein (in Form von ABC-Listen). Sie sorgen für den Stadt-Land-Fluß-Effekt©! Wir alle kennen ihn vom Stadt-Land-Fluß-Spielen, aber warum haben wir a. aufgehört und b. nicht alle möglichen anderen Themen probiert? Darum geht es bei diesem Assoziations-Spiel! Es macht den SchülerInnen Spaß, sie lernen, vorhandenes „altes" Wissen schnell und sicher „anzuzapfen" bzw. neues zu festigen.

7. LULL'sche LEITERN (paarweise As-/Bi-soziationen als Denk-Tool)

Bei dieser Übung legen wir zwei Listen (z.B. ABC-Listen, aber auch Hitlisten (vgl. *HIERARCHISIEREN*, Seite 76ff., und *HITLISTEN*, Seite 78f.) nebeneinander und beginnen jeden Begriff in der linken Liste mit jedem in der rechten Liste zu assoziieren.

Dabei entstehen oft völlig „verrückte" (= neue, d.h. bisoziative) Verbindungen. Anfangs meinen wir gerne, da ließe sich absolut keine Verbindung ziehen, aber wie Leonardo da VINCI festgestellt hat: Mit etwas Zeit findet der menschliche Geist IMMER ein Verbindung. Dies ist umso sicherer, je mehr er von **beiden** Themen weiß, die in den Listen „stecken". Wenn wir mit Listen arbeiten, die unser Wissen zu für uns wichtigen Themen (Fragestellungen, Problemen) ver-DICHT-et haben, können die Ergebnisse extrem spannend sein und zu großartigen neuen Einsichten führen! Unbedingt empfehlenswert – eine der besten Techniken. Minimal-Nutzen ist das Trainieren von assoziativem und bisoziativem Denken (im Sinne eines Trainings-Camps für den Kopf). Maximaler Nutzen sind bahnbrechende neue Ent-DECK-ungen (weil sie aus der Bahn normalen assoziativen Denkens ausbrechen).

Die Technik wurde vor Jahrhunderten von Raimundus LULLUS erfunden, der die beiden Listen wie metaphorische Leitern nebeneinander „stellte", daher der Name.

Ich verdanke einen Teil meiner kreativen Leistung dieser Übung!

8. VERGLEICHE

VERGLEICHE jeder Art laufen **assoziativ** ab (vgl. die Stichworte *METAPHERN-Spiel*, Seite 106ff., *VERGLEICHs-Spiele*, Seite 55, 148f., und *ZITATE-VERGLEICHS-Spiel*, Seite 160ff.).

9. TRAIN-OF-THOUGHT (innerer Monolog)

Es ist faszinierend, die eigenen Gedanken über einen längeren Zeitraum hinweg zu beobachten. Sie sind ein wenig wie scheue Rehe, will man sie bewußt beobachten, fliehen sie, wiewohl wir genau wissen, daß sie eben noch da waren. Es ist weit leichter, die Gedanken in Form von ABC-Listen oder KaWa.s© zu registrieren, als den inneren Monolog festzuhalten. Aber es kann eine spannende Übung werden, wenn man es versucht. Man kann dies denkend oder schreibend tun (letzteres kann später weiter analysiert werden).

10. MADELAINE-Spiele©

LEBENS-SPIELE sind die beste Anti-Alzheimer-Prophylaxe, die wir uns denken können.

In *Auf der Suche nach der verlorenen Zeit* wurde PROUST von einer Kindheitserinnerung regelrecht übermannt, als er in eine MADELAINE (ein Gebäck) biß. In einem meiner Spiele-Bücher beschreibe ich einige LEBENS-SPIELE (s. Rand), darunter ein Spiel, das ich seither als MADELAINE-Spiel bezeichne. Es geht darum: unser Gehirn ist darauf angewiesen, daß wir mit den Erinnerungen unseres Lebens „spielen", diese regelmäßig aktivieren, um sie am Leben zu erhalten und daß moderne Leute dies viel zu wenig tun. Wir schicken die Alten (die von ihrer Jugend reden wollen, weil sie ahnen, daß dies ihre geistige Gesundheit erhält) ins Altersheim oder sagen: „Oma, das hast du uns schon viele Male erzählt ...", und wir lernen selbst nicht rechtzeitig, eigene wichtige Erinnerungen zu identifizieren, um sie später jederzeit aktivieren zu können. Das Ziel der MADELAINE-SPIELE besteht darin, diesen Fehler zu beheben. Das folgende Beispiel ist nur ein erster Schritt (mehr dazu in meinem Buch *Intelligente Party-Spiele,* im Modul: *Lebens-Spiele*).

MADELAINE-Spiel: Das erste Mal ...

Spielen Sie möglichst oft!

Testen Sie verschiedene Vorgehensweisen: Fällt den MitspielerInnen mehr (oder schneller) etwas ein, wenn Sie sofort (ohne Vorbereitung) nach dem **ersten Erlebnis einer besonderen Art** fragen (z.B.: „Erinnerst du dich noch an **deinen ersten Kuß?**")? Oder fällt den MitspielerInnen **mehr** ein, wenn Sie **das Thema vorher in den Raum stellen**, z.B. durch eine „beiläufige" Bemerkung (wie: „Mensch, das war vielleicht eine Kußszene in dem Spielfilm gestern abend ..."), und erst **danach** nach dem **ersten Erlebnis hierzu** (im Fallbeispiel also: Kuß) fragen? Praxiserprobte Fragen nach dem ersten Mal sind z.B.

- der erste Kuß
- der erste Schultag
- die erste Tanzstunde
- das erste Mal, als man ein bestimmtes Gericht (z.B. Austern) gegessen hat. Übrigens: Nahrungsmittel, die man eher als Erwachsener schätzt (z.B. Spargel), können spannende Erlebnisse wieder zum „Leben" erwecken.

Mögliche Varianten:

- der erste Roman
- der erste Film
- die erste eigene Wohnung (auch wenn es nur ein gemietetes Zimmer war)
- die erste Reise alleine
- die erste „große Krise" im Leben, usw.

Das erste Mal...

Wenn Sie weitere „wissenschaftliche" Tests „fahren" (wollen), dann können Sie **testen, welch unterschiedliche Auswirkungen bestimmte Fragetypen** auf Ihre MitspielerInnen (pardon: auf Ihre Versuchspersonen) **haben**. Zum Beispiel:

- **WANN** (passierte dies oder jenes) in deinem Leben? Oder:
- **Weißt du noch, als ...?** (du damals zu rauchen begonnen hast)
- **Weißt du noch, warum ...?** (du zu rauchen begonnen hast)
- **An wie viele** (z.B. Leute aus deinen Schulklassen) **könntest du dich ohne Hilfsmittel** wie Fotos **noch erinnern?** (Namen, Gesichter, Begebenheiten ...?)

11. VERGLEICHs-Spiele

Zwar stehen sie unter „V" in unserem Verzeichnis (ab Seite 148f.), aber bitte registrieren Sie, daß VERGLEICHEN und ASSOZIATIVES DENKEN zwangsweise gleichzeitig stattfinden: Man muß etwas im Gedächtnis finden, mit dem man VERGLEICHEN kann, und dieses „Finden" ist ein ASSOZIATIVER Prozeß. Daher sind alle VERGLEICHENDEN Spiele immer ASSOZIATIVen Charakters. Das beginnt bei musikalischen Variationen und umfaßt alle Arten von Variations-Spielen (inkl. IMITATION, s. Seite 81ff.).

Ich bin derzeit dabei, eine Reihe von faszinierenden Vergleichs-Spielen (weiter) zu entwickeln. Erste Ansätze zeigte ich bereits an den beiden (Lerner- und Lehrer-)Abenden der diesjährigen Karlsfeld-Trilogie (2. und 3. Abend, 2004). Aber die Beschreibungen können aus Platzgründen nicht mehr in dieses Buch übernommen werden.

12. GEMISCHTE ABC-Spiele©

In einer normalen ABC-Liste SPIELEN wir ein spezifisches Thema (z.B. Religionen) und notieren, was uns einfällt (oft mit Zeit-Limit). Also z.B. CHRISTENTUM bei „C", HINDUISMUS bei „H", SUFISMUS bei

„S" etc. Bei einem GEMISCHTEN ABC dagegen bestehen keine thematischen Ver-BIND-ungen zwischen den einzelnen Begriffen.

Es ist übrigens ziemlich schwierig, ein GEMISCHTES ABC zu erstellen, denn **das assoziative Denken zwingt uns, in ähnlichen Bahnen weiterzudenken**! Aber wenn man sich darin übt, lernt man, assoziative Gedankenketten **bewußt** zu registrieren. Dies ist besonders wichtig für Menschen, die aufgrund ihrer Schulerfahrungen glauben, sie könnten gar nicht assoziativ denken! Man muß sich von bestimmten Gedanken-(= Nerven-)BAHNEN lösen, um etwas zu finden, das mit dem Thema des letzten Buchstabens nichts (oder nur wenig) zu tun hat.

1. Archäologie
2. Biologie
3. Co-Evolution
4. Diskussion
5. Esoterik
6. Frage
7. Gedanken
8. Holon
9. Interferenz
10. Jäger
11. Kommunik.
12. Literatur
13. Maya
14. Nachahmung
15. Oper
16. Physik
17. Q-Sprung
18. Raum
19. Symbiose
20. Tennis
21. Umgebung
22. Verbindung
23. Waage
24. x
25. y
26. Zahl

Fallbeispiel: Archäologie, Biologie etc.

Die nebenstehende Liste zeigt dies: von ARCHÄOLOGIE springt der Geist zu BIOLOGIE. Der Autor der Liste meinte zwar, diese hätte mit ARCHÄOLOGIE nichts zu tun, und das scheint auch zu stimmen – **oberflächlich** betrachtet. Aber erstens ist BIOLOGIE eine **weitere** wissenschaftliche Disziplin, zweitens arbeitet die moderne ARCHÄOLOGIE ausgesprochen interdisziplinär, so daß BIOLOGIE durchaus ins Spiel kommt, will man Fragen klären wie: Welche Pflanzen befinden sich in Gräbern oder den Mägen von Mumien? Was können wir daraus über die religiöse Riten in verschiedenen Gegenden ableiten? (Wenn man in einer Region Getreide ins Grab legt und wir finden 100 km weiter ein Grab, mit denselben Grab-Beigaben: Waren dies Reisende aus der ersten Gegend? Oder Menschen, die sich hier angesiedelt hatten?)

Es stellte sich dann heraus, daß der Autor der ABC-Liste von diesen Dingen schon gehört/gelesen hatte, ohne sich bewußt daran zu erinnern. Tja, assoziatives Denken kann auch Wissen „anreißen", von dem wir gar nicht wissen, daß wir es besitzen. Daher: Je öfter wir zu einem Themenkreis ABC-Listen (KaWa.s© etc.) angelegt haben, desto mehr wissen wir „plötzlich"! Das nenne ich, unser inneres Archiv anzapfen ...

Nachdem wir ein gemischtes ABC erstellt haben, könnten wir eine Reihe von Menschen bitten, uns ihre ersten ASSOZIATIONEN zu jedem Begriff zu schenken. Anschließend können wir diese SAMMELN und VERGLEICHEN (hier sind Fax und e-mail wunderbar geeignet, denn jeder GIBT und BEHÄLT doch sein Werk). Es kommt nicht von ungefähr, daß die Psychoanalyse, inbesondere C.G. JUNG, hervorragende Ergebnisse mit freien Assoziationen zu Wörtern hatten. Weil unser inneres Archiv **vernetzt** ist, können nur Gedanken herausgefischt werden, die eine **Verbindung** aufweisen! Das ist der Grund, warum jede assoziative Übung immer auch eine **Inventur** für uns darstellt. Aber die Assoziationen unserer Freunde sagen auch einiges über sie, darüber kann man später vortrefflich miteinander diskutieren ...

freie Assoziationen ...

Falls Sie es sofort ausprobieren wollen, dann notieren Sie in Ihr Journal (oder Arbeitsheft) erste Assoziationen zur Liste oben und lesen erst **anschließend** nach, was eine Verlagsleiterin mir freundlicherweise zur Verfügung stellte:

STOP

Erst weiterlesen, wenn Sie Ihre Notizen aufgeschrieben haben ...

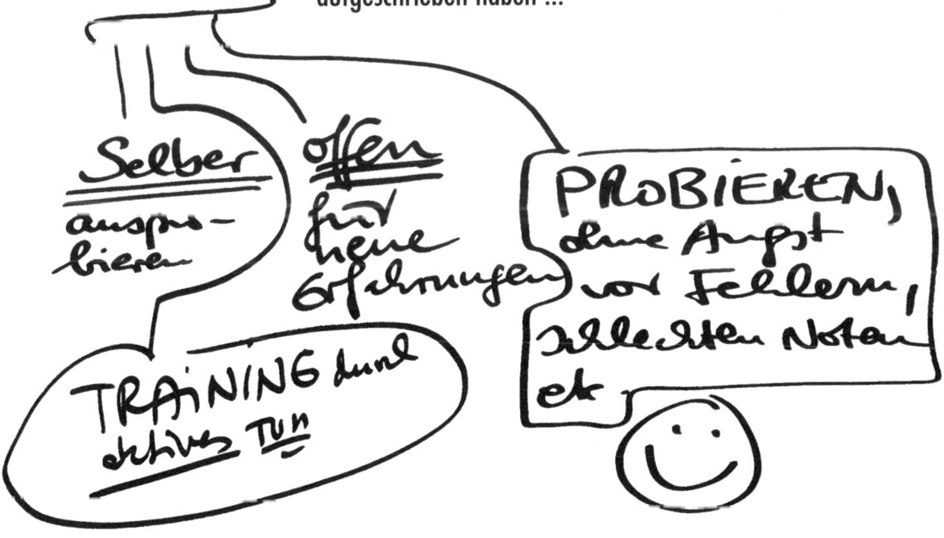

1. **Archäologie**: Menschen – Pyramide – Zeit – Raum
2. **Biologie**: Erde – Pflanze – Blüte – Frucht
3. **Co-Evolution**: ------
4. **Diskussion**: mit sich selbst – zu zweit – Thema – Zeit
5. **Esoterik**:
6. **Frage**: die ich mir stelle – einem anderen stelle – Fragebogen – Raum
7. **Gedanken**: die ich habe – die ich mit einem anderen teile – die wir einem Dritten präsentieren (erläutern) – schriftlich niederlegen
8. **Holon**: ------
9. **Interferenz**: ------
10. **Jäger**: Tier – Mensch – Waffe – Natur
11. **Kommunikation**: mit mir – mit einem anderen – Telefon – Leitungen
12. **Literatur**: Autor – Idee – Manuskript – Leser
13. **Maya**: Archäologie – Pyramide – Mexiko – Ausgrabung
14. **Nachahmung**: Mutter – Vater – Kind – Enkel
15. **Oper**: Komponist – Noten – Sänger – Bühne
16. **Physik**: ------
17. **Quanten-Sprung**: Person – Gedanke – Erfindung – Zukunft
18. **Raum**: Zimmer – Haus – Landschaft – Natur
19. **Symbiose**: ------
20. **Tennis**: Ball – Schläger – Spieler – Gegner
21. **Umgebung**: Straße – Haus – Garten – Nachbar
22. **Verbindung**: Mann – Frau – Ehe – Kind
23. **Waage**: Sternzeichen – Datum – Geburt – Eigenschaften
24. **X**
25. **Y**
26. **Zahl**: 5 + 5 – Addition – Ergebnis

13. KNICK-Spiele

Dieses Spiel entwickelte sich ganz von alleine, als wir bei einem Fallbeispiel merkten, wie spannend es sein könnte zu raten, welches Thema jemand in einer ABC-Liste bearbeitet hat, von der wir nur Teile kennen. Daraus ergaben sich zwei neue Spiel-Varianten, die davon leben, daß wir vorhandene ABC-Listen nehmen und das Thema weg-KNICKEN (siehe Rand).

Das Thema steht meist in einer Kopf-Zeile (Überschrift), kann aber auch unten notiert werden. Jedenfalls wird dieser Teil des Papiers nach hinten ge-KNICKT, so daß man zwar die Begriffe sehen kann, nicht aber, in welche gedankliche Kategorie sie gehören.

DIE **EINSTEIGER-Version** benutzt eigene ABC-Listen. Also spielen wir mit Listen, die wir in der Vergangenheit selbst erstellt haben. Ganz leicht sind die der letzten Tage (Wochen), schwieriger die, die einige Monate alt sind und schon ziemlich schwer dürften Listen fallen, die wir vor Jahren erstellt haben (was nur einige wenige Insider taten, denn die Idee der ABC-Listen war bis ca. 1999 in meinem Seminaren „versteckt", bis sie erstmals ver-ÖFFENTLICH-t wurde).

Die **FORTGESCHRITTENEN-Version** spielt mit ABC-Listen anderer. Ob Sie die Listen in *Das innere Archiv* (ab Seite 304) oder unser ABC-Forum (bei **www.birkenbihl.de***) nutzen, oder ob Sie und Ihre Freunde genügend Listen zum Spielen haben – es macht sehr viel Spaß.

Nun kann man die ganze Liste nehmen und zu raten beginnen, aber das Spiel kann auch sehr gut im Dialog mit einer Person (oder einer Gruppe) gespielt werden, indem der/die SpielleiterIn einige wenige Stichworte vorliest, und die Spieler zu raten versuchen.

FARB-Variante: Besonders spannend finde ich die FARB-Variante. Ich male ABC-Listen vor dem Spiel an:

GELB: Begriffe, die ich im **ersten** Durchgang verraten will, die aber noch so allgemein sind, daß sie auf mehrere Themen zutreffen.

ROT: Begriffe für die zweite Runde, sie engen das Thema schon mehr ein und zuletzt

GRÜN: Begriffe, bei denen man das Thema ziemlich sicher erkennen kann.

Die FARB-Variante benutze ich übrigens auch, wenn ich Lückentexte vortragen will. Dann brauche ich mich nur darauf zu konzentrieren, welche Farbe ich in diesem Durchgang auslassen will. So passieren extrem wenige Fehler (die den Ratenden dann einen extra Hinweis bieten).

* s. Merkblatt, Seite 261.

Fallbeispiel: FARB-Variante des KNICK-Spiels

(für Fortgeschrittene)

In einer Liste sehen Sie folgende Begriffe (die übrigens genau so gut vorgelesen werden können; bei Gruppen-Spielen und in Seminaren spielen wir akustisch):

GELB: Armee, Bevölkerungszuwachs, Christentum, Handel, Import, Manufakturen ...

Auf welches Thema würden Sie tippen? ____________

ROT: Barter (= Tauschhandel), Flucht der Reichen, Großgrundbesitzer, Kriege, Macht, Steuerreform, Verarmung, Währungsreform, Xenophobie ...

Worauf würden Sie bis hierher tippen? ____________

GRÜN: Damit Sie kurz nachdenken können, setzen wir die GRÜNEN Begriffe kopfüber in die Marginalie, damit Sie von ihnen nicht beeinflußt werden.

GRÜN: Aufstände der Rebellen, Barbaren, CAESAR, CICERO, Christenverfolgung, PLOTIN, Stoiker, Untergang, Westgoten.

Lösung: Die Römer

LERNSTOFF-VARIANTE des KNICK-Spiels

Dieses Spiel kann hervorragend als **Einführung in einen neuen Lernstoff** eingesetzt werden, wenn wir eine **vierte** Runde spielen.

Diesmal bieten wir Begriffe, die unsere SchülerInnen (Seminar-TeilnehmerInnen, MitarbeiterInnen etc.) nach dem **Grad der Bekanntheit** sortieren/einordnen, z.B. indem Sie hinter jeden Begriff notieren, wie bekannt (100%) oder neu (0%) er für sie ist. Um unser Beispiel abzurunden, könnten wir in dieser Runde folgende Begriffe spielen:

Mehrkaisertum, Plünderungen, Schlacht von Adrianipel, Soldatenkaiser, Trier (als Wirtschaftszentrum)

Ich danke **Dr. Josef KUNZ**, einem sehr motivierten Schweizer Lehrer und seinen SchülerInnen, denen ich das wunderbare Wissens-ABC zu diesem Thema verdanke. Natürlich habe ich nur Teile davon für dieses Beispiel genutzt.

4. BALL-IM-TOR-EFFEKT©

Stellen Sie sich vor, Sie probieren zum ersten Mal, mit einem Tennisball auf eine Dosenpyramide zu werfen (Sie kennen das sicher vom Jahrmarkt), aber mit einem Unterschied: Sie tragen dabei eine Augenbinde, sehen also nichts. Überlegen Sie, wie Sie **trotzdem** spielen könnten. Wie könnten Sie erfahren, was „los" ist? Was wäre, wenn jemand Ihnen SAGEN würde, ob Sie zu weit nach rechts oder links geworfen haben? Wäre das hilfreich? Bestimmt!

Wir nennen diese Infos, die Ihnen helfen, „Rückkoppelung" (neudeutsch „FEEDBACK"). Ohne Feedback ist Lernen unmöglich, mit Feedback aber passiert Lernen fast ohne Hilfe von Außen. Wenn wir **sehen** können, daß unser Tennisball zu hoch, zu weit rechts etc. landet, können wir schnell lernen, gegenzusteuern. Bei vielen Sportarten bietet sich das Feedback von alleine an, es ist quasi „eingebaut". Beginnt eine Sache ohne Feedback (z.B. Wurzelziehen), dann kann ein Mitmensch, der die zu erbringende Leistung beurteilen soll, durch **neutrale** „heiß-kalt"-Signale „Feedback geben". So erhalten wir die Information, auf die wir genetisch programmiert sind. Das Ziel besteht darin, daß wir nach einer Weile allein feststellen können, ob unsere Leistung ok (bzw. wie gut sie tatsächlich) ist. Merke:

Lernen von Verhaltensweisen ist **nur** mit direktem, unmittelbaren Feedback möglich.

Diese Art zu lernen ist spannend, spielerisch und sie macht Spaß! Wenn wir trainieren, einen Elfmeter zu schießen (oder den Basketball in den Korb zu werfen), dann sind wir **autonom** und **autark**. Wir können **in unserem eigenen Tempo** trainieren, etwaige Fehler korrigieren etc. Wir sehen die direkte **Verbindung zwischen erfolgreichem Lernen und Selbstwertgefühl** (wie leider auch im umgekehrten Fall!). Beinhaltet die Lern-Situation (wie in klassischen Schul- und Ausbildungs-Szenen) **keinen** eingebauten Ball-im-Tor-Effekt©, dann sollten wir uns die Frage stellen, ob wir einen metaphorischen Ball-im-Tor schaffen können. Dies ist der **strategische** Ansatz.

Wie in dem Beitrag *INCIDENTALes LERNEN* (s. Seite 89ff.) festgestellt, geschieht das meiste Lernen „incidental" (nebenbei), und unsere TRICKS (sämtliche NLLS auf der rechten Seite der Doppel-Checkliste) helfen dabei. Aber beim Ball-im-Tor-Effekt© geht es um das Lernen von Verhalten – vom Spielen eines Musikinstrumentes über Wurzelziehen, Fremdsprachen, Sport, viele Hobbies und Spiele (Schach, Backgammon, PC-Spiele etc.).

In meinem Video-Vortrag *Gehirngerechtes Rechentraining* habe ich den Ball-im-Tor-Effekt© ca. 1997 erstmals vorgestellt. Natürlich kann er auf jedes andere Wissens- oder Trainings-Gebiet übertragen werden ...

Ich plädiere dafür bei möglichst vielen Lernaufgaben – wo immer es geht – einen Ball-im-Tor-Effekt© zu entwickeln. **Allerdings reicht es nicht, Aufgaben mit ausgedruckten Lösungen anzubieten!!** Zwar können Aufgabensammlungen **später** sehr hilfreich sein, aber zum **Erlernen** der **Grundlagen** muß es mehr sein. Beim echten Ballspiel sehen wir ja auch nicht nur, **ob** der Ball getroffen hat (das entspräche der ausgedruckten „fertigen" Lösung), sondern z.B., ob wir dazu neigen, zu kurz oder zu weit, zu weit rechts oder links zu werfen etc. Ähnlich helfen uns Ball-im-Tor-Effekte© eine Aufgabe wirklich zu **begreifen**, so daß man bei einem Fehler sofort selbständig nachforschen kann, **wo** er liegen könnte.

Nehmen wir an, wir (oder unsere SchülerInnen) wollen ein Instrument (z.B. Klavier bzw. ein modernes Keyboard) erlernen. Wie könnten wir einen Ball-im-Tor-Effekt© erzeugen? Bitte notieren Sie Ihre Antwort!

Sogenannte Midi-Files = Internet (Suchwort: z.B. „midi musik").

Nun fragen Sie sich: **Bedeutet Ihre Lösung, daß man beim Spielen der allerersten Töne, BEIM ANSCHLAG EINES JEDEN TONES sicher sein kann, daß der Ton stimmt?** Auflösung der Frage: Besorgen Sie sich das Stück (oder die Stücke), das/die Sie demnächst lernen sollen, vorab auf einem Tonträger. Heute ist dies leichter denn je. Heuzutage gibt es sogar tausende von sogenannter Midi-Files, die wir aus dem Internet „herunterladen" und in moderne Keyboards übertragen können. Dann spielt uns unser eigenes Keyboard das Stück vor, sooft wir wollen. Natürlich fehlt der eigentliche „Vortrag", denn es klingt noch mechanisch, aber um das „echte" Spiel können wir uns kümmern, wenn wir das Stück erst einmal gut genug kennengelernt haben. So schaffen wir den Ball-im-Tor-Effekt©, wenn wir zu spielen (singen) beginnen. Wir **hören** sofort, ob und wie exakt jede einzelne Note (= jeder Ton) getroffen wurde. Na also! Es geht ja doch.

Da das wichtige Thema (**Ball-im-Tor**) aus Platzgründen in diesem Buch dramatisch gekürzt werden mußte, und weil ich an diesem Thema noch eine Weile weiterarbeiten werde, habe ich beschlossen, den ursprünglich geplanten längeren Text auf meiner Website (**www.birkenbihl.de**) unter der Rubrik „Was ich gerade denke" (über der gezeichneten Figur) zu veröffentlichen. Dann können alle Interessierten es lesen. Gleichzeitig gibt mir dies die Chance, dieses Modul zu erweitern, so daß das Buch nicht schon out-of-date ist, wenn er erscheint ... Dies wird eines der ganz großen Themen der Zukunft, denn gute Lehrkräfte werden u.a. Ball-im-Tor DESIGNER werden (oder solche zu Hilfe rufen). Das war übrigens immer schon eine der Aufgaben, die ich für meine Klienten löste: Wie kann man WISSEN gehirn-gerecht aufbereiten und wie kann man VERHALTEN gehirn-gerechter lernen ...

Ball-im-Tor-DESIGNER!

5. BEDEUTUNG (SINN, WESEN) suchen

Ähnlich wie beim Neuro-Mechanismus ABSTRAHIEREN (s. Seite 37) ist es auch hier: Eine Bedeutung „bedeutet" uns „nichts", wenn man sie uns vorkaut. Da gibt es nichts zu ent-DECK-en. Außerdem wird der Eindruck erweckt, es gäbe nur **eine** mögliche Bedeutung (**einen** Sinn, einen **einzigen** WESEN-tlichen Aspekt), so daß man bald aufhört, selbst zu denken.

Es ist enorm wichtig, junge Menschen darin zu trainieren, den Sinn selbst zu suchen.

Nicht nur, weil das den Lernerfolg ermöglicht, sondern weil zu viele junge Leute, wenn sie die Schule verlassen, kaum selbständig denken können! So können wir sie nicht in die Zukunft einer Wissens-Gesellschaft senden, in der nur Kopf-ArbeiterInnen punkten werden!

Es gibt natürlich enge Verbindungen zwischen dem Suchen nach BEDEUTUNG, SINN und dem WESEN einer Sache. Trotzdem habe ich festgestellt, daß es hilfreich ist, alle Begriffe separat in die Liste zu übernehmen, denn je nach Thema fällt uns oft eher ein, auf SINN-Suche zu gehen, nach der BEDEUTUNG oder dem WESEN zu suchen und umgekehrt.

6. BEWEGUNG

Wiewohl es seit Jahren bekannt ist, daß sich das gesamte Nervensystem (inkl. der Lernfähigkeit) ohne körperliche Bewegung nicht entwickeln kann, besteht man nach wie vor darauf, daß bereits **Kinder fast ununterbrochen stillsitzen sollen**. Darüber hinaus können sie kaum die Balance halten, können nicht einmal auf einem Kreidestrich gehen ohne ins Wanken zu geraten und neigen dazu, vom Fahrrad zu fallen. (Sie werden bei der kleinsten Unsicherheit zu UMFAL-LERN, weil sie sich nicht flexibel „halten" können, weshalb jährlich mehr Kinder im Straßenverkehr verunglücken.) Aber Sport-Unterricht gilt als überflüssig und fällt oft aus. Ballspielen in den Pausen auf dem Hof ist meist verboten, Spielplätze gibt es kaum, insbesondere nicht für ältere Kinder und da, wo sie wohnen, sollten sie auch nur auf Zehenspitzen herumgehen, damit niemand sich gestört fühlt!

Quelle: KAHL. Reinhard KAHL (www.reinhardkahl.de) zeigt in seinen brillanten TV-Dokumentationen, daß Kinder, die sich kaum bewegen, unter akuten Lernbehinderungen leiden (s. Literaturverzeichnis).

Es hat sich inzwischen herumgesprochen! Vor einiger Zeit gab es einen Aufruf in einer Illustrierten nach dem Motto: Originelle Ideen für Bewegung im Klassenzimmer gesucht. Der Artikel stellte einige Ideen vor, wie das regelmäßig Aufstehen und Arme bewegen u.ä., aber es war nichts Bahnbrechendes dabei und das Thema wurde in der Zwischenzeit auch nicht wieder aufgegriffen.

Dabei gibt es Studien hierzu. Eine davon zitierte ich bereits in meinem Buch *Das innere Archiv*; es ist eine der großartigen Studien von Ellen J. LANGER (Harvard), in der man ein Lernposter aufgehängt hat. Eine Gruppe von Schülern **saß** auf einer Bank davor, eine zweite saß ebenfalls, mußte aber mit den **Füßen scharren**, die dritte Gruppe **ging** vor dem Lernposter auf und ab. Welche Gruppe hatte sich am meisten ge-MERK-t? Die, deren Körper sich bewegen durfte, weil **das auch den Geist bewegt**. Schon die alten Römer kannten die Verbindung von Kopf und Körper. Wie können Entscheidungsträger, Politiker und LehrerInnen so tun, als wisse man noch immer nichts? Lieber etikettieren wir Kinder, die es einfach nicht aushalten können, als „krank" und stopfen jahrelang Pillen in sie hinein, wiewohl die Langzeit-Effekte noch gar nicht bekannt sind.

Achten Sie einmal darauf, wie im Fernsehen über Ritalin berichtet wird: Sämtliche Dokumentationen sind eher positiv. Leute, die dagegen sprechen, bekommen vielleicht 4 Minuten (von 45), damit man den Eindruck erweckt, die Berichterstattung sei neutral.

Wenn Sie nicht glauben, wie schnell sich Schülerleistungen verbessern, wenn die Kinder sich im Klassenzimmer bewegen dürfen, dann empfehle ich Reinhard KAHL (vgl. Literaturverzeichnis). Diese Filme müßten in jeder Schule ausliegen! Oder bieten Sie Aerobic u.ä. an, es gibt sicher SchülerInnen, die das regelmäßig machen und andere „mitreißen" können. Absolutes Minimum ist, daß Sie den SchülerInnen ERLAUBEN, sich zu bewegen. Mehrmals kurz im Unterricht ist besser als nichts, in den Pausen auf den Gängen und dem Hof mit Sicherheit und wenn Sie Einfluß geltend machen können, dann sorgen Sie dafür, daß Sport nicht nur nicht ausfällt, sondern auch, daß er nicht ständig Turnübungen der Art anbietet, bei der die Hälfte der Klasse in Panik verfällt. Wir mußten ewig Bock springen etc, d.h. wir standen andauernd in der Warteschlange, um dann sehr gefährliche Übungen auszuführen – (das ist weder der körperlichen Ertüchtigung noch dem Lernen zuträglich).

Experimentieren Sie! Gehen Sie mit einem Teil Ihrer Schüler in ein Fitneß-Studio und halten Sie dort Unterricht ab. Sie werden bald sehen, welche Gruppe hinterher bei lockeren ABC-Listen mehr weiß. (Keine Prüfung mit Streß, nur eine INVENTUR, deren Ergebnis alle interessieren sollte.)

Und sprechen Sie mit den SchülerInnen über das Thema. Laden Sie dazu ein, selbst zu experimentieren (das könnte ein Klassenprojekt sein: BIOLOGIE + DEUTSCH) und herauszufinden, wie es für sie selbst ist. Ich fand erst spät heraus, daß ich gehend am besten denken kann. Jetzt habe ich ein „Gehgerät" (einen Skywalker mit einem Skilanglauf-Effekt) und stelle immer wieder fest: In Zeiten intensiven Denkens gehe ich bis zu 2 1/2 Stunden pro Tag, in Zeiten, in denen ich mir etwas „frei nehme", vergesse ich das Gehen gerne. Tja ...

Es kann sein, daß es markante Unterschiede zwischen Jungen und Mädchen (wie auch Männern und Frauen) gibt: Ich habe hunderte Stunden von anthropologischem Filmmaterial gesichtet und stelle immer wieder fest: Mädchen und Frauen sieht man 80% der Zeit sitzend oder stehend (wenn sie nicht zielstrebig von A nach B GEHEN, z.B. zum Markt oder zum Wasserholen), während Männer und Knaben fast immer gehend, laufend oder springend zu sehen sind (wenn sie nicht gerade ganz LEISE pirschen). Das heißt: Es könnte dies **einer** von mehreren Faktoren sein, die dafür sorgen, daß 75 bis 80% der sogenannten Lernbehinderungen, Legasthenie, ADHS etc. bei Jungen

„ausbricht". Bei Naturvölkern gibt es keinerlei Parallele für derartige „Probleme" des männlichen Geschlechts.

7. CHORSPRECHEN

Leider wurde das Chorsprechen in der Schule aufgegeben. Es hat aber, wie wir gleich sehen werden, maßgebliche Vorteile, die wir kennen sollten. Wir können drei Arten von Chorsprechen unterscheiden:

1. **Rezitationen**: ganze Passagen werden **laut vorgelesen** oder **auswendig aufgesagt** (siehe unten)
2. **Wiederholen** eines Satzes, den jemand, z.B. die Lehrkraft vorspricht (siehe unten)
3. **Formeln, Regeln, Lehrsätze,** z.B. geometrische Sätze wie der Satz des Pythagoras (siehe unten)

Die Technik des Chorsprechens ist außerordentlich gehirn-gerecht, wenn wir seine größte Schwäche begreifen und diese vermeiden. (Stattdessen haben wir das Chorsprechen selbst in den Papierkorb geworfen – schade.) Die größte Schwäche liegt in der 3. Kategorie, wenn Regeln und Lehrsätze **stur gepaukt** werden, ohne Rücksicht darauf, ob die SchülerInnen sie auch verstehen (was schon zu Zeiten PESTALOZZIS die Regel war). Aber das CHORSPRECHEN hat **weit mehr Stärken und Vorteile**!

Wenn Menschen im Chor sprechen, geschehen zweierlei Prozesse:

1. **BEWEGUNG** (vgl. Neuro-Mechanismus BEWEGUNG, Seite 64ff.) Hierbei kann es sich um große Bewegungen handeln (gehen, hüpfen, laufen, rennen ...), um mittlere Bewegungen (Arme und Hände, z.B. beim Ballwerfen) oder um kleine (Unterstreichen, Notizen machen). Beim SPRECHEN bewegen wir Zwerchfell und Kehlkopf wie auch die Zunge. Bewegung jeder Art erleichtert aktive Denk-Prozesse (während stures Pauken Denk-Prozesse verhindert).

2. **HÖREN:** Neben dem Selber-Sprechen gibt es etwas zu HÖREN: Je intensiver der Lern-Prozeß, desto besser – nicht nur bei Kindern. Man weiß das natürlich, deshalb wird auch beim Militär im Chor gebrüllt und gesungen ...

Auch in der Kirche nutzt man diesen Effekt ...

Vorteile

eigenes LERN-TEMPO!

1. Jede/r kann sein **eigenes Lerntempo bestimmen**, denn CHORSPRECHEN bedeutet immer auch, daß das Material mehrmals wiederholt wird. Auf diese Weise können NEURONAL LANGSAME LernerInnen sich langsam, peu à peu einklinken, während die NEURONAL SCHNELLEN zu denen gehören, die das Chorsprechen von Anfang an überhaupt ermöglichen!
2. Man kann jene Teile, die man schon weiß, laut und deutlich mitsprechen, andere leiser murmeln und wieder andere nur hören, **ohne daß es auffällt**.

unauffällig lernen

3. Es gibt interessante Forschungsergebnisse, über die bereits HERBART (1920) berichtete. Er stellt voller Erstaunen fest: Komischerweise wird die Aussprache einer großen Gruppe immer weit akkurater als die der Individuen in der Gruppe anfänglich. Nach dem gemeinsamen Chorsprechen sprechen alle, die dabei waren, **wesentlich richtiger als ohne** (z.B. Fremdsprachen).

besser

sozial-sinn

4. Es gibt einen **Gemeinschaftssinn** unter den Beteiligten. Ich glaube, die größere Verbindung früherer Klassen-VERBÄNDE rührt von den emotionalen Ver-BIND-ungen her, und ich glaube auch, daß gemeinsame Aktivitäten (wie das Chorsprechen) ein BINDENDER Aspekt waren. Ähnlich verbunden fühlen sich Schüler singender Internate (z.B. der Wiener Sängerknaben) oder SchülerInnen, die aktiv gemeinsam arbeiten dürfen (statt vor allem Frontalunterricht passiv konsumieren zu müssen).

Bei Interesse vgl. mein Video *Humor* und mein Buch *Humor – an Ihrem Lachen soll man Sie erkennen.*

5. Es spricht vieles dafür, daß die gesundheitlichen und neurophysiologischen Vorteile denen des Singens ähnlich sind: Vermehrte Sauerstoffaufnahme und Stärkung des Immun-Systems.

Diesen Effekt können Sie leicht testen, indem Sie ein kurzes Gedicht CHORSPRECHEN, das Sie akustisch besitzen. Auch wenn es das Gedicht ausgedruckt gibt – für dieses Experiment sollten Sie nur HÖREN UND SPRECHEN.

Dank moderner Technik können wir einen Teil des Effektes auch allein erreichen, indem wir mit einer Tonquelle (Kassette, mp3 etc.) im Chor sprechen. Dazu hören wir das Original über KOPFHÖRER und sprechen zunächst nur bruchstückhaft leise mit, wo wir können. Nach einigen Wiederholungen nimmt die Anzahl der Stellen zu, die wir aktiv sprechen können, aber noch immer sprechen wir eher leise (schüchtern), während wir den O-Ton laut hören. Nach weiteren Wiederholungen werden wir sicherer und können selbst lauter sprechen und nach einer Weile drehen wir die Lautstärke leiser, bis am Ende wir selbst laut und deutlich sprechen und den O-Ton nur noch zur Kontrolle leise mitlaufen lassen.

Bei der Birkenbihl-Methode, Fremdsprachen zu lernen setze ich Chorsprechen schon seit über 20 Jahren ein, wobei die Technik es uns immer leichter gemacht hat. Erste Übungen liefen damals mit großen Tonbandgeräten (die sich die meisten LernerInnen gar nicht leisten konnten; deshalb bauten Schulen große Sprach-Labors, die heute unnötig sind). Später kamen die MC.s (die man eben nicht nur für Musik nutzen konnte!), dann die CD.s und heute gibt es mehr Möglichkeiten als ich hier aufzählen möchte ...

Im Zwillings-Buch *Trotzdem LERNEN* finden Sie einige Chorsprech-Spiele, z.B. PAPAGEIEN-SPIELE: Imitation – Persiflage (Karikatur) – Übertreibung (130 %) und SCHATTENSPRECHEN (Echo).

Trotzdem bleibt das Erlebnis, in einer Gruppe CHOR-zu-SPRECHEN, ein besonderes. Wer elektronisch spielen will, kann seine Tonquelle via PC sicher so „aufmotzen“, daß aus einem Sprecher ein ganzer „Chor“ entsteht, aber wenn Sie die Möglichkeit haben, es einmal mit echten Menschen zu probieren, tun Sie das!

8. EXPLORER (Sammler/Jäger)

Der **Explorer** ist ein Abenteurer und/oder Forscher. Wir haben im Deutschen kein vergleichbares Wort. Das **explorative** Element beschreibt die Suche nach etwas, aber auch das Finden von Dingen, die wir eigentlich **nicht** gesucht hatten. Dazu ist eine bestimmte innere Einstellung (Neugierde) nötig.

Der Begriff Explorer beschreibt sowohl den Abenteurer, der in den Dschungel geht, als auch den Forscher.

Allerdings brauchen wir auch Energie, um Neues zu ent-DECK-en. Wer krank (gestreßt, frustriert, verängstigt) ist, hat keine Ent-DECKER-Energie übrig. So stirbt der Explorer im Menschen ...

Wenn Lehrkräfte also über die „müden", gelangweilten SchülerInnen klagen, dann sehen wir Menschen, deren Energie zum Ent-DECK-en abhanden gekommen ist.

Ich liebe den Begriff des Ent-DECK-ens – die Idee, daß wir den Deckel heben, um zu sehen, was im Topf vorher verborgen war. Vielleicht begegnet uns etwas, z.B. die Tatsache, daß Napoleon kein Franzose, sondern ein Korse war. Das wußten wir vielleicht nicht und hätten auch nie darüber nachgedacht. Dann fällt uns vielleicht ein, daß Hitler auch kein Deutscher war. Auf einmal reizt uns die Idee, wie viele große Herrscher gar nicht in dem Land geboren wurden, in dem sie herrschten. Dies ist ein geistiges ABENTEUER! Wir verfolgen diese Idee über einen gewissen Zeitraum. Wir schauen vielleicht im Internet nach, fragen Freunde, blättern in Lexika usw.

Die EXPLORER-Haltung geht mit einer gewissen Sammler- und Jäger-Einstellung einher: Wir **jagen** Antworten auf eine Frage nach und wollen „Beute machen". Jede weitere Ent-DECK-ung erfreut uns. Manche Leute sammeln materielle Objekte wie Bierdeckel, andere sammeln Ent-DECK-ungen! So ent-DECK-en wir vielleicht, daß einer der größten (und einflußreichsten) chinesischen Kaiser gar kein Chinese (sondern Mongole) war, wiewohl er sich chinesischer als die Chinesen benahm (so einigte er China und machte Peking zur Hauptstadt). Er war es, der die Philosophie von Konfuzius zur Staatsphilosophie erhob – ohne

Lösung:
Kublai Khan, Enkel von Dschingis Khan.

ihn wäre Konfuzius wahrscheinlich unbekannt geblieben. Na, wer war's? Wissen Sie es?

Ihre **Antwort:** ______________________________

9. FRAGEN

FRAGEN öffnen den Geist. In der Verkaufsschulung weiß man dies seit Jahrzehnten. Ich schrieb bereits in den 1970ern ein erstes Buch hierüber (*Psycho-logisch richtig verhandeln*), in den 1980ern ein weiteres (*Fragetechnik schnell trainiert*) sowie einen Audio-Kurs: *Fragen Sie sich zum Erfolg*. Später brachte ich sogar einen ganzen Video-Tag hierzu heraus (*Frage-Technik*, GABAL Verlag), aber so lange Pädagogen und Lehrende die seit Sokrates bekannten Lehren aus dem Klassenzimmer verbannen, solange muß Frontal-Unterricht überwiegen. Jede/r Verkäufer/in, der so verkaufen will, wird als Monologisierer abgewiesen, denn Kunden haben eine Wahl – SchülerInnen nicht. Sie müssen in die Schule gehen. Deshalb stehen Lehrende nicht unter dem Druck von Verkäufern, denn sie gehen davon aus, daß jeder Lernende den Lernstoff quasi „kaufen" muß. Notfalls kurz vor der Prüfung ... So kamen viele leider nicht auf die Idee, ernsthaft über die **Verbindung** von Fragen und Antworten nachzudenken.

Wenn jemand uns eine Frage stellt, reagieren wir **REFLEXARTIG** und überlegen eine Antwort.

Fragen Sie Leute plötzlich und unvermittelt nach der Zeit, werden sie auf die Uhr schauen und Ihnen die Uhrzeit sagen.

Der Gegenpol der Frage ist die **Aussage** und hier besteht die große **Gefahr**, daß sie den **Geist verschließt**.

Wenn wir nicht das große Glück haben, daß der andere unsere Aussage positiv bewertet (weil er den Inhalt bereits gut fand, ehe wir ihn aussprechen), dann besteht die Gefahr, daß unsere Aussage seinen Geist schließt.

Vgl. Fallbeispiel Chemie-Unterricht (Seite 239ff.).

Am allerbesten ist es, wenn man **selber Fragen** formulieren darf, dann lernt man am leichtesten.

Drei Frage-Strategien

Strategie Nr. 1: Frage-Rätsel-Spiele (Ja/Nein-Fragen)

Um größere Überschneidungen zu vermeiden, muß ich hier auf zwei meiner anderen Bücher verweisen. In *Intelligente Rätsel-Spiele* liegt der Schwerpunkt auf der LOGIK der Frage-Technik: Wie erfragt man Infos, die ein anderer Mensch (z.B. ein Kunde) besitzt, um ihn anschließend gut zu beraten? Die Technik ist auch hilfreich für EXPLORER, wenn Sie Fachleute befragen wollen, sei die Fachperson ein Spezialist in der eigenen Organisation/Firma oder ein Experte, den wir gegen Honorar befragen. Wir üben das Schema mit Rätsel-Stories, die mit Ja-/Nein-Fragen gelöst werden; einige davon kann man live miterleben (s. Rand). Das zweite Werk ist ein kleines Büchlein (*Intelligente Party-Spiele*), das ebenfalls einige wunderbare Frage-Spiele enthält, allerdings keine klassischen Rätsel-STORIES, sondern andere Variationen!

Bei Interesse vgl. mein Video *Frage-Technik*, ebenfalls erschienen im GABAL Verlag.

Strategie Nr. 2: FRAGEN formulieren?

Leider konnten die wenigsten Menschen die Fähigkeit zu fragen entwickeln. Zwar ist jedes Kind zunächst auf dem richtigen Weg, aber selbst wenn die Gesellschaft diese Entwicklung **nicht verhindern** würde, müßte das Talent **geschult** werden. Ob Kinder Fußball spielen oder Fragen stellen – ohne Training kann man nicht besser werden. Aber es ist viel schlimmer: Nicht nur wird diese wichtige Fertigkeit weder gefordert noch gefördert, sie wird **unterdrückt**. Im Kapitel *Lehrer-/Schüler-Fragen* (Seite 208ff.) lesen wir die Gedanken einer Chemie-Lehrerin, die feststellt, wieviel wertvoller der Unterricht wird, wenn die SchülerInnen fragen dürfen. Hinzu kommt, daß die SchülerInnen dann auch wirklich neugierig auf die Antworten sind (statt wie früher selber Pseudo-Fragen zu stellen, deren Antworten niemanden vom Hocker rissen). Aber oft stellen wir fest, daß sich SchülerInnen anstellen „wie der Hund zum Eierlegen", wenn Lehrkräfte sie schon mal einladen, Fragen zu formulieren. So erlebe ich regelmäßig, daß Lehrende entweder davon ausgehen, SchülerInnen hätten ihre Fragen

TRAINING nötig!

zu beantworten, oder aber daß sie sich über die Unfähigkeit der Lernenden **beschweren**, die das nicht können, was sie nie trainieren durften. Wen wundert es? Deshalb möchte ich Ihnen eine mögliche Reihenfolge anbieten, wie Sie es den Ihnen Anvertrauten erleichtern können, falls diese in starkem Maß Opfer des Systems sind.

Fragen formulieren – in 5 Schritten

1. **Geschlossene Fragen: Beginnen Sie mit einfachen Rätsel-Stories** wie im oben erwähnten Buch vorgestellt. Eine geschlossene Frage ist eine Frage, deren Thema eng begrenzt ist. Früher neigte man dazu, nur Ja-/Nein-Fragen als geschlossen zu bezeichnen, aber ich weise schon seit Jahrzehnten darauf hin, daß auch sogenannte „W-Fragen" (die als offen galten) sehr geschlossen sein können: „Welche Temperatur haben Sie gemessen?" erwartet eine Temperatur-Angabe. Versuchen Sie mal OFFEN mit „Ich aß einen Hamburger" zu antworten und beobachten Sie die Reaktion! Mit den Rätsel-Stories, die im Ja-/Nein-Modus operieren, trainieren wir die LOGIK der Frage-Situationen. Deshalb gibt es nur vier Antworten: „Ja", „Nein", „Apfelkuchen" (eigentlich „Jein", aber „Jein" reimt sich auf „Nein" und wird oft mißverstanden) und „Ich weiß nicht" (bei Unkenntnis der Fakten).

2. **Spielen Sie HIERARCHISIERUNGS-Spiele** (Seite 76ff.) und beobachten Sie, wie schwer oder leicht es den Ihnen Anvertrauten fällt. Am besten lassen Sie sie in Kleingruppen arbeiten und schlendern ein wenig umher. Das ist die eigentliche Funktion der Lehrkraft: Beobachten und wissen, wie weit die SchülerInnen sind, ehe man zur nächst-schwereren Aufgabe (oder Prüfung) übergeht.

3. **WQS SPIELE – als SpielerIn:** Sie bieten den SchülerInnen ein Wissens-Quiz-Spiel an (auf Seite 157 finden Sie eines mit 5 Fragen) und lassen sie die Rolle derer erleben, die zuerst RATEN, anschließend werden ihre Annahmen mit den Aussagen des Spielleiters (in diesem Falle Ihre Aussagen) verglichen, um am Schluß festzustellen, wieviel mehr sie jetzt wissen als vorher.

4. **Mikro- oder MINI-WQS „basteln":** Die Lernenden „basteln" ein Mikro-Wissens-Quiz-Spiel (vgl. Seite 74f.), also eines mit 1 bis 2 Fragen. Dabei sollen sie versuchen, möglichst **originelle** Fragen zu (er-)finden. Anschließend werden gleiche oder ähnliche Fragen aussortiert und die außergewöhnlichen bleiben übrig. Auch hier schlendern Sie umher und lauschen, wie schwer/leicht es fällt, aus bekannten Fakten Fragen zu „ziehen". Wenn Sie zufrieden sind, folgt der letzte Schritt.

   Bis jetzt gab es auf alle Fragen **Antworten** (wiewohl bei den Rätseln theoretisch durchaus ein „Ich weiß nicht" ausgelöst werden kann). Erstens, weil das Rätsel eine klar umrissene Story beinhaltet, und zweitens, weil viele Leute es gar nicht merken, wenn sie etwas nicht wissen, und trotzdem antworten. Im letzten Schritt unseres Trainings zum Formulieren von Fragen müssen wir zwei Aspekte üben: Erstens, daß es Fragen gibt, auf die **niemand** eine Antwort weiß (z.B. ethische Fragen), zweitens, daß es Antworten geben kann, die von einigen stark infrage gestellt werden – der skeptische Geist, den wir mit Fragen heranziehen, erscheint.

5. **Offene FRAGEN FORMULIEREN:** Jeder versucht so viele unterschiedliche Fragen zu einem Thema zu (er-)finden, wie er/sie in der gegebenen Zeit schaffen kann. Da Fragen mit Wissen zu tun haben, wie das **SPRICHWORT** aus Indien feststellt („Der **Wissende weiß und fragt**, aber der Unwissenden weiß nicht einmal, was er fragen soll."), werden Lernende solange Probleme mit dem Fragen haben, wie sie noch zu wenig wissen. In einem Film, in dem man angehende Juristen in ihrer Ausbildung erlebt, sagte der Professor: „Sie werden feststellen, daß jede Antwort zu weiteren Fragen führt." Wenn das passiert, dann LERNEN wir wirklich!

Strategie Nr. 3: Frontal-Info einbetten? (Fragen vorab ...)

Einer der großartigen Vorteile der Doppel-Checkliste besteht darin, daß LehrerInnen, die vom Frontal-Unterricht nicht lassen wollen, diesen sogar halten dürfen. Nur sollten wir vorher und hinterher einen

Eine weitere Möglichkeit Frontal-Infos einzubetten ist das Wissens-Quiz-Spiel (WQS), s. unten.

gehirn-gerechten Rahmen bieten, in den wir den eigentlichen Vortrag einsetzen können.

Eine Möglichkeit Frontal-Infos einzubetten besteht darin, mit ABC-Listen und KaWa.s© zu beginnen. Diese aktivieren das ASSOZIATIVE Denken und lösen erste FRAGEN im Kopf aus. Wenn die SpielerInnen dann noch VERGLEICHEN dürfen und Sie als Lehrperson sie nach dem Vortrag einladen, zu den wichtigsten Schlüsselbegriffen ein KaWa© zu erstellen, dann gibt es 2 Kügeli (●●) für ASSOZIATIVES Denken, weitere 2 (●●) für erste FRAGEN, die gedacht werden dürfen, 2 (●●) für den VERGLEICH und weitere Kügeli für ABC (●) und KaWa© (●), also erhält dieser Unterricht 8 Kügeli insgesamt **trotz** Frontal-Unterricht. Wenn die Lernenden beim Zuhören eine neue ABC-Liste anlegen (oder ihre ergänzen), hören sie pro-aktiv (kreativ, schaffend) zu und es bleibt deshalb weit mehr hängen.

Kügeli: vgl. 1. *Hier geht's los* (Seite 11) und 2. *Kügeli verteilen* (Seite 166).

Frontal-Infos via Fragen anbieten

(WQS: Wissens-Quiz-Spiel-Technik)

Vgl. *WQS – Wissens-Quiz-Spiele*, Seite 157ff.

Das minimale WQS verläuft in drei Schritten/Phasen. Später können wir zwischen jede dieser Phasen weitere setzen, aber am Anfang sollte man das einfache WQS mindestens fünfmal durchgeführt haben, ehe man zu Variationen übergeht.

1. Im ersten Teil werden die Fragen ohne weitere Infos präsentiert. Antworten dürfen zunächst „wild" geraten werden, aber bitte **mit Prozentzahlen** (Wie sicher sind wir eigentlich?). Also schreiben die SpielerInnen z.B. „Mozart – 100%" oder „Vivaldi – 75%" etc. Im Zweifelsfalle notiert man einfach „k.A." (keine Ahnung) plus Prozentzahl (bei „k.A." sind das 100%).
2. Im zweiten Durchgang gibt die Lehrperson (SpielleiterIn) die Antworten, aber wir wollen keine einsilbigen nackten Fakten (wie in einer TV-Quiz-Sendung), wir wollen etwas mehr. Dieses „Mehr" kann aus dem Frontal-Unterricht bestehen, den man sowieso halten wollte (ha ha). Durch die Fragen davor, ist er nun **eingebettet**. Sie müssen nur einige Fragen zu den GEPLANTEN FRONTAL-

INFOs formulieren, die in der ersten Runde gespielt werden können. In der zweiten Runde werden die Antworten gegeben und alle können diese mit ihren eigenen Annahmen vergleichen. Desweiteren kann man die SchülerInnen vor dem Frontal-Unterrichtsteil schon vorab vergleichen lassen, so daß wir 2 Extra-Kügeli dafür erhalten.

3. In der dritten Runde gehen wir alle Fragen ein letztes Mal durch: **Diesmal wissen die MitspielerInnen weit mehr als am Anfang.** Außerdem können unsere ange-REICH-erten Antworten jetzt zusammengefaßt (vereinfacht) angeboten werden – nur das WESEN-tliche in diesem Durchgang. Plus: Als Lehrende haben wir hier die Möglichkeit, selbst zu prüfen, ob **wir** etwas Wichtiges vergessen haben.

Nun sollten wir noch zwei Aspekte beachten:

1. **LÄNGE DES WQS:** Ein **MIKRO-Spiel** enthält nur **ein bis zwei Fragen**, aber die Antworten können durchaus „lang" sein. So kann man z.B. in einem Verkaufsgespräch mit ein oder zwei Fragen das Interesse des Kunden anreißen (auch SchülerInnen sind „Kunden", die kaufen sollen) und dann in das Interesse hinein informieren. Ein **MINI-Spiel** enthält **2 bis 5 Fragen**, ein **reguläres WQS** bietet **6 bis 10 Fragen**. (Bei mehr als 10 sollte man in mehrere Teil-Spiele untergliedern.)
2. **LERNER-** und **LEHRER-SPIELE:** Erstere implizieren, daß der Autor des Spiels noch selber lernt, daß jemand mit den zu lernenden Infos **spielt**, indem er ein **WQS** schreibt, damit andere später dieses Spiel spielen können. Aber er oder sie ist sich noch nicht sicher, es ist alles noch neu, man könnte Dinge falsch verstanden haben etc. Man zeigt also durch das Etikett LERNER-SPIEL, daß andere SpielerInnen möglicherweise Fehler finden werden. Das Etikett LEHRER-SPIEL hingegen zeigt, daß man schon fortgeschritten ist und daß man annimmt, daß andere mit diesem Spiel durchaus lernen könnten. Hier sollte die Menge etwaiger Fehler gering sein, bei LERNER-Spielen könnte es theoretisch vor Fehlern „wimmeln".

In den Foren bei **www.birkenbihl.de** gibt es (hinter dem Paßwort für Insider) auch ein WISSENs-Quiz-Spiele-Forum. Wenn genügend Insider mitmachen, dürfte es bald eine Quelle für Spiele sein, ähnlich wie das ABC-Forum schon jetzt viel Material anbietet und weiter wächst. Auch das Zitate-Forum ist gut unterwegs, nur das WQS-Forum ist noch sehr neu und zum Zeitpunkt des Schreibens noch unser Sorgenkind, jede/r hofft, daß andere WQS.e hineinstellen (s. auch *MERKBLATT 3*, Seite 261).

Ein konkretes **Fallbeispiel** finden Sie unter „W" für WISSENs-Quiz-Spiele (Seite 157ff.).

10. HIERARCHISIEREN Sie!

Aufgabe: Beginnen wir mit der Basis-Aufgabe: Wählen Sie ein Thema und notieren Sie es hier:

____

In meinem Buch *Das innere Archiv* stellte ich eine kleine Aufgabe vor, die ich hier **erweitern** möchte.

Schritt 1: Erstellen Sie eine **Liste** (z.B. eine ABC-Liste) oder legen Sie ein KaWa© zu einem Schlüsselbegriff an, dessen Assoziations-Begriffe Sie **anschließend** zu einer (kurzen) Liste zusammenführen. Solche aus KaWa.s© herausgelöste Listen müßten das für Sie WESEN-tliche der Thematik gut umreißen.

Hilfreich: Einzelne Begriffe auf Papierstreifen schreiben und sie solange „herumschieben", bis die Hierarchie „steht".

Schritt 2: Anschließend **hierarchisieren** Sie! Versuchen Sie also eine erste hierarchische Aufstellung zu kreieren. Legen Sie Prioritäten fest.

Sie werden feststellen, daß Sie immer wieder radieren, umstellen, **herumschieben** etc. müssen, bis die Reihe zu stimmen scheint.

Variationen: Spielen Sie mit der Aufgabe!

Sie könnten jede Lösung digital fotografieren, ehe Sie die Wortkärtchen neu sortieren.

1. **Versuchen Sie es mehrmals**, indem Sie frühere Ergebnisse vor sich selbst „verstecken" und neu beginnen. Die Unterschiede sind enorm und sehr lehr-REICH!
2. **Zeigen Sie die Liste anderen Menschen** und laden Sie sie ein, Ihnen zu sagen, wie sie hierarchisiert hätten. Dabei gibt es zwei Möglichkeiten:
   a. schnell und spontan (und/oder)
   b. in Ruhe (also langsam)

3. Zeigen Sie **Ihre fertige Rangliste so vielen Menschen wie möglich** und vergleichen Sie deren Ergebnisse mit Ihren. Wenn Ihre PartnerInnen nicht in der Nähe wohnen, bitten Sie sie um Kommentare (z.B. per e-mail oder am Telefon).

Nun haben in der Regel die meisten Betrachter etwas zu „meckern", denn jeder betrachtet Ihr Ergebnis durch seine Augen (aus seiner Insel heraus) mit seinen Erfahrungen (seinem Wissens-Netz, bei dem die Vernetzungen subjektiv anders sind). Also bewertet jeder Gesprächspartner gemäß **seinen** Erfahrungen, **seinem** Werte-System etc. Deshalb scheinen zunächst die Unterschiede zu überwiegen. Wenn Sie aber alle möglichen Hierarchien festhalten, die sich bei solchen Gesprächen ergeben (oder Ihre **Zettel jedesmal neu sortieren**, nachdem Sie das Ergebnis digital fotografiert haben), dann können Sie diese „Hit-Listen" später miteinander vergleichen. Nun stellen Sie voller Verblüffung fest, daß diese vielen Unterschiede letztlich einige Gemeinsamkeiten aufweisen werden, diese bezeichnen wir als **UNIVERSALIEN**. Es ist ein **spannendes Ent-DECK-er-Spiel** (strategischer Ansatz EXPLORER), bei dem viele neue **Fragen** auftauchen werden (Neuro-Mechanismus FRAGEN), weshalb es so spannend ist!

Lassen Sie sich nicht davon abhalten, daß es sehr „einfach" wirkt. Durch solche „Spielchen" lernen wir wirklich enorm viel.

Wenn Sie Variante 2 und 3 spielen, dann kommen Sie an dieser wichtigen Einsicht nicht vorbei: Sie haben am Ende mehr als eine optimale Lösung (und immens viel hinzugelernt, das meiste unbewußt).

Es gibt mehrere hierarchische Ordnungen für diese Fakten, Infos, die jeweils ihre eigene Gültigkeit haben!

Nach einer solchen Behandlung sind Sie mindestens so TIEF in ein Thema eingestiegen, wie monatelange analytische Denkprozesse es Ihnen ermöglicht hätten! Merke:

Man muß eine Materie gut begriffen (und tief!) durchdacht haben, um eine Hierarchie (bzw. einige mögliche Hierarchien) zu erstellen. Und umgekehrt: **Durch mehrmaliges Sortieren beim Erstellen einer solchen Hierarchie lernen wir enorm viel über den Gegenstand und dringen tief in die Thematik ein!** (Vgl. Sie den Abschnitt über das WESEN-t-liche, Seite 150ff., wieder sehen Sie die inneren Verbindungen einzelner Techniken dieses Buches!)

HITLISTEN-Spiel (nach Michael GELB)

Eine besondere Form der Hierarchisierung (s. Seite 76) stellt eine HIT-LISTE dar. Sie enthält eine **echte Rangordnung** gemäß spezifischer **Kriterien**, nach denen wir **klassifizieren**, be-**WERT**-en und be-/ge-/ver-**URTEIL**-en. Michael GELB stellt fest (ich paraphrasiere):

> Die Übung, eine Rangliste zu erstellen (bedeutet u.a.) mit Überlegung auszuwählen, sowie Gewichtungen vorzunehmen und (diese) begründen zu können. (Dies) erfordert eine eingehende Beschäftigung mit dem Gegenstand (...) und es fördert zugleich die Wertschätzung und Freude am Gegenstand.

Wenn wir die Anregung von Michael GELB aufgreifen, und zu einem für uns wichtigen Thema eine Hitliste erarbeiten, dann erarbeiten wir spielerisch eine Hierarchie unseres Wissens zu diesem Thema, und das ist extrem spannend! Zu welchem Thema wissen Sie einiges, so daß Sie **sofort** einen Versuch unternehmen könnten (den Sie mindestens 1 Woche verfolgen)?

Quelle: Michael GELB, *Das Leonardo-Prinzip.*

Mein Thema: ______________________________

11. IDEEN GENERIEREN (DENCK=REGISTER)

Wie bei **ABC-Kreativ** (Seite 52) und den **LULL' schen Leitern** (Seite S. 52f., 102ff.) bereits festgehalten, dienen beide Techniken in hohem Maß dazu, neue Ideen zu erzeugen (generieren).

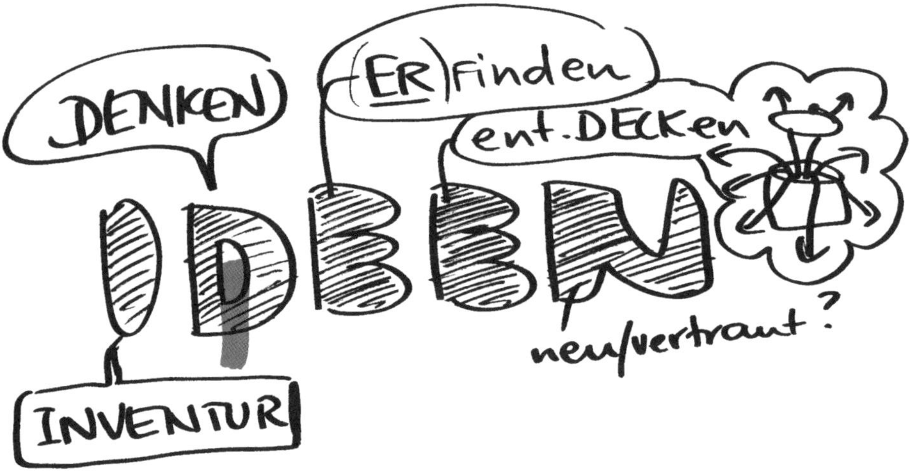

Stefan RIEGER, *Speichern/Merken – Die künstliche intelligenz des Barock.* Übrigens schrieb man „Denken" damals noch mit „ck" und der heutige moderne Bindestrich zur Trennung von Worten war noch ein „="-Zeichen.

Deshalb erstaunt es uns auch nicht, daß KIRCHNER die Technik der LULL'schen Leitern, einige Jahrhunderte nach ihrer Erfindung, als „**Denck=Register**" bezeichnete. Als ich das bei RIEGER (s. Rand) das erste Mal las, leuchtete es mir nach kurzen Stutzen ein, woraufhin ich mit ersten Experimenten begann. Inzwischen kann ich das voll und ganz unterstreichen! War schon ABC-Kreativ für mich (davor) ein wahrer Kreativ-Brunnen gewesen, so wurden die LULL'schen Leitern dies in noch höherem Maße. (Deshalb habe ich in *Das inneren Archiv* ein großes Modul über die Technik und eines über Raimundus LULLUS; den Mann, dem wir verdanken, was seit Jahrhunderten verloren schien ...)

12. IDEEN KONSULTIEREN

Damit meinen wir, daß wir ABC-Listen, KaWa.s© etc. **nicht nur** einmal anlegen und dann wegwerfen (oder sammeln und vergessen) wollen, **sondern** daß wir später mit diesen Listen einiges anfangen können. So profitieren wir z.B. bei ABC-Kreativ von vorhandenen Listen. Ebenso wenn wir LULL'sche Leitern oder das KNICK-Spiel (s. Seite 59f.) spielen, ganz abgesehen davon, daß jede Wissens-Liste Wissen in extrem ver-DICHT-eter Form „festhält". Sie ist das Konzentrierteste, das wir kennen (quasi der Cognac), gefolgt von etwas komplexeren KaWa.s© oder tollen Zitaten, Metaphern und Definitionen (die wir vergleichen). Dann folgt lange nichts, anschließend kommen „normale Infos", (z.B. Lehrbuch- oder Sachbuch-Texte, Artikel etc.), die im Extremfall so gut wie keine Inhalte bieten können.

Genauer gesagt geht es hier nicht um Information, sondern um Exformation nach NORRETRANDERS!

13. IMITATION

Neuro-Mechanismen, die normalerweise unbewußt ablaufen, nehmen wir weniger bewußt wahr (vgl. ASSOZIATIVES DENKEN und VERGLEICHEN), und wenn, dann oft verzerrt – hierzu gehört der Mechanismus der IMITATION. Man dachte lange, alle Lebewesen lernten durch Imitation (s. Rand).

Nur ganz wenige, darunter Affen und Menschen, können per Imitation lernen. Alle anderen müssen den längeren Weg über vielfaches Vormachen und VERGLEICHEN gehen.

Inzwischen wissen wir, daß die Bären-Mami ihr Junges so oft „stupsen" muß, bis es kapiert, was gemeint ist. Lebewesen, die nicht auf Imitationslernen ausgelegt sind, müssen Dinge viele Male gesehen haben. Für sie ist es ein „Thema mit Variationen". Letztlich lernen sie „ihre Lektion" durch den Mechanismus des VERGLEICHENs (s. Seite 136ff.) und des ABSTRAHIERENs (s. Seite 37). Das ist ebenfalls sehr effizient, aber es müssen viele Vorlagen, die man miteinander VERGLEICHEN kann, wahrgenommen werden, bis man beginnen kann, nachzuahmen. Ich möchte in diesem Zusammenhang die bewußte Nachahmung (nach VERGLEICH-endem Wahrnehmen) von der angeborenen Fähigkeit zu IMITIEREN unterscheiden. Bei komplexen Vorgängen (wie modernem Bühnentanz) reicht es nicht, mal hinzuschauen und zu imitieren. Es kann so komplex sein, daß auch mehrmaliges Hinschauen nicht reicht. Bei komplexen Tätigkeiten müssen wir auch **begriffen** haben, was (wie) laufen soll.

Aber bei einfachen Tätigkeiten ist es leicht. Beobachten Sie Säuglinge, die erst einige Tage alt sind: Wenn sich ein Gesicht in den Bereich begibt, den sie zu diesem Zeitpunkt bereits gut wahrnehmen können (ca. 30 cm Abstand), dann beobachten und IMITIEREN sie den Genicht nur Affen + kleine Kinder

sichtsausdruck sofort. Sie haben noch keine Ahnung, was sie da tun, sie tun es einfach. Eine äußerst komplexe Leistung des Gehirns. Und eben weil sehr kleine Kinder ganz offensichtlich IMITIEREN können, hielt man IMITATIONs-Lernen lange für „primitiv", nach dem Motto: Nur Affen und kleine Kinder lernen so. Falsch! Wir können heute sagen: Wenn wir kein Baby mehr sind, nachdem das Denken begonnen hat, gilt die Regel: Ich kann nur imitieren, was ich begriffen habe, daher sind **IMITATIONS-SPIELE ausgezeichnet geeignet, „leicht" zu lernen** (oft mit viel Gelächter). Allerdings müssen wir feststellen, daß die **Grenze** zwischen **Imitation** und **Variation** fließend ist, denn: Eine Imitation kann leicht in eine Persiflage oder Karikatur „abgleiten", in welchem Fall sie eine Form der VARIATION, nämlich die **Übertreibung** darstellt. Solche Variationen können sehr hilfreich sein (wir kommen noch darauf zurück).

Schule und Ausbildung bieten statt Verhaltens-Training (zuschauen, mitmachen, nachmachen) oft **Regeln** (in FORM von FORM-eln, Naturgesetzen etc.) fix und fertig vorgekaut und vorverdaut. So **wird Lernen mindestens maßgeblich verzögert, kann aber oft gar nicht mehr stattfinden,** weil man gewisse Neuro-Mechanismen umgeht. Erstens den der IMITATION, zweitens das **Ableiten von Regeln** (aufgrund **eigener** Denkprozesse oder Erfahrungen). Fehlt der eigene Abstraktions-Prozeß, **dann kann intelligentes Lernen nicht mehr stattfinden.**

Vgl. *Abstrahieren* (Seite 37). Was die Bewertung anhand unserer Doppel-Checkliste angeht, so erhalten wir ein zusätzliches Kügeli für den Neuro-Mechanismus (Abstraktion = Regeln FINDEN).

Da Menschen den Prozeß hinter den Regeln nicht begreifen können, wenn man ihnen die Regeln **zuerst** gibt, lautet die **häufigste Lernfrage**, die man mir ständig stellt: **Wie lerne ich mathematische oder chemische Formeln bzw. Gesetze** (egal, ob naturwissenschaftliche Gesetzmäßigkeiten oder juristische Gesetze).

Nun hat es sich seit Ende der neunziger Jahre leider eingebürgert, solche Lern-Infos angeblich „modern" **mittels 2500 Jahre alten Mnemo-Techniken zu pauken** – und zwar Inhalte, die man eigentlich begreifen müßte (wir sprechen also nicht von einer Aufzählung aller EU-Länder o.ä., für die ich seit 1975 solche Lern-Tricks anbiete). Zwar ist das Pauken weit amüsanter als früher, man kann vielleicht sogar die Prüfung bestehen – aber **so lernt man ausschließlich für Prüfungen**. Angeblich aber will die Schule uns doch motivieren, nicht für sie, sondern für das Leben zu lernen.

PRÜFUNG oder LEBEN?

> Lerne ich nur für die Prüfung, lerne ich nur für die Note, so lerne ich nichts fürs Leben.

Demzufolge weiß man hinterher auch nicht genug, wenn man die Schule verläßt, da man zu wenig begriffen hat – schon gar nicht das WESEN der Dinge, um die es ging! Wenn Sie also Mathe, Physik, Chemie (oder Jura) lernen (lassen) wollen, dann sorgen Sie dafür, daß die Lernenden BEGREIFEN, damit sie es praktisch anwenden können. Verstehen Sie mich bitte richtig: Mnemotechnik ist sehr wohl außerordentlich hilfreich und sinnvoll, wenn es um das Einprägen von Namen (die Hauptsädte aller EU-Staaten, deren Präsidenten, Prime Minister, Kanzler etc.), Zahlen (Telefon- bis PIN-Nummern) etc. geht. Inhalte aber, die begriffen werden müssen, müssen eben verstanden werden – und da nützt Mnemotechnik NICHTS. Wenn wir jedoch **den Weg eigener Erkenntnisse** gehen, dann gewinnen wir für das ganze Leben. Jedes echte Wissen, gleich welcher Art, kann uns später zugute kommen, wenn wir assoziativ denken, Probleme lösen oder Entscheidungen treffen wollen, weil unsere Intelligenz (wie unsere Kreativität) sich aus unserem Wissen speist!

Zu der Tatsache, daß IMITIEREN-KÖNNEN als **Beweis** des **Begriffen-Habens** (und Ausführen-Könnens) gilt, möchte ich ein Beispiel erwähnen, an dem wir sehen, daß **Lehrkräfte oft an ihren SchülerInnen VORBEI-LEHREN** (und SchülerInnen sich dann wieder mal die Schuld geben): In einer TV-Doku wurde über eine Tanzschule in Ost-Deutschland berichtet. Ich war in die Sendung „hineingeraten“, weiß also nicht, welche Schule. Die Gründerin dieser Tanzschule muß phantastisch gewesen sein, was aus vielen Bemerkungen ehemaliger SchülerInnen hervorging. Auch der heutige (ca. 60-jährige) Leiter der Schule sprach ähnlich bewundernd von ihr. Dann aber sagte er einen Satz, der mich vom Hocker riß:

> „Sie war uns allen so weit voraus, wir konnten sie nicht einmal imitieren!"

Er fügte hinzu, im klassischen Ballett gäbe es ganz konkrete Formen, die man lernen und exakt imitieren kann, aber im modernen Tanz fehlen klare Vorgaben dieser Art und demzufolge gäbe es auch keine Schablone, die man zu imitieren lernen könne.

Inzwischen lernte ich, daß es sich um die PALUCCA-Schule (Dresden) handelte und um die Tänzerin/Gründerin GRET PALUCCA (sprich: Paluka).

Im Klartext: Man hat die **Kriterien** für die **Wahrnehmung** nicht so klar im Kopf, daß man korrekt wahrnehmen kann, was die Grundlage für Nachahmung darstellt. Das halte ich für einen didaktischen Fehler, nicht für Brillanz. Die Gründerin der Schule mag die großartigste Tänzerin gewesen sein, aber als Lehrerin hat sie meines Erachtens versagt. Vergessen wir nicht, daß es sich um eine Tanzschule und kein Tanztheater handelte! Sie war ihren Schülern (viele davon inzwischen selbst Lehrer an jener Institution) **im modernen Tanz** so weit voraus, daß niemand sie imitieren konnte. **Das bedeutet, daß ihre Kunst mit ihr starb.**

Normalerweise zeichnen sich wahre große Meister gerade dadurch aus, daß ihre SchülerInnen nicht nur „Wissen" von ihnen lernen, sondern auch ihren **Stil des Tuns** (hier des Tanzens). Und der Stil wird eher ohne Worte weitergeben. Den lernen wir durch bewußte und unbewußte IMITATIONS-Prozesse.

Deshalb plädiere ich für IMITATIONS-Spiele, schon weil sie das Bewußtsein der **Lehrenden** für diesen Stil des Lernens schärfen.

Imitations-Spiele

Lassen Sie sich nicht davon abbringen, daß es so leicht zu sein scheint, sondern lassen Sie sich vielmehr **inspirieren**. Solche Spiele bieten einen dreifachen Vorteil:

- Wir trainieren die **Wahrnehmung/Beobachtung** unserer SchülerInnen. In der heutigen Zeit eine dringende Übung, da wir weit weniger als früher wirklich wahrnehmen. Die Art, alles passiv konsumieren zu wollen, von TV-Shows über Unterricht bis zur V.R. (Virtuelle Realität) via DVD, PC und Internet kann erschreckende Ausmaße annehmen.
- Wir **lernen am leichtesten**, wenn es etwas zu imitieren gibt, weil wir darauf genetisch vorbereitet sind. Die meisten anderen Lebewesen müssen den längeren Weg über WAHRNEHMEN und VERGLEICHEN gehen. Aber wir Menschen können neben dem automatischen (unbewußten) IMITIEREN auch den Weg der bewußten Imitation beschreiten, nur gehen wir ihn viel zu selten. Stellen Sie sich daher zwei Fragen (und lehren Sie Ihre SchülerInnen, sich diese zwei Fragen zu stellen):

  Frage 1: Welche Tätigkeiten sollen wir lernen, bei denen wir möglicherweise bewußte IMITATION (siehe nächster Punkt) **nutzen könnten?** (Frage 2: Ende nächster Absatz.)

  Frage 1

- Das meiste, das wir je (an Verhalten) gelernt haben, haben wir **unbewußt imitiert**. Das ist der Grund, warum dieser schnelle Lernprozeß uns so erfolgreich gemacht hat. Damit lernen wir schneller als die meisten Insekten, Vögel und anderen Tiere (mit Ausnahme der Affen). Aber **unbewußtes** Imitations-Lernen geschieht am Bewußtsein vorbei. Wir imitieren, was uns umgibt. Ist dies wünschenswert (vielleicht ein gutes Vokabular, eine grammatikalisch korrekte Sprache, gute Manieren etc.), dann imitieren wir „gute Dinge". Sind wir hingegen von Leuten umgeben, die nur Stummelsätze von sich geben und außer „gut", „schlecht" oder „geil" kaum Adjektive kennen, um ihre Situation zu beschreiben, dann verblö-

Frage 2

den auch wir. Daraus leitet sich die **Frage 2 ab: Was wollen wir <u>unbewußt</u> imitieren lernen?**

Im Klartext:

> Wir passen uns wie ein Chamäleon an unsere Umgebung an, aber in der Regel merken wir es gar nicht.

Wenn wir dies wissen, können wir unsere Umwelt **bewußt** wählen, von der wir dann unbewußt per Imitation lernen. **Umgeben Sie sich häufig mit guten Vorbildern, und raten Sie den Ihnen Anvertrauten, das ebenfalls zu tun.** Einige Beispiele:

1. **... für Sprache**, indem Sie (mal aktiv, mal passiv) Literatur-Hörkassetten oder solche mit Vorträgen etc. hören.
2. **... für Fremdsprache**, indem Sie einzelne Lektionen häufig (mal aktiv, mal passiv) hören und sich mittels DVD.s von Ihren Wunschsprachen „umgeben" lassen, wenn Sie Dinge tun, bei denen Sie **nicht** die volle Konzentration benötigen. Ich schneide mir übrigens schöne Auszüge von fremdsprachigen Filmen, z.B. von Gerichtsszenen mit intelligenten Dialogen, akustisch mit, so daß ich diese auch beim Spazierengehen (aktiv) hören kann.
3. **... für Verhaltens-Aspekte**: Wer umgeben ist von fleißigen Leuten, die gerne recherchieren, die sich riesig freuen können, wenn sie eine Ent-DECK-ung machen etc., wird sich bald ähnlich verhalten.
4. **... für Problemlöse-Verhalten**: Es gibt Umfelder, da wird sofort losgejammert (kann ich nicht), ohne daß man überhaupt einen Versuch machen würde, das Problem zu lösen. Weder fragt man Leute, die mehr wissen könnten (von Schul-KollegInnen, die in dieser Frage weiter als wir sind, über LehrerInnen, Eltern und andere Menschen) noch ist man bereit, Neues auszuprobieren, zu üben, zu trainieren etc. Viele junge Leute kommen mit dieser hilflosen Haltung in die Firmen, als Azubis oder als Arbeitnehmer, und wundern sich, daß man sich bald von ihnen zurückzieht – sie nerven. Suchen Sie sich Vorbilder, die Probleme aktiv-kreativ anpacken und

In diesem Zusammenhang begreift man, wie weit unsere Schulen von Orten des Lernens entfernt sind: Bei uns ist die NORM der nicht-lernende Mensch. Nur deshalb kann man die wenigen guten LernerInnen als „Streber" verurteilen und ausgrenzen, statt sich von ihnen inspirieren zu lassen. In der Businesswelt suchen Erfolgswillige sich bewußt gute Vorbilder, im Schul-Alltag (und in manchen Firmen) machen wir die wenigen fertig, die wir haben ...

lösen. Und wenn Sie solche Vorbilder (zunächst) nur im PC, im Fernsehen und auf DVD.s finden – dann umgeben Sie sich mit diesem virtuellen Figuren, aber eben bewußt (siehe auch nächster Punkt)!

5. ... **für Kommunikations-Verhalten**: Ich neige zur Ungeduld und kann ganz schön nerven. Wenn ich merke, daß ich mal wieder sehr schnell sehr ungehalten reagiere, lasse ich zwei, drei Tage lang, teils aktiv, teils passiv (im Hintergrund) drei virtuelle Männer laufen, deren Kommunikation mir ein gutes Vorbild ist – und ich werde viel „pflegeleichter". Der eine heißt COLUMBO und sein Markenzeichen ist RESPEKT. Er respektiert (fast) alle Menschen, inkl. der Verdächtigen, während die meisten seiner deutschen Pendants eine Person bereits duzen, wenn diese nur in den Verdacht gerät, vielleicht ein/e Verdächtige/r zu sein! Und der zweite heißt MATLOCK, der einfach (fast) immer ausgesucht höflich kommuniziert. Zwar kann er sich zwischendurch auch ganz schön aufregen (er ist durchaus engagiert), aber er ist immer sehr höflich, schon im Tonfall. Der Dritte ist POIROT (gespielt von David Suchet). Übrigens wurden alle drei sehr gut synchronisiert, sowohl ins Deutsche als auch ins Französische. Wenn ich also auch sprachlich etwas für mich tun möchte, lasse ich mich französisch positiv beeinflussen ...

IMITATIONS-Spiele (AKUSTISCHE)

Akustische Imitations-Spiele können uns beispielsweise beim Sprachenlernen immens helfen (wie am Anfang dieses Abschnitts beschrieben), insbesondere wenn wir es wagen, unsere Imitation vom reinen Nachahmen zur Übertreibung zu entwickeln. Merke:

> Wer spielerisch 130 % produzieren kann, wird später, auch bei Streß, mit Sicherheit 90 % bringen können!

Wenn Sie akustische Spiele lieben, gefällt Ihnen vielleicht meine **Schatten-Technik** (die ich ursprünglich für das Fremdsprachenlernen erfunden hatte). Man spricht einen Text nach, aber immer ein, zwei Silben hinterher. Man klingt dann ein wenig wie ein Simultan-

Das Lerner-Buch (*Trotzdem LERNEN*) enthält eine ganze Palette von Imitations-Spielen, falls Sie zu wenige kennen; die akustischen hier sind einige davon (damit Sie es Ihren SchülerInnen weitersagen können).

Dolmetscher, der etwas hinterherhinkt – nur, daß wir den Vorsprecher so exakt wie möglich **imitieren**.

So sagte ein Vorsprecher einmal in etwa: „Ich bin ein Trottel. Ich werde es nie und nimmer schaffen, ernst zu bleiben, wenn die anderen zu lachen beginnen ...“ Es war sehr lustig.

Dies kann sehr lustig sein, wenn der Vorsprecher lustige Dinge todernst sagt, die der Schattensprecher ebenfalls ernst wiederholen muß, während die Zuhörer sich vor Lachen ausschütten.

Oder man probiert die **Spiegel-Variante** und versucht, **zeitgleich** mit dem Modell zu sprechen. Dies gelingt umso besser, je öfter man den Text bereits trainiert hat. Eine Variante des Ganzen ist ja die KARAOKE-Technik in der Musik.

Vgl. *CHORSPRECHEN* (Seite 66ff.).

130%

So kann man z.B. bestimmte Redewendungen in anderen Sprachen, die uns zunächst „gegen den Strich gehen“, weil sie stark von unserer bisherigen Erfahrung abweichen, durch Übertreibungen (130%) so lange spielerisch üben, bis man sie „drin hat“. So tat ich mich z.B. eingangs schwer, englische Wörter auf der zweiten Silbe zu betonen, die im Deutschen am Ende betont werden. Während wir sagen Philoso-**PHIE**, sagen Angelsachsen phi-**LO**-sophy. **Gleichermaßen** klingt es auf Englisch ge-**O**-logy, the-**O**-logy, psy-**CHO**-logy (genauer in Lautschrift [sy-**KO**-logy], während wir Ge-o-lo-**GIE**, The-o-lo-**GIE** und Pschy-cho-lo-**GIE** sagen.

Nachdem ich begriffen hatte, in welcher Weise das **Klangmuster** rhythmisch abwich, stellte sich die Schere zwischen KENNEN und KÖNNEN ein.

Es hat keinen Sinn, dies als Spielregel zu formulieren und dann zu hoffen, daß man sich daran erinnert, wenn es nötig wird! Und es ist sehr schwer, Spielregeln inkraft zu setzen, wenn wir das praktische Training auf ein, zwei halbherzige Versuche beschränkt haben. Und an dem Punkt (den wir alle aus der Schule kennen) stand ich nun:

Wiewohl ich es **wußte**, konnte ich es **nicht sagen**. Das ist der Unterschied zwischen KENNEN und KÖNNEN!

Also listete ich eine Reihe jener kritischen Wörter auf und begann ein kleines Imitations-Training, das sich jedoch bald zu einer Persiflage, einem regelrechten Übertreibungs-Spiel entwickelte: Ich trommelte den Rhythmus (pa-**RAA**-pa-pam) und sprach im Gleichklang mit meinem Getrommele. Dabei begann ich, **die zweite Silbe** immer stärker zu **übertreiben, indem ich sie extrem laut und lange sprach:**

PA
RAA
pa
pam

Ge-**OOOOOOOOO**-logy, The-**OOOOOOOOO-logy** ... usw.

Bald machte es mir einen Riesenspaß, und meine Übertreibungen wurden immer wilder. Nach einigen Minuten erschöpfte sich die Lust weiterzumachen, **aber ich hatte in meinem ganzen Leben danach** (also bisher seit ca. 40 Jahren) **niemals wieder Probleme mit dieser Wort-Gruppe**. Durch die Übertreibung (die ich mit „130 %" umschreibe) konnte ich später diese und ähnliche Begriffe mühelos auf der zweiten Silbe betonen. Ich hatte **das alte** (deutsche) **Paradigma** SPIEL-erisch aufgebrochen.

Vgl. auch den Abschnitt *CHORSPRECHEN* (Seite 66ff.).

N Leider finden solche Spiele im Unterricht so gut wie nie statt. Sie würden nicht nur Spaß machen, sie wären auch extrem lehrreich!

14. INCIDENTAL

INCIDENTAL = Der Begriff leitet sich von (engl.) „incident" her, was sowohl „Zufall" als auch „Er-LEB-nis" bedeuten kann; „incidental" bedeutet „beiläufig", „nebenbei". Wir kennen den Begriff im Deutschen als Fremdwort (Koinzidenz = etwas ereignet sich „ko", d.h. mit, parallel, gleichzeitig mit etwas anderem), also könnten wir sagen: Lernen = eine Koinzidenz, sie geht mit etwas einher, **kann aber nicht alleine stehen**.

lernen kann also NICHT alleine stehen!

Sehen wir uns nun ein konkretes Fallbeispiel (von Stephen KRASHEN) an: Denken Sie an ein Shopping-Center, in das Sie öfter einkaufen gehen. Nachdem amerikanische Shopping-Center um einiges größer sind als unsere, denken Sie an drei, und stellen Sie sich vor, das wäre ein großes Center, in dem Sie sich öfter aufhalten. Dann, sagt KRASHEN, haben Sie Hunderte (wenn nicht Tausende) von Fakten gelernt.

Wie man dahin kommt, wie man parkt, wo man besser parkt, wenn man da und da hin will, welcher Laden besseren Service hat, welcher von den vier Italienern das beste Essen hat, wo Sie telefonieren können (das Beispiel ist 30 Jahre alt, da gab es noch keine Handys), wo Sie auf Toilette gehen können, ob die Bowling-Alley dort etwas taugt usw. Wenn das nun Schulstoff wäre, dann hätten wahrscheinlich viele versagt oder mit Müh und Not die Prüfung geschafft und wären trotzdem nicht fähig, in diesem Shopping-Center einzukaufen. Das meinen er und andere Autoren mit INCIDENTALem Lernen (incidental learning), es „passiert" (vgl. das „P" in meiner Aussage: bei 7 Kügeli wird Lernen zum SPIEL – Lernen **passiert** einfach immer, wenn es spannend ist oder Sinn ergibt, s. Seite 28).

Dieses INCIDENTALe LERNEN ist mit Abstand der wichtigste Neuro-Mechanismus, deshalb ist er der einzige, der 3 Kügeli erhält!

Als ich diesem Konzept begegnete, wurde mir klar, daß es genau beschreibt, was ich mit meinem Konzept des gehirn-gerechten Vorgehens immer gesucht habe. Deshalb habe ich vom ersten Seminar an Spiele, Quiz-Fragen, spannende Aufgaben und Experimente ent-WICKelt, damit die Teilnehmer durch ihr TUN **beiläufig** lernen könnten, nur hätte ich es nicht so klar beschreiben können. Ich habe auch bei der Birkenbihl-Methode, Fremdsprachen zu lernen, 15 Jahre lang herumexperimentiert und letztlich Techniken (wie das PASSIVE HÖREN) entwickelt, die inzwischen durch die moderne Hirnforschung vollkommen erklärbar geworden sind.

Wir müssen uns der Aufgabe stellen, metaphorische „Shopping-Center" zu schaffen, damit Lernen für die uns Anvertrauten (seien dies nun SchülerInnen, MitarbeiterInnen, KollegInnen oder Seminar-TeilnehmerInnen) genauso beiläufig „passieren" kann, wie in dem Shopping-Center! Bei dem Versuch, (kleine) Aufgaben zu bewältigen, Probleme zu lösen (wie z.B. das Einkaufen), ergeben sich Wahrnehmungen, die wir interpretieren, indem wir das Wahrgenommene unbewußt sortieren, kategorisieren, mit Bekanntem vergleichen etc. So „passieren" neue Einsichten, so lernen wir hinzu. Mühelos. „Natürlich", d.h. in einer Art, die die **Natur** uns geschenkt hat. Die Liste der NLLS bietet viele Möglichkeiten für unsere Lernenden (inkl. uns selbst als LernerInnen), sich in ein Thema zu vertiefen, indem sie HANDELN, so daß Lernen zur „schönsten Nebensache der Welt" werden kann. Halten wir also fest:

NLLS = Nicht-Lern Lern-Strategien (Non-Learning Learning-Strategies)

> Das Schlüsselwort INCIDENTAL besagt, daß Lernen in der „freien Natur" **BEILÄUFIG** geschieht, während wir Dinge tun, Probleme lösen, Aufgaben erledigen etc.

Ich lernte dieses Konzept und den Begriff leider erst vor kurzem kennen, wiewohl die Idee schon ein Vierteljahrhundert alt ist, weil kritische Autoren in der Mainstream-Literatur in der Regel „totgeschwiegen" werden.

Heute, nach dem PISA-Schock, ist der **Leidensdruck** groß genug, daß auch die Etablierten zu fragen beginnen, was Forscher außerhalb des Systems sagen, deshalb „tauchen" solche Infos jetzt plötzlich „auf" (wiewohl z.B. Stephen KRASHEN und Frank SMITH in den späten 1970ern und frühen 1980ern publizierten, also zu dem Zeitpunkt, als auch ich meine erste Auflage von *Stroh im Kopf?* vorbereitete).

POST-PISA 2000

Dieses **BEILÄUFIGE LERNEN** wird durch verkrampfte Versuche, **Lernen in Isolation zu „erzeugen"**, vollkommen ver-UNMÖGLICH-t. Einer der Gründe für diese falsche Herangehensweise liegt in Deutschland, wo EBBINGHAUS (s. Rand) versuchte, wissenschaftlich zu ergründen, wie **das Lernen von SINN-LOSEM** vor sich geht. Damit stellte er leider die Weichen für unendlich viel sinnloses Lernen, denn seine Daten über Lern- und Vergessenskurven werden auch heute, mehr als ein Jahrhundert später, von vielen Pädagogen immer noch als das Nonplusultra gesehen. Hier haben wir den „Beweis", daß Lernen **schwer** ist, daß viele Wiederholungen nötig sein sollen und daß die Leute sich damit **quälen** müssen. Und das wurde zu einem der Grundpfeiler der modernen Pädagogik, wiewohl diese Kurven nur das Lernen und Vergessen von SINN-losen Inhalten widerspiegeln. Wer wagt es, zu sagen, daß der Kaiser keine Kleider trägt???

EBBINGHAUS meinte es gut, er wollte verhindern, daß Vorkenntnisse seine wissenschaftlichen Ergebnisse „verunreinigen", deshalb ließ er Unsinn-Silben (wie „tat", „pip" etc.) lernen. Dabei übersah er jedoch, daß die Natur das Lernen von SINN-losem **nicht** fördert.

Ich spreche in meinem Buch *Das innere Archiv* ausführlich darüber; Stichwort SUBLIMINAL.

Die zweite Säule für die **nicht** gehirn-gerechten Lernwege liegt in den USA. Dort vergiftete der BEHAVIORISMUS (der von Tauben und Ratten-VERHALTEN auf Menschen schloß) seit den 1930er Jahren das Lernklima nachhaltig. Auch hier tragen wir heute noch an der Last, die diese Leute uns vor sieben Jahrzehnten (vor über zwei Generationen) aufgebürdet haben.

> Wir haben also Generationen von Lernenden in zunehmendem Maße geschädigt. Wenn wir das Ruder nicht unmittelbar herumreißen, werden die Schäden an der **jetzigen** Generation zu entsetzlichen Auswirkungen führen: Wir entlassen ständig mehr Jugendliche, die weder richtig lesen, schreiben oder rechnen noch DENKEN können, in eine Wissens-Gesellschaft, in der solche Menschen keine Chancen haben.

Damals

Vor drei Generationen konnten die Opfer des Schul-Systems noch „malochen", eine Familie gründen und sie ernähren. Dies ist seit den 1990er Jahren **kaum noch möglich**. Wenn wir bedenken, daß **nicht nur Lehrstellen fehlen**, sondern vor allem **potentielle Lehrlinge** für viele **vorhandene, aber nicht füllbare Lehrplätze**, weil zu viele der Bewerber den Erfordernissen nicht gewachsen sind, dann sehen wir heute bereits:

> Die Opfer des Systems können weder studieren noch eine Lehre durchlaufen, können also in die Arbeitswelt nicht integriert werden.

und heute

Wo sollen sie denn hin mit ihren überschüssigen Energien der Jugend? Was sollen sie tun, wenn sich **alle ihre Träume auf eine autonome Zukunft zerschlagen und sie letztlich begreifen, daß die Gesellschaft sie betrogen hat?** Eine Gesellschaft, die Eltern per Schulzwang zwingt, ihre Kinder in dieses System zu senden, und die gleichzeitig nichts unternimmt, wenn ca. zwei Drittel der Betroffenen das System „geschädigt" verlassen, ist SCHULDIG am Schicksal dieser Menschen. In einer freien Gesellschaft lernen Kinder durch **das lebende Vorbild von den Erwachsenen**. In sogenannten demokratischen Gesellschaften modernen Zuschnittes hat man ihnen diese

Gelegenheit genommen. Und einer der Aspekte, der dies klar zeigt, ist das weitgehende Fehlen INCIDENTALEN Lernens im Schul-System.

> Wenn wir sie zwingen, in eine Schule zu gehen, in der ihnen leider immer noch zu wenig vorgelebt wird, **wie es ist, voller Freude zu lesen, zu lernen, neue Dinge zu ent-DECK-en** – eine Schule, in der man vor allem auf Fehler achtet und sich von einer Prüfung zur nächsten durchkämpft, dann erziehen wir eine Nation von Menschen, die an Lesen, Lernen etc. keine Freude haben **können**.

Ist das unsere Vorbereitung auf eine Zeit, in der sogenannte Humane Ressourcen (also die menschlichen, geistigen „Rohstoffe") die Garantie auf den Erfolg von Individuen, Gemeinden, Städten und Ländern darstellen?

Wir greifen das Thema im Modul *APPELL an alle lehrenden Personen* (Seite 178ff.) noch einmal auf.

Halten wir fest: Viele der „Tricks" unserer NLLS in der rechten Spalte der Doppel-Checkliste helfen, gerade weil sie Tätigkeiten beinhalten, in deren Verlauf **INCIDENTALes LERNEN** möglich wird, während man „nur" einige ABC-Listen oder KaWa.s© anlegt, Ergebnisse miteinander vergleicht, Stadt-Land-Fluß-Varianten, KNICK-Spiele, Lückentexte, WISSENs-Quiz-Spiele etc. **spielt**. Deshalb ist es so wichtig, die Idee des SPIELs zuzulassen, auch im Unterricht und bei Hausaufgaben – so lernen wir LEICHT. Das ist gehirn-gerecht.

So lernen wir LEICHT!

Im Modul *Kügeli verteilen* erkennt man das bei den Fallbeispielen am Ende (Seite 172ff.) sehr klar, z.B. in den Beispielen von Dr. BÖHM: Auf dem Weg zum (und vom) Seminar SPIELTEN die Teilnehmer Wissens-Spiele und stellten hinterher voller Erstaunen fest, wieviel sie dabei lernten (im Sinne von „sofort ins Gedächtnis gewandert"). Das paßt leider nicht in die EBBINGHAUS'schen Kurven, aber es handelt sich ja auch um Wissens-Spiele mit SINN, das war bei ihm ja nicht erlaubt ...

15. Infos festhalten

Auf dieses Thema kann dieses Buch aus Platzgründen nicht eingehen, aber das tun zahlreiche andere Werke, z.B. die von **Heinz KLIPPERT**, des **„Lehrer-Lehrers"** (wie der STERN ihn nannte, s. Rand). Er stellt alle Varianten vom **Unterstreichen** bis zum **farbigen Markieren** ausführlich vor (mit Arbeitsblättern für Lehrer).

Heinz KLIPPERT (s. Literaturverzeichnis)

Wichtig ist hingegen, daß das **einfache** Erstellen eines ABC.s während des Lesens (wie auch beim Hören im Unterricht oder beim Sehen einer TV-Doku oder Talkshow) mehr bringt als viele Techniken, die wir getestet haben. Ebenso sicher ist, daß das Anlegen eines WORT-Bildes (KaWa©) zu **Schlüsselbegriffen des Lernstoffes** sowohl das **Begreifen** maßgeblich fördert als auch hinterher zeigt, daß man sehr viel **weiß** (= gelernt hat). Denn: Wann immer wir etwas sauber KONSTRUIEREN, können wir es später RE-KONSTRUIEREN, deshalb können diese beiden Techniken die Techniken der Wahl für viele sein.

Dies ist insbesondere für SchülerInnen wichtig, deren Bücher **nicht** ihnen gehören, sodaß sie ihre Textbuch-Texte weder unterstreichen noch „anmalen" (markieren) dürfen ...

16. KATEGORISIEREN

Jeder Versuch, Daten, Fakten, Gegenstände etc. in wenige „Kisten" (Denk-Kategorien) zu sortieren, zeigt, wie wertvoll die Denk-Prozesse sind, die dabei stattfinden. Hier nutzen wir einen **weiteren angeborenen Mechanismus**, der Einsichten bringt und gleichzeitig das Denken sowie den Blick für das WESEN-tliche schult. Deshalb erhält er zwei Kügeli.

KATEGORISIERUNGs-Spiele

Wir erwähnten (unter dem Stichwort HIERARCHISIEREN, Seite 76ff.) bereits, daß wir in KATEGORIEN denken (auch wenn die meisten uns unbewußt bleiben). Beim HIERARCHISIEREN spielen wir **innerhalb einer KATEGORIE**, während **KATEGORISIERUNGS-Spiele** uns helfen, Ober- und Unter-Kategorien zu trainieren. Eine wichtige Voraussetzung für differenziertes Denken.

Ich beginne mit ungeübten SpielerInnen (auch Erwachsene!) gern mit einer kleinen Ansammlung von 3 bis 4 Gegenständen und frage, wie wir diese verpacken könnten, wenn wir nur zwei Kisten hätten und die Dinge logisch passend zusammengepackt werden sollten. So würde ich also nicht die Tasse bei Geschirr einpacken, die Untertasse aber bei Textilien, nicht wahr? Also, angenommen wir haben eine **Flöte**, eine **Geige** und eine **Trompete** (ich biete die Gegenstände immer in alphabetischer Reihenfolge an, d.h. ohne eine Vorsortierung nach irgendwelchen Denk-Kategorien): Wie beschriften wir die Kisten?

Nun kommen Vorschläge, z.B. HOLZ und METALL, und wenn wir fragen, was wohin gepackt wird, „sehen" wir, ob man bei Flöte eine (hölzerne) Blockflöte im Sinn hatte oder eine (metallene) Querflöte (Piccoloflöte). Spannend. Andere beginnen, STREICHER und BLÄSER zu unterscheiden usw.

Als nächstes schlage ich vor, ein weiteres Instrument einzubeziehen und zu fragen: Können wir mit den bisherigen Kisten weitermachen, wenn wir z.B. ein Klavier hinzunehmen? Aha! Es hat auch Saiten, könnte also mit der Geige zusammentreffen, aber die Geige wurde bisher als STREICH-Instrument bezeichnet und die Saiten am Klavier werden gehämmert (wie auch bei der Zither). Meistens beginnen die Leute von sich aus hier weiterzudenken: Gitarren werden gezupft, Geigensaiten können auch gezupft werden, werden aber eher gestrichen ... Sie sehen, daß das assoziative Denken hier zu interessanten Denk-Prozessen führt.

Letztlich bereinigt man die Ober-Kategorie und entscheidet sich für SAITEN-Instrumente vs. BLÄSER, dann kommen wir (inklusive Klavier) immer noch mit zwei Kisten aus. Und so geht das Spiel weiter. Wir beginnen mit wenigen Gegenständen (oder Ideen), die langsam anwachsen. So können alle mitspielen. Am Ende können wir ein recht fortgeschrittenes Spiel spielen:

KATEGORISIEREN von ABC-LISTEN (für Fortgeschrittene)

In *Das große Analograffiti-Buch* befinden sich weitere konkrete Fallbeispiele, insbesondere für das Zeichnen der Ergebnisse (in Form von Kategorien-Torten) als Teil des analog-GRAFISCHEN Denkens.

Es sind ABC-Listen zu sortieren, wobei das **Ziel** darin besteht, **möglichst wenige Kategorien** zu benötigen. Extrem spannend!

Eingangs nehmen wir „sortierte" Listen, die ein großes Thema ansprechen (z.B. Musik-Instrumente, Berufe), später unsortierte Listen, die beim Spielen des 12. ASSOZIATIV-SPIELS (im ersten Schritt) entstanden sind (s. Seite 55ff.). Jetzt bietet die Liste überhaupt keinen inneren Zusammenhang, da folgt auf die ANTILOPE vielleicht die BANANE, dann CICERO, DAMENHANDTASCHE, E-BOOK, FREIHEIT ... bis zu ZEIT. Das wird extrem faszinierend, denn der Prozeß des Denkens, das ständige Herumschieben von Kisteninhalten, das Neu-Etikettieren (neue Ober- und Unterkategorien definieren), das ist wirklich aufregend!

17. KaWa.s© (WORT-Bilder)

Alle meine Bücher der letzten Jahre sind voller **KaWa.s© (WORT-Bilder)**. Diese helfen nicht nur den LeserInnen, sondern auch mir selbst, wenn ich denke! Ich habe viele extrem wichtige Ein-Sichten ohne Worte durch Zeichnen erhalten, aber genauso viele durch Worte, indem ich zu jedem Buchstaben eines Schüsselbegriffes frei assoziiere (Kreuzworträtsel-Effekt).

Das Merkblatt: *Anlegen von Wissens-ABC.s & KaWa.s©* führt Sie durch eine erste Übung, falls Sie es noch nie probiert haben.

N Es ist eine verblüffend einfache Technik, sie bringt weit mehr als jemand sich träumen lassen könnte, der es nie ausprobiert!

Ich möchte an dieser Stelle festhalten, daß wir **WORT**-Bilder (KaWa.s©) mit kleinen Wort-**BILDERN** (KaGa.s©/Hieroglyphen) anreichern und/oder kommentieren können. Dies ist der Stil Leonardo da VINCIs: Zu den Abbildungen schrieb er Texte bzw. illustrierte seine Texte. Gerade die Verbindung kann sehr hilfreich sein.

Ich finde es immer spannend, **zahlreiche KaWa.s©** zu **einem** Thema anzulegen, und diese später miteinander zu **VERGLEICHEN**. Aber genau so spannend kann der VERGLEICH zu KaWa.s© **anderer** Menschen sein.

18. KRYPTISIEREN Sie

Ich habe im Laufe von nunmehr 34 Seminarjahren viele Arten von Rätseln entwickelt, aber mit am meisten Spaß macht mir diese Variante (die ich bisher noch nirgendwo publiziert habe; sie war Seminar-TeilnehmerInnen vorbehalten). Es handelt sich dabei darum, ein Thema so „aufzudröseln", daß die SpielerInnen eingangs noch möglichst wenige Chancen haben, zu erraten, worum es sich handelt, dann aber zunehmend mehr lernen. Voraussetzung ist lediglich, daß die SpielerInnen etwas über das Thema wissen – andernfalls kann es als Hinführung eingesetzt werden, somit ist es auch ein gutes Lernspiel.

Beispiel 1: Ein historisches Rätsel: Wer ist dieser Psychopath?

1. Er ist ein Königssohn.
2. Er erlaubte seiner Mutter, den Vater zu ermorden, dann zwang er sie zum Selbstmord.
3. Dann ermordete er alle seine Brüder und Cousins, inklusive den kleinsten Bruder, den diese Mutter zuvor noch geboren hatte.
4. Er ermordete den rechtmäßigen Thronfolger.
5. Er tötete den langjährigen Berater seiner Mutter.
6. Dann er-LEBTE er 13 Jahre im Blutrausch (von Schlacht zu Schlacht)*.
7. Unter anderem lernen wir über ihn folgendes: Er verheiratete 80 seiner Offiziere mit 80 Frauen aus einem der Länder, das sie zuvor überfallen hatten. In der Schule wird dies übrigens gerne als Kulturaustausch dargestellt, als **verbindendes** Element. In Wirklichkeit wollte er mit den Kindern später (heimatlose junge Menschen, die zwischen zwei Kulturen standen) eine Elitegruppe bilden. Das war die Idee, die die Fremdenlegion später realisiert hat.

Quelle: Die Idee zu diesem Kryptikon er gab sich beim Lesen eines PM-Heftes (früher: Peter Moosleitner.s Magazin).

Wie hieß der Mann?

Lösung: Alexander der Große.

* Sein Freund Kleidos rettete ihm das Leben, kurz darauf stach er ihn höchstpersönlich ab.

Beispiel 2: Welches Grimm'sche Märchen ist gemeint?

Quelle: Nach einer Idee von Jennifer JAMES (*Thinking the Future*)

1. Eine dysfunktionale Familie.
2. Die Mutter plant einen Mord.
3. Der Vater ist chronisch abwesend.
4. Die Tochter flieht.
5. Sie findet eine WG, die sie aufnimmt.
6. Dort leben (vermutlich homosexuelle) Männer mit sehr eigenartigen Lebensgewohnheiten.

Lösung:

Haben Sie Schneewittchen erraten?

EXKURS: LÜCKEN-MANAGEMENT

BUCHNER, Christina: *Schreibvergnügen – Anregungen und Materialien für das 1. und 2. Schuljahr.* Wiewohl das Buch offiziell für den Unterricht der 6- bis 7-Jährigen geschrieben wurde, enthält es viele Hilfestellungen für Lehrer aller Altersklassen (inkl. Erwachsenen-Unterricht), denn durch sie könnte man so manch erlittenen Schaden durch die hier propagierte Einstellung und Techniken auch bei größeren Kindern „heilen" helfen.

Ich ent-DECK-te die **Fehler-Feindlichkeit in unserer Umwelt** schon früh (als Opfer). Wenn wir uns mit der Tierwelt vergleichen, dann muß ein Tier bei Fehlern „nur" befürchten, daß die Umwelt es „straft". Als Mensch muß man darauf gefaßt sein, daß auch Fehler, die eigentlich keinerlei Schaden eingebracht hätten, „schlimm" sind, einfach weil ein Mitmensch es sich herausnimmt, uns **kritisch anzusehen, zu meckern, zu schimpfen, zu kritisieren oder uns eine schlechte Note zu geben**. Es ist unglaublich, aber die meisten Menschen haben über diese Ungeheuerlichkeit noch nie nachgedacht (ehe ich sie im Seminar zur Sprache bringe). Abgesehen von der Tatsache, daß **aktives Herumprobieren ohne Angst** vor Fehlern der beste Weg ist, Dinge, Vorgehensweisen etc. zu ent-DECK-en, gibt es viele Aspekte, in denen die Institution namens „Schule" sich erlaubt, zu kritisieren, ohne objektive Maßstäbe zu besitzen. So werden z.B. durch schlechte Noten und demotivierende Kommentare im Aufsatz Millionen von Menschen davon abgehalten zu lernen, wie man schreibend Gedanken entwickelt! Die Lehrerin und Autorin Christina BUCHNER merkte dies bei ihrer eigenen Tochter, als diese in die Schule kam und furchtbar litt, weil sie durch Bemerkungen zu ihren Schreibübungen verletzt wurde. BUCHNER reagierte als Mutter, was sie veranlaßte, daß sie sich als Lehrerin ebenfalls in Frage stellte. Dies führte zu einem **höchst lehrreichen Buch**, das statt eines Vorwortes mit ihrer persönlichen Erfahrung beginnt (die Tochter hatte bei einer Aufgabe MEHR Wörter verwendet als die von der Lehrerin vorgegebenen und war dafür abgestraft worden). Aufgrund dieser Erfahrung und der nachträglichen Denkarbeit entwickelte BUCHNER einen wunderbaren Weg für den Deutsch-Unterricht, der sowohl die geistige Entwicklung der Kinder fördert als auch die Grundlagen für Schreiben als Denk-Werkzeug legt – also wichtige Voraussetzungen für die Wissens-Gesellschaft schafft.

Sie macht LehrerInnen immer wieder klar, daß das Schützen der kindlichen Seele („Am Ausdruck des Kindes darf nichts verändert werden") ebenso wichtig ist wie strategische Grundlagen („daß die Kinder über das, was sie schreiben sollen, auch schreiben wollen", insbesondere die ersten Jahre!). Sie beschreibt einfühlsam, was Kinder bei der üblichen Kritik empfinden, über die man als Lehrkraft (davor) eigentlich selten nachgedacht hatte, und welche Übungen die Schreibfähigkeit der Kleinen stärken, ohne sie zu verletzen!

LÜCKEN-MANAGEMENT, intelligentes (die Inventur)

Den ersten Ansatz zum intelligenten Lücken-Management© entwickelte ich bereits vor vielen Jahren. Damals war mir klar geworden, wie **PEIN-lich** (das kommt von Pein, d.h. Schmerz) es uns ist, **wenn wir etwas nicht wissen**. Damals ging es mir darum, meinen Klienten **diese Scham zu nehmen**, da sie niemandem nützt. Weder dem Betroffenen, noch andere Menschen. Sie dient keinem Zweck, sie kann Lernen sogar verhindern. Ich erklärte, daß es zunächst einmal Zufall oder Schicksal ist, ob man etwas weiß, was jemand gerade voraussetzt, und daß **das Nichtwissen als solches kein Grund für Sorge sein dürfte** (in einer besseren Gesellschaft), sowie, daß man diese neue Haltung **im eigenen Bereich** durchsetzen solle.

Hiervon profitierten auch so manche **Angehörige** meiner TeilnehmerInnen, wie ich oft Jahre später beiläufig erfahre ...

Ich schlage hierzu vor, einen einfachen Algorithmus zu durchlaufen:

Situation: Ich stelle fest, daß ich etwas nicht weiß und lerne diese Lücke ohne negative Gefühle zu registrieren. Dann stelle ich mir ein bis zwei Fragen:

Frage 1: Will (oder muß) ich das wissen?

Lautet die Antwort NEIN, dann ist der Vorgang erledigt. Andernfalls ...

Frage 2: Wie kann ich mir diese Sache möglichst gehirngerecht aneignen?

LÜCKEN-MANAGEMENT, die Qualität der Antworten

Dieser Teil des intelligenten Lücken-Managements© berührt die Tatsache, daß Lehrkräfte, AusbilderInnen, Führungskräfte, Eltern, LebenspartnerInnen, ja sogar VerkäuferInnen und BeraterInnen manchmal den Eindruck erwecken, unsere Antwort sei FALSCH, ohne Rücksicht auf die tatsächliche Qualität der „falschen" Antwort. Dies bedeutet zweierlei:

1. Unsere Schul- und Ausbildung (wie auch der Alltag im Wirtschaftsleben) erweckt den fatalen Eindruck, alle Fragen verlangten nach der „richtigen" (d.h. einzig möglichen) Antwort, aber in Wirklichkeit sind weit mehr Fragen **nicht eindeutig** zu klären. In seinem Buch *Die meisten Probleme sind keine* erläutert Richard FARSON dies, indem er alle komplexen Probleme als **Prädikamente** bezeichnet, um sie von einfachen **Problemen** mit eindeutigen, einfachen, „richtigen" Antworten zu unterscheiden. Demzufolge wäre es gut, wenn in der Schule differenzierter gedacht werden dürfte, damit die Menschen besser auf das richtige (komplexere) Leben vorbereitet werden und nicht so oft ent-TÄUSCHT werden, weil sie (unbewußt) ständig auf einfache Lösungen (= „richtige" Antworten) hoffen.
2. In einem Musik-Quiz im Seminar zeige ich z.B., daß bei der Frage nach dem Komponisten eines Stückes die Antwort MOZART durch-

aus sachlich falsch sein kann. Diese Art von Frage kennt eindeutig richtige Antworten, sofern wir sicher sind, wer das Stück komponiert hat. Trotzdem reicht dies nicht, denn: Bei dem Stück, das ich hier anspiele, kann nur „falsch" raten, wer genug von MOZART weiß und ein Gefühl für seine Musik entwickelt hat, um die beiden Komponisten überhaupt verwechseln zu können!

Es ist ein Stück von KUHLAU, der sehr „MOZART-haft" klingt.

Das bedeutet, selbst bei einer „falschen" Antwort kann die Antwort eine sehr GUTE sein, qualitativ, aber darauf achtet in Schule und Ausbildung in der Regel kann jemand.

19. LÜCKEN-TEXTE

Eine der schönsten Möglichkeiten, Menschen zu einem Thema oder zu besonderen Texten (von Gedichten und Prosa) hinzuführen, bieten Lückentexte. Aber mit ihnen kann man auch Sprachgefühl entwickeln oder Grammatik anschaulich und begreifbar machen und so weiter. Ich werde hierzu noch einiges entwickeln, derzeit also nur als Einstieg in diese faszinierenden Spiel-Möglichkeiten folgendes:

Welche Texte?

1. Wir können Texte präparieren, die **inhaltlich wichtige** Infos enthalten. Wir sind gezwungen, weit auf-MERK-samer zu lesen, wenn wir beim Lesen die Lücken füllen.
2. Hilfreich sind Texte mit Informationen, mit denen wir uns **demnächst** beschäftigen wollen oder müssen, sogenanntes PRIMING (als Vorbereitung), z.B. das nächste Kapitel im Geschichtsbuch.
3. Spannend sind belletristische Texte, man gewinnt einen vollkommen neuen Zugang ...

Welche Wörter werden entfernt?

1. Bei EINSTEIGER-SPIELEN wollen wir Wörter entfernen, die NICHT die Bedeutung tragen. Dasselbe gilt, wenn wir mit Lückentexten vorgreifen wollen, da die LeserInnen ja (voraussichtlich) noch nicht viel über diese Sache wissen.
2. Bei Spielern, die mit LÜCKENTEXTEN in Richtung einer Prüfung spielen, genau die WESEN-tlichen Begriffe, Namen, Daten etc. entfernen. Achtung: Schon die Entscheidung, was wichtig oder gar wesentlich ist, ist ein WESEN-tliches Element dieser Aufgabe!
3. **Grammatik**: Die **wenigsten** SchülerInnen lieben (oder be-GREIFEN) Grammatik. Aber wenn wir Lückentexte haben, in denen mal die Substantive (Hauptwörter), mal die Verben (Tätigkeitswörter), mal die Adjektive (Eigenschaftswörter) fehlen, dann begreifen wir bald, was welche Wort-Art bewirkt. Das heißt, wir entwickeln das Sprach-Gefühl und lernen diese Wortarten bald zu identifizieren. Ganz nebenbei lernen wir eine Menge mehr, z.B.: Substantive (Hauptwörter) tragen die Bedeutung und sollten daher als Schlüsselwörter dienen, wenn wir unterstreichen oder Begriffe notieren wollen.

Deshalb funktionieren ABC-Listen so gut, sie bestehen (meist) aus Substantiven (Hauptwörtern)

20. LULL'sche LEITERN

Das Bahnbrechende an der Technik von Raimundus LULLUS besteht darin, daß wir zwei Listen (z.B. ABC-Listen) nebeneinander legen und systematisch jeden Begriff der einen Liste mit jedem der anderen verbinden. Dies kann durchaus ein Weilchen dauern! Wenn ich zwei gut gefüllte ABC-Listen in dieser Weise „spiele", dann „spiele" ich einige Tage lang mit diesen zwei „Leitern"! So kann man Werbeblöcke im Fernsehen z.B. besser nutzen, als herumzuzappen – und es lohnt sich weit mehr.

Ich möchte daran erinnern, daß die LULL'schen Leitern Nr. 7 der ASSOZIATIV-Spiele darstellen (Seite 52f.).

LULLUS entwickelte seine Methode zum Nachdenken, zum Generieren von neuen Einsichten, als Denk-Werkzeug (neudeutsch: Denk-Tool). Dies können EinsteigerInnen oft zunächst nicht glauben, denn: Wer

gerade erste Gehversuche mit einfachsten Listen probiert, kann ja nicht ahnen, wie großartig diese Technik ist. Auf der anderen Seite können wir auch nicht am ersten Tag tiefschürfendste Listen miteinander verbinden, weil man die Technik des paarweisen Assoziierens erst beherrschen muß. Dieser Denk-Stil ist in Schule und Ausbildung meist zu kurz gekommen und braucht dringendst Training. Assoziatives Denken ist die Grundlage für intelligente wie kreative Gedankengänge. Daher gilt:

Je WESEN-tlicher beide Listen für unsere Kern-Themen sind, desto ergiebiger werden die Ergebnisse sein.

(Wir können aber auch „nur so" üben, also je zwei Begriffe miteinander ver-BIND-en, um zu sehen, was dabei „herauskommt" – einfach, um unsere geistige **Fitneß** in diesem Bereich zu steigern.)

Fallbeispiel: HERRSCHER und BIOLOGIE?

Angenommen wir hätten zwei ABC-Listen, die eine (aus dem Geschichts-Unterricht) mit großen Herrschern, die zweite aus Bio mit biologischen Begriffen. Stellen wir uns vor, wir spielen LULL'sche Leitern. Ohne jetzt Zeile für Zeile vorzuführen, möchte ich Ihnen das Prinzip aufzeigen.

Viele Leute berichten mir nach ihren ersten Versuchen, daß Übung zwangsläufig die meiste Zeit **nichts bringt**. Beispiel: Was solle man mit Herrscher-Namen (linke Liste) und Begriffen aus der Biologie (rechte Liste) anfangen? (Hier: „1. Anti-biotisch" bzw. „2. Biotisch".) Nun, es gilt immer die Regel: Je mehr wir von den **beiden** Themen wissen, desto „ergiebiger" wird das **Ergebnis**! Ich bin zwar weder Geschichtslehrer (wie der Fragesteller) noch in Biologie sehr bewandert, aber hier sind meine allerersten Assoziationen, die ich neulich spontan am Telefon gab (wobei solche Gespräche meist mitgeschnitten werden, daher kann man später transkribieren, was gesagt wurde). Merke:

Offiziell besteht die Übung darin, jeden Begriff links mit jedem rechts zu verbinden, aber natürlich darf unser Blick schweifen. Wenn ich ein **Gegensatzpaar** entdecke (hier in der Biologie-Liste), dann darf ich bei allen Assoziationen gleich über beide nachdenken, statt dies nacheinander zu tun.

Dies zeigt das folgende Beispiel meiner spontanen Reaktionen:

Aus der HERRSCHER-Liste:

1. AUREL, Mark
2. BUSH (sen. und jr.)
3. HITLER
4. KUBLAI KHAN
5. STALIN

etc.

Stark verkürzte Herrscher-Liste, Verbindung zu zwei Begriffen der Bio-Liste – nur als Demonstration.

Aus der BIOLOGIE-Liste:

1. ANTI-BIOTISCH
2. BIOTISCH

etc.

____

____

____

____

____

____

Hitler
Stalin
BUSH sen
BUSH jr
Kublai KHAN
Gengis KHAN
Konfu-zius

Ich sehe einige der Herrscher als durchaus lebens-feindlich (also ANTI-BIOTISCH), während AURELIUS als besonders humaner großer römischer Kaiser gilt, den ich eher mit lebens-freundlich (BIOTISCH) verbinden würde.

Wichtig ist auch, daß solche Übungen, wenn man sie in der Gruppe durchführt, großartige **Diskussionen** auslösen können. Bei HITLER und STALIN herrscht weitgehend Einigkeit (ANTI-BIOTISCH), aber bei den beiden US-Präsidenten BUSH (Anfang der 1990er der Senior, Anfang der 2000er der Junior) – wie sehen wir das? Da könnte man doch überlegen, ob wir nicht lieber ein Spektrum zwischen den beiden Gegensätzen aufspannen und Kreuzchen beschriften: Wer von den beiden hat mehr Tote zugelassen oder aktiv töten lassen? Oder nehmen wir KUBLAI KHAN, den Enkel von GENGIS (DSCHINGIS) KHAN: Erst mußte er in China einmarschieren, also kämpfen. Aber nachdem er den Sieg errungen hat, wurde er ein milder Herrscher. Er war es, der in Peking den großen Palast (der an jeder Ecke ein Kloster enthielt) baute. Er erhob die Philosophie von Konfuzius zur Staatsreligion, ein harter Herrscher, dessen Wünsche Gesetz wurden, aber kein lebensfeindlicher, wie STALIN .... Somit könnte man auch unterscheiden, zwischen unterschiedlichen Epochen im Leben **eines** Herrschers ...

Wieder sehen wir, daß die Übung der LULL'schen Leiter spannende Ideen und Fragen auslöst und daß wir hinterher differenzierter über die Inhalte unserer ABC-Listen nachdenken können als vorher.

Dreifaches Fazit für ABC oder LULL'sche Leitern

1. **Lernende**, die mit den ABC-Listen aus dem Unterricht LULL'sche Leitern spielen, erhöhen Ihre Zensuren im Schnitt um mindestens eine Note und kommen mit einem weit TIEF-eren Verständnis für die Themen aus der Übung. (Bitte weitersagen!)
2. **Lehrende**, die mit ABC-Listen den Unterricht **vorbereiten**, erwerben ebenfalls ein TIEF-eres Verständnis! (Bitte notieren!)
3. **Denker jeder Art**, die dies regelmäßig tun, merken von Monat zu Monat, um wieviel freier die Gedanken fließen und sich verbinden lassen; sie fühlen sich fähiger, auf Situationen zu reagieren, und werden kreativer, weil sie ja ständig üben, mit Bisoziationen (ungewöhnlichen Verbindungen nach KOESTLER) umzugehen. Es lohnt sich wirklich!

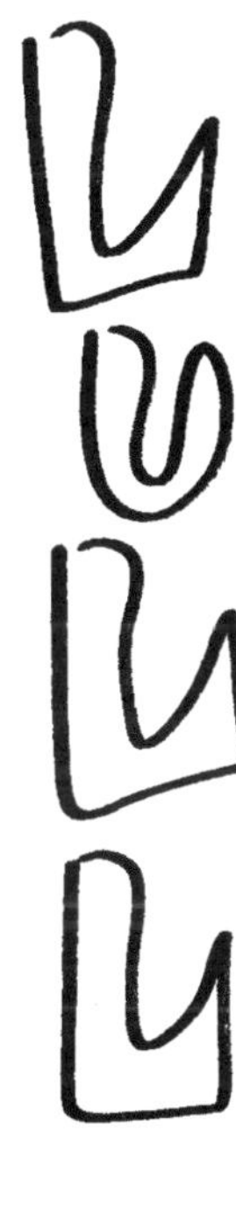

Beste Zeiten: Werbeblocks im Fernsehen, Zugreisen, Warten am Flughafen-Gate bzw. Warten jeder Art. Stecken Sie je eine Liste in eine Tasche rechts und links, holen Sie beide kurz heraus, werfen Sie einen Blick auf die nächstfolgende Verbindung, stecken Sie die Karten weg und reflektieren Sie nun 1 bis 50 Minuten, ehe Sie die nächste Verbindung prüfen. Sehr ergiebig ...

21. METAPHERN-Spiel

Auch dieses Spiel (mit Übungen) wird ausführlich im **dritten** Buch dieses Sommers 2004 erklärt (*Mehr intelligente Kopf-Spiele*). Hier möchte ich es nur so weit andeuten, daß Sie einen ersten Einstieg probieren können.

Wiewohl manche der strategischen Maßnahmen sehr einfach sind (ABC-Listen), sind andere für Einsteiger noch nicht geeignet. Viele Menschen kennen weder den **Begriff**, noch haben Sie eine klare Idee, was eine Metapher ist. Selbst wenn man es ihnen erklärt, können sie keinerlei konkrete Beispiele nennen. Also sollte man sich zuerst einmal damit befassen: Was ist eine Metapher und welche Funktion hat sie in unserem Denken? Wir wollen hier andeutungsweise feststellen: Bei einer Metapher (wörtlich – griechisch – etwas „hinübertragen") wird etwas übertragen, nämlich eine Bedeutung von einer Situation auf eine andere. Einfachste Beispiele sind Fluß-**Arme**, Berg-**Rücken** oder unser Tisch-**Bein** (das weder laufen noch tanzen will). Wesentlich wichtiger sind Beispiele für sogenannte abstrakte Begriffe, weil diese ohne Metaphern oft gar nicht begriffen werden können.

Viele Wissenschaftler sind sich nicht darüber klar, daß ihre „sachlichen" Ergebnisse genaugenommen Metaphern sind. Vgl. Neil POSTMAN, JOHNSON & LAOFF (*Leben in Metaphern*), GOATLY, KLEIN im Literaturverzeichnis und den holländischen Autor Douwe DRAAISMA (*Die Metaphern-Maschine*).

Mein Metaphern-Spiel ist daher eine Technik für fortgeschrittene Denker mit gutem Sprachgefühl. Es ist hilfreich, wenn wir ein Problem (einen Gegenstand, eine Fragestellung) tiefer verstehen wollen, weil ja jede Metapher unser Verständnis erweitern oder vertiefen wird. Die Grundlagen des Spiels können mit folgenden 3 ASSOZIATIV-Techniken erarbeitet werden; wer sie beherrscht, kann zum Metaphern-Spiel „aufsteigen":

1. **ABC-Listen** (siehe Seite 50),
2. **STADT-LAND-FLUSS-Spiele** (siehe Seite 52, 127ff.),
3. **LULL'sche Leitern** (siehe Seite 52f., 102ff.).

Erste Versuche sollten Sie vielleicht in einer **Gruppe** unternehmen. Gruppen fällt oft mehr ein als einer Person, was **eingangs** sehr hilfreich sein kann! Denn wenn jedem einzelnen nur bei jedem dritten Beispiel etwas einfallen würde, dann bedeutet das, daß die Gruppe fast jedesmal eine Metapher bilden kann.

Es geht um folgende Zielstellung: Je mehr Metaphern wir für ein Thema (eine wichtige Frage, ein Problem etc.) finden können, desto besser.

Denn:

> Jede Metapher fungiert wie ein (metaphorisches) Spotlight: Sie erhellt bestimmte Aspekte (oft nur einen einzigen), während alles andere im Schatten bleibt.

So beleuchtet z.B. meine **Wissens-Metapher** vom **Wissens-Netz** die **Ver-NETZ**-theit unserer Ideen, Theorien, Thesen etc., während meine Metapher vom **Gedanken-Schwarm**, **Ideen-Wolke** oder „**Mückenschwarm**“ (nach dem Motto: „Mücke oder Lücke?“) einen völlig anderen Aspekt zeigt: **Jede „Mücke“ in diesem Schwarm kann mit jeder anderen kommunizieren.** Beide Metaphern zeigen uns ein etwas komplexeres Bild als jede allein, aber jede Metapher ist besser als nur der nackte Begriff „Wissen“.

Beim Metaphern-Spiel nehmen wir eine Liste, die mit dem heutigen Thema, über das wir nachdenken, **absolut nichts** zu tun hat. Nun gehen wir jeden Begriff durch (ähnlich wie beim LULL'schen Leiter-Spiel) und fragen uns:

Kann dieser Begriff als Metapher für mein Thema dienen?

In *Mehr intelligente Kopf-Spiele* finden Sie weit mehr konkrete Fallbeispiele.

In einer Liste von Fortbewegungsmitteln fand ich z.B. großartige neue Metaphern für **Wissen/Lernen** in der **Concorde**, im **Fahrrad**, im **Jeep** etc. Aus 23 Begriffen in der Liste konnte ich **ca. 10 gute neue Metaphern** „herausziehen“, so daß ich einige Aspekte des Themas noch besser verstand.

In einer anderen Liste (über ADLER) faszinierten mich zwei Begriffe besonders:

1. Beim REVIER geht es um die Idee, daß Adler ihr Revier ständig abfliegen, um etwaige Eindringlinge schnell zu erblicken und zu bekämpfen. Sie müssen Ihr Revier sehr gut kennen. Das ergab eine tolle Metapher: Was ist Ihr kognitives Revier und wie oft fliegen Sie es ab (aktivieren Sie Ihr Wissen), um up to date zu bleiben???
2. Bei der Info, daß **Adlerjungen nicht fair ernährt** werden, sondern daß Adler-Eltern die starken Jungen besonders bevorzugen, so daß für schwache nur in besonders guten Zeiten genug übrig-

Ihr THEMA = Ihr „Revier“ + Ihre Ideen Ihre „Adler-Kinder“

bleibt, kam mir eine weitere Metapher: **Welches sind die „starken" Gedanken-„Kinder", die Sie regelmäßig füttern, damit sie immer stärker werden?** Und womit füttern Sie sie? Nur ABC-Listen? KaWa.s©? Beides? Auch grafische Assoziationen? Tja, so werden Ihre jungen „Adler" flügge und später weite Gebiete durchfliegen können und viele Ihrer Gedanken (mit) beeinflussen ...

22. MUSTER (Gemeinsamkeiten) suchen, finden, erkennen

Einer der großen Schlüsselgedanken von Gregory BATESON war die Einsicht, daß der Mensch in erster Linie ein Muster erkennendes Lebewesen ist, sowie, daß das Finden und Begreifen von Mustern einen Lehrprozeß par excellence darstellt. In einem Schul- und Ausbildungs-System, in dem man versucht, alles in kleine Häppchen zu zerteilen, kann kaum Muster-Erkenntnis stattfinden.

Einige der Strategien auf der rechten Seite der Doppel-Checkliste helfen Lernern, wieder Muster suchende Wesen zu werden. Auch hier wird Lernen **beiläufig** (= incidental, s. Seite 89ff.) stattfinden ...

23. NEUGIERDE befriedigen oder wecken!

Kommentar fast überflüssig. Wenn wir beginnen, möglichst oft in die Trick-Kiste der NLLS zu greifen, fällt uns beides leichter. Zum einen werden wir vorhandene Neugierde weniger häufig „abwürgen" (was klassische Pauk-Methoden z.B. äußerst erfolgreich schaffen), zum anderen lernen wir, Interesse zu wecken. Na also!

24. PASSIV HÖREN

Das folgende Experiment führt Sie in die **Technik des passiven Hörens** ein. Es ist sowohl ein Versuch als auch die spätere eigentliche Trainings-Aufgabe. Wenn Sie fremdsprachliche Texte PASSIV HÖREN, dann imitiert der Vorgang jedesmal einen Mini-Aufenthalt im Zielland, dort ist man ja auch unablässig von der Sprache „umgeben", während man liest, Briefe schreibt, sich unterhält etc. Aber wir können uns natürlich jede Art von Material passiv „reinziehen". So geht's:

Bei der Birkenbihl-Methode, Fremdsprachen zu lernen, ist Vokabel-Pauken ausdrücklich verboten und ein Großteil des Lernens passiert „**passiv**" (also „am bewußten Denken vorbei"), d.h. es vollzieht sich „nebenbei" (= incidental, Seite 89ff.), während wir andere Dinge tun. Eine deutsche Kurz-Beschreibung finden Sie in der TEXT-SCHUBLADE, Versionen in anderen Sprachen unter BIRKENBIHL INTERNATIONAL (beides auf **www.birkenbihl.de**).

Experiment bzw. Trainingsaufgabe: Passives Hören

Das Material muß auf Audio-CD (mp-3, mini-disc etc.) vorliegen: Das Medium ist frei wählbar, solange wir sowohl den gesamten Text als auch einzelne Tracks separat endlos wiederholen können. Dies wäre z.B. bei herkömmlichen MC.s nicht gegeben. Hier können wir nur die ganze Kassette mit automatischem „Reverse" weiterspielen lassen. Aber wir können keine einzelnen kurzen Textstellen vollautomatisch wiederholen lassen.

Beim passiven Hören können wir alles tun, was wir sonst auch getan hätten (lesen, fernsehen, schreiben, für andere Fächer lernen, sogar Musik hören). Ganz wichtig:

Lernen Sie, das passiv zu Hörende „auszublenden" (wie im Straßencafé!). Das dauert meist einige Tage, bis man sich daran gewöhnt hat.

So nutzen wir einen großartigen Mechanismus, den die Natur erfunden hat. Seit 20 Jahren propagiere ich das passive Hören und Tausende meiner TeilnehmerInnen erzielen exzellente Ergebnisse damit, aber erst jetzt verstehen wir, **warum** es funktioniert: Weil passives Hören die Info am wachen Bewußtsein des Gehirn-Besitzers vorbeizieht, nach dem Motto: „Wo lassen Sie lernen?" Antwort: „In meinem Unterbewußtsein." Ob wir lesen oder fernsehen, ist unserem Gehirn egal, solange wir NICHT bewußt zuhören. Anfangs ist es besonders leicht, wenn Sie Ihr Bewußtsein durch einen Film oder ein spannendes Buch ablenken lassen, damit Sie in Bezug auf das passive Hören „offline" sind.

Woher bekommen wir das Material zum passiven Hören?

Wir können selbst auf Band sprechen, aber gut geeignet sind erfahrungsgemäß neben Kauf-Kassetten auch Mitschnitte von Radio- und

Fernseh-Sendungen. Bedenken Sie, daß wir oft keine Zeit haben, interessante Sendungen zu dem Zeitpunkt zu hören/sehen, da sie ausgestrahlt werden. Mit Audio-Track können Sie bewußt oder passiv hören, wann es Ihnen paßt. In bezug auf Fremdsprachen schlage ich vor, so bald wie möglich zu mehrsprachigen DVD.s überzugehen und sich den Soundtrack auf Audio-CD zu ziehen. Nun hören Sie manchmal bewußt (sogenanntes Hör-Training), sollten aber viele Stunden passives Hören einplanen. Da dies keine Minute Ihrer wertvollen Zeit kostet, weil es ja (leise) nebenbei läuft, wobei Sie (mit offenen Kopfhörern alle Geräusche im Raum hören), schaffen Sie hier eine Lern-Umgebung, eine (leise) **akustische Tapete**, die Sie mitnehmen, wohin Sie gehen (fahren, inline-skaten, joggen ...).

In einer kurzen Eingewöhnungszeit muß man auch mit der Lautstärke experimentieren: laut genug, daß man es noch hört, leise genug, daß man es ausblenden kann. 93 % meiner TeilnehmerInnen berichten positiv über dieses Training.

Inhalte, die Sie bewußt begreifen/durchdenken wollen, hören Sie aktiv (die Amerikaner sprechen von der „Auto-Universität"), auch beim Joggen, Spazieren- oder Gassigehen, im Badezimmer etc. kann man wunderbar bewußt zuhören. Aber:

> Das passive Hören ist eine zusätzliche flankierende Maßnahme, **nach** dem aktiven „Durchdenken" des Stoffes oder auch vorher als Vorbereitung (PRIMING), um mechanisches bewußtes Wiederholen zu minimieren, wenn neue Nervenbahnen angelegt werden müssen.

Es folgt eine Textstelle über passive Lern-Tricks, die in beiden Büchern (s. Erläuterung Zwillings-Bücher, Seite 22f.) identisch ist, damit Sie als Lehrender die Technik selbst testen und Sie Ihren SchülerInnen (TeilnehmerInnen) auch empfehlen können.

Die folgenden Beispiele sollen Appetit machen. Wenn Sie eine spannende weitere Anwendung finden oder selbst entwickeln, schreiben Sie mir bitte in die WANDZEITUNG auf **www.birkenbihl.de**, damit andere LeserInnen angeregt werden, selbst zu experimentieren. Nichts motiviert so sehr, wie Erfolgsberichte von MitstreiterInnen ...

Hinweis: Die Formulierung der folgenden Vorschläge ist aus der Sicht von Lernenden, damit Sie diese Tips direkt an Ihre SchülerInnen weitergeben können. Natürlich hoffe ich, daß Sie sie auch als Lehrende selbst nutzen. Sie wissen ja: Wein predigen und selber Wasser trinken überzeugt niemanden.

1. FREMDSPRACHEN-Lernen (s. Rand)

2. GESCHICHTE (klassische „Lern-Texte")

Texte auf Band sprechen: Wer gut vorlesen kann, kann unvorbereitet rezitieren, ansonsten erst einmal lesen und manche Stellen ausstreichen, dann laut lesen. Wer besonders **ungern** liest: lesen lassen!

Vielleicht wollen Sie mit mehreren Mit-LernerInnen gemeinsam eine Text-Ton-Börse bilden und hinterher die Soundtracks austauschen. So muß niemand das ganze Geschichtsbuch auf Band vorlesen ... Falls Sie zu denen gehören, die ungern laut vorlesen, bieten Sie der Gruppe andere Dienstleistungen an, z.B. das Kopieren für alle im Team, damit die anderen Ihnen Ihre Lesungen zur Verfügung stellen?

3. NATURWISSENSCHAFTEN (alle!)

Wie GESCHICHTE, nur daß hier die Gefahr besteht, Texte mit vielen Formeln vorzulesen und später PASSIV zu hören, wiewohl man sie **nicht** versteht. Merke: Was Sie bewußt nicht kapieren, können Sie unbewußt auch nicht lernen! So hat die Natur es eingerichtet. Und wir sehen überall um uns herum tagtäglich die Probleme, die entstehen, wenn man gehirn-UNGERECHT vorgehen will: Frust, Streß, das Gefühl, man sei „blöd", unbegabt etc.

4. PROSA & GEDICHTE

Wer sein Sprachgefühl stärken will, kann nichts Besseres tun, als sich mit Sprache zu umgeben, die Vorbild-Funktion haben kann. Es lohnt sich, gute Prosa- und Gedicht-CDs zu kaufen und sich diese Sprache „reinzuziehen", mal AKTIV (auf Reisen, beim Warten in Warteschlangen, beim Joggen etc.) mal PASSIV. Wie GOETHE schon sagte: „Sage mir, mit wem du gehst, und ich sage dir, wer du bist." Wir können auch sagen: Ob wir wie Zlatko (aus der ersten Big Brother-Staffel) klingen oder wie ein Mensch, der Sprache als mächtiges Denk-Instrument nutzen kann, hängt von der Umgebung ab, in der wir leben. Wir können aber mittels guter CD.s eine neue Umwelt schaffen, die uns unterstützt. Dies ist besonders wichtig für Menschen, die in sogenannten „bildungsfernen" Familien aufwachsen

Fremdsprachen: Eine Möglichkeit, die ich in der folgenden Liste weggelassen habe, weil es ein Sonder-Thema ist, ist das PASSIVE HÖREN beim Erwerb von FREMDSPRACHEN (s. mein Buch und gleichnamiges Hörspiel: *Sprachenlernen leicht gemacht* oder voll durch de-kodierte Sprachkurse nach meiner Methode).

Goethe hat's ge= wußt!!

(oder aufwuchsen), weil sie zu Hause sprachlich oft eine Wüste erlebten. Wenn dann die jungen Leute in der Disko auch noch in Satzfetzen daherreden („Echt geil der Sound, eeeh?“), dann werden wir auch so „daherreden“, egal wie sehr wir dies bedauern mögen. Also: Wenn Sie sich sprachlich entwickeln wollen, müssen Sie Ihrem Hirn zeigen, was Sie suchen!

5. DREHBÜCHER (für Schauspieler)

Texte ? Lernen.

Einmal den Text langsam und bewußt durchgehen und dabei alle Rollen auf Band sprechen: die anderen Stimmen schnell und relativ leise, die eigene lauter und langsamer. Allerdings sollte der Unterschied in der Lautstärke nicht dramatisch sein, weil Sie ja später auch PASSIV (also im Hintergrund) hören wollen. Diese Aufzeichnung kann man später natürlich auch AKTIV hören und dabei z.B. visualisieren, welche anderen Figuren wo herumstehen und was sie tun. Oder aber man kann mit ABC-Listen die wichtigsten Schlüsselworte der Szenen erfassen u.ä. Dazwischen aber immer wieder PASSIV spielen, während man liest, fernsieht, Briefe schreibt, etc. Damit unterstützt man den Prozeß des Anlegens von Nervenbahnen im Gehirn, so daß man weit weniger Zeit für aktives Lernen investieren muß!

25. PROBIEREN OHNE ANGST

Es kann gar nicht genug betont werden, wie zerstörerisch sich die ständige Kritik, das „Meckern“, das „Nörgeln“ etc. Erwachsener auf Kinderseelen auswirken. Als wäre das normale Leben nicht schlimm genug, mußten wir dann noch ein Schulsystem erfinden, das von den ursprünglichen hehren Zielen klassischer Akademien völlig abweicht. Galt dort das Prinzip des gemeinsamen Ent-DECK-ens (Deckel heben, Explorertum, geistige Abenteuer er-LEBEN!), so gilt bei uns die ständige Konzentration auf Fehler als angebliches pädagogisches Prinzip. Wer beginnt, mit dem Ansatz des gehirn-gerechten VORWÄRTS-Schreitens zu arbeiten wird feststellen: Erstens bewirkt die Konzentration auf Ergebnisse oder auf offene Fragen (bei allen Fragen- und Rätsel-Spielen) eine völlig andere Einstellung. Plötzlich „passieren" weniger Fehler (weil LERNEN „passiert", INCIDENTAL nämlich, vgl. Seite 89ff.). Zweitens sind Lernende gerne bereit, als DETEKTIVE selber auf Fehlersuche zu gehen (vgl. Rechtschreib-DETEKTIV-SPIEL, Seite 120f.), denn auch das gezielte Selber-Suchen kann durchaus Spaß machen. Solange wir begreifen, daß dies Teil des Lern-Prozesses sein muß, nicht Ergebnis von Prüfungen, wo andere die Fehler anstreichen und mit schlechten Noten „belohnen". So erziehen wir die uns Anvertrauten lediglich zu Menschen, die panische Angst vor Fehlern haben. Alle NLLS sind Felder, auf denen man SPIELEN kann, d.h. immer auch PROBIEREN OHNE ANGST. Helfen Sie den Lernenden zu ent-DECK-en, wie schön es sein kann, zu ent-DECKEN (wenn sie es nicht mehr wissen, weil man es ihnen bereits ausgetrieben hat). Merke:

> Ein Mensch ohne Neugier ist ohne Leben. Wissen-wollen, Dinge herausfinden-wollen etc. sind jedoch die allerbeste Möglichkeiten, incidental zu lernen. Menschen, die nicht (mehr) ent-DECK-en (wollen/können), lernen also kaum noch. Vielleich PAUKEN sie (vgl. KaWa Seite 247), aber sie LERNEN kaum noch.

Über solche Leute sagt der Talmund:

> Ein Mensch, der nicht mehr hinzulernt, altert nicht anders als ein Ochse, nur im Körper, denn der Geist wächst nicht mehr mit.

26. QUIZ-Spiele

Das normale Quiz bietet Mini-Infos, einzelne isolierte Daten, Fakten etc. Da wird z.B. eine Frage gestellt, deren Antworten dann lauten:

a. Frankreich

b. Französisch Kanada

c. Tunesien

d. Korsika

Sie wählen eine Antwort und warten darauf, was sich im weiteren Verlauf des Spiels oder der Spiele-Show ergeben wird. Daraus ersehen wir: Es macht so viel Spaß, mit dem Wissens-Netz in unserem Kopf zu spielen, daß solche Sendungen seit Jahrzehnten zum ständigen Repertoire der Fernsehanstalten gehören. Früher brauchte es weder die metallisch-leuchtende Dekoration noch ständiger pseudo-musikalischer Untermalung (die manchmal so laut wird, daß man die Spieler kaum noch sprechen hören kann!). Heute soll dies kurze Momente des Nachdenkens „überdecken", da man davon ausgeht, die Zuschauer würden sonst sofort wegzappen. Jedenfalls erhalten Sie Sekunden oder Minuten später die Information, ob Sie mit Ihrem Raten (Ihrer Schätzung) „richtig lagen". Wenn ja, freut man sich, wenn nein, hat man das Gefühl, man habe etwas hinzugelernt. Beide Gefühle sind angenehm, daher schauen wir weiter und demnächst wieder ... Tatsache aber ist:

Das ist ein QUIZ

CONTRA

Bei solchen Sendungen lernen wir absolut nichts, da isolierte Daten, Fakten nicht eingespeichert werden. Erst Zusatzinfos machen „Wissen" und nur „Wissen" kann begriffen und angewandt werden.

Deshalb habe ich die WQS (Wissens-Quiz-Spiele) erfunden. Der Unterschied zwischen einem QUIZ und einem WQS (WISSENs-Quiz-Spiel) besteht darin, daß das Quiz isolierte einzelne Daten und Fakten als ANTWORTEN bieten darf (z.B. als letzte Aktion vor einer echten Prüfung), während das WQS (s. Seite 74f.) den Begriff WISSEN enthält. Wissen aber ist mehr als nackte Daten und Fakten. Beide Varianten haben ihre Vorteile. Das Fallbeispiel zum WQS finden Sie unter „W" (WISSENs-Quiz-Spiele, Seite 157ff.). Es folgen fünf Kommentare zum **einfachen Quiz**:

1. Es ist weit leichter, Quiz-**Fragen** zu formulieren als WQS-Fragen.
2. Es ist weit einfacher, die „richtigen" **Antworten** festzulegen.
3. Deshalb ist es **der leichteste Einstieg für Lernende**, die jahrelang zum passiven Konsum gezwungen worden waren, sie in die Kunst des Fragenstellens (wieder) einzuführen, eine Kunst, die sie als Kinder einst ein wenig beherrscht hatten. Aber jedes Talent muß trainiert werden, auch das Fragenstellen, und dazu hatten die meisten SchülerInnen und StudentInnen (wie auch erwachsene KursteilnehmerInnen) kaum je Chancen.
4. Man kann regelrechte **Quiz-Shows** auch im Klassenzimmer veranstalten. Das macht Spaß.
5. Solche Quiz-Spiele zeigen uns als Lehrkräften rasch, was an Kenntnissen vorhanden ist. Achtung: Wir müssen auf die Fragen genauso achten (bzw. auf FEHLENDE FRAGEN), denn diese weisen auf Aspekte, die die Schüler noch zu wenig begriffen haben. Sehr wichtiger Hinweis, besser als in der offiziellen Prüfung zeigt sich, womit die Lernenden sich wohl fühlen ...

Jetzt möchte ich Ihnen eine faszinierende kleine Quiz-Aufgabe vorstellen:

Ehct ksras! Das ghet wicklirh!

Bitte versuchen Sie folgenden Text zu lesen und anschließend festzuhalten, wie schwierig Sie es fanden – auf einer Skala von 0 (total leicht) zu 10 (extrem schwer).

Es gibt so viele Möglichkeiten, aus dem Abruf von Antworten ein SPIEL zu gestalten. Es macht allen Spaß und das Wissen wird so auch überprüft. In diesem ABC finden Sie unter „F" und „Q" weitere Ideen.

Im Spätsommer 2003 zirkulierte folgender Text im Internet. **Ca. 30 Jahre, nachdem die Einsicht gewonnen worden war**, entdeckte sie jemand und begann, sie „rundzusenden". Innerhalb kurzer Zeit haben Abertausende von Menschen sie gelesen.

Quelle: Dr. Graham RAWLINSON (Cambridge 1976)

Ehct ksras! Das ghet wicklirh!
Gmäeß eneir Sutide eneir elgnihcesn Uvinisterät, ist es nchit witihcg in wlecehr Rneflogheie die Bstachuebn in eneim Wrot snid, das ezniige was wcthiig ist, ist daß der estre und der leztte Bstabchue an der ritihcegn Pstoiion snid. Der Rset knan ein ttoaelr Bsinöldn sien, tedztorm knan man ihn onhe Pemoblre lseen. Das ist so, wiel wir nciht jeedn Bstachuebn enzelin leesn, snderon das Wrot als gseatems.

Wie schwer fanden Sie es? (Bitte Schwierigkeitsgrad angeben)

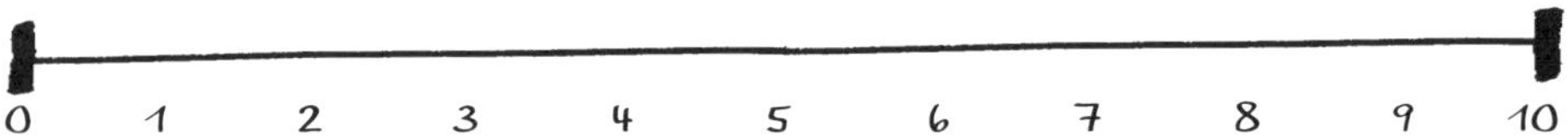

Für Anglophile (englisch)
Aoccdrnig to a rscheearch at an Elingsh uinervtisy, it deosn't mttaer in waht oredr the ltteers in a wrod are, the olny iprmoetnt tihng is taht frist and lsat ltteer is at the rghit pclae. The rset can be a toatl mses and you can sitll raed it wouthit porbelm. Tihs is bcuseae we do not raed ervey lteter by it slef but the wrod as a wlohe.

Für Frankophile (französisch)
Sleon une édtue de l'Uvinertisé de Cmabrigde, l'odrre des ltteers dnas un mtos n'a pas d'ipmrotncae, la suele coshe ipmrotnate est que la pmeirère et la drenèire soit à la bnnoe pclae. Le rsete peut êrte dnas un dsérorde ttoal et vuos puoevz tujoruos lrie snas porlblème. C'est prace que le creaveu hmauin ne lit pas chuaqe ltetre elle-mmêe, mias le mot cmome un tuot.

Hier möchte ich Ihnen eine Variante vorstellen, die auf den Studien von Elisabeth LOFTUS aufbaut (siehe Rechtschreib-Spiele, Seite 119ff.).

Wie Sie sehen, ist es weit leichter, als man annehmen sollte, insbesondere wenn man die Überbetonung auf Rechtschreibung in der Schule bedenkt. Tatsache ist, daß die Regel oben (der erste und letzte Buchstabe müssen stimmen) **die einzige Regel ist, die unbedingt eingehalten werden muß, damit der Text gut lesbar bleibt**. Warum? Die Antwort finden wir in einem brillanten Wort-Experiment von Elisabeth LOFTUS (über das SCHACTER in: *Wir sind Erinnerung* berichtet).

Quiz-Spiel (nach LOFTUS)

LOFTUS

Man kann das Spiel als Experiment nachstellen, aber es ist auch ein wunderbares Wort-Spiel. Wir schaffen drei Kategorien:

1. Wörter, deren **Anfangsbuchstaben** wir spielen werden,
2. Wörter, deren **Silbenzahl** uns interessiert und
3. Wörter, deren **letzter Buchstabe** wichtig sein soll.

Es gilt, **im Stil von Stadt-Land-Fluß** zu spielen. Es wird ein **Thema** gestellt (z.B. Obst) und nun suchen wir, gemäß Spielleiter-Anweisung mögliche Antworten, z.B.

1. Eine Frucht mit A ______________________
2. Eine Frucht mit 3 Silben ________________
3. Eine Frucht, deren Name auf „S" endet: ______________

Lösung:
3. Ananas
2. Papaya
1. Apfel

Wenn Sie dieses Spiel öfter (und zu den verschiedensten Wissens-Gebieten oder Themen) spielen, werden Sie Ähnliches feststellen wie bei dem „falsch buchstabierten" Text (oben) und dies entspricht auch den Forschungsergebnissen von LOFTUS:

1. **Anfangsbuchstaben** sind immens geeignet, um Begriffe zu „finden" – deshalb habe ich ja das KaWa© entwickelt. Hier „finden" wir unsere Assoziation durch die Buchstaben des Schlüsselwortes, welche die Ausgangsbasis für weitere Begriffe bilden; sie stellen also die Anfangsbuchstaben der „gesuchten" Begriffe dar.

A.......

2. **Silbenzahl** macht die Sache schon schwieriger, weil wir normalerweise die Anzahl der Silben **nicht** registrieren (wie den Anfangsbuchstaben). Ausnahme wären Menschen, die Silben bewußter wahrnehmen als Otto oder Ottilie Normalverbraucher, z.B. Rapper und Verseschmiede.

Silben

3. Wörter durch ihren **Endbuchstaben** zu identifizieren fällt den meisten am schwersten. Man muß sich die Worte innerlich aufsagen und den letzten Buchstaben „identifizieren", aber während man bei der Silbenzahl bald ein Klangbild im Kopf erzeugen und

......E

Wörter mit 1 bis 3 Silben mit etwas Übung sehr schnell einordnen kann, **gelingt dies mit den Endbuchstaben nicht**.

ABC-Listen wirken auch durch den Kreuzworträtsel-Effekt.

Es bedarf weit mehr als ein wenig Training, da wir Endbuchstaben UNBEWUSST speichern, während Anfangsbuchstaben sehr viel bewußter registriert werden. Daher der **Reiz von Kreuzworträtseln**.

Außerdem haben wir Übung im alphabetischen Nachschlagen in Wörterbüchern, Telefonverzeichnissen etc. Deshalb wurde mir klar, daß die ABC-Liste ein großartiges Denk-Tool sein müßte, was sich inzwischen voll bestätigt hat.

Spielen Sie das LOFTUS-Spiel zu **verschiedensten Themen**, die Sie im Unterricht durchgenommen haben. Lassen Sie die Lernenden in Kleingruppen arbeiten und anschließend ihre Ergebnisse zusammentragen. Nach einer Unterrichtsstunde über die Wikinger könnte das Spiel z.B. wie folgt verlaufen:

1. Der Ort, an dem die große Schlacht stattfand, mit der die Wikinger ihre Macht über England besiegelten (Anfangsbuchstabe H):

   ____

2. Eine unwirtliche, eisbedeckte Insel, der die Wikinger einen vollkommen irreführenden Namen gaben, in der Hoffnung, dort möglichst viele andere Einwanderer aus der Heimat anlocken zu können, mit 2 Silben: ________________
3. Einer der Namen, unter denen die Wikinger bekannt waren, endet auf „R“: ______________________

Lösung:

1. Hasting
2. Grönland (= grünes Land)
3. Nordmänner

Variante: Sie können auch die Antworten der Gruppen an der Wand **aufhängen**. Nun können alle MitspielerInnen ein, zwei Tage lang vorbeigehen und vergleichen. In diesem Fall schreiben die MitspielerInnen mit dicken Filzstiften und großer Schrift, damit man die Antworten aus einer Entfernung von ca. 60 cm gut lesen kann.

Vgl. das Modul *Neue Forschungsergebnisse* in *Das innere Archiv*: Das Vorbeigehen an Lernpostern (hier Ergebnissen) bringt sehr viel mehr als das Sitzen! (Vgl. *BEWEGUNG*, Seite 64ff.)

RECHNEN (nur eine Anmerkung)

Der längere Original-Beitrag zum Ball-im-Tor-Effekt (s. Anmerkung, Seite 63) enthält auch einige Ideen zum Rechnen, aber hierzu habe ich ja bereits vor Jahren einen Video-Vortrag publiziert: *Gehirn-gerechtes Rechen-Training* – die vier Grundrechenarten mit Ball-im-Tor-Effekt (für Eltern, Lehrkräfte, Erzieher).

27. RECHTSCHREIB-Spiele

In dem Quiz *Ehct ksras! Das ghet wicklirh!* (Seite 116) sehen wir, daß wir Texte lesen können, die „vollkommen falsch" geschrieben sind, solange eine Doppel-Regel eingehalten wird: der erste und letzte Buchstabe müssen a. stimmen und b. an der richtigen Stelle stehen. Den Rest kann unser Gehirn dann so gut ergänzen, daß es völlig egal ist, in welcher Reihenfolge die anderen Buchstaben auftauchen.

Ähnlich ist es, wenn wir Rechtschreib-Fehlern begegnen: Die meisten „überlesen" wir, weil unser Gehirn in ähnlicher Weise er-GÄNZEN (also „ganz machen") muß. Deshalb ist ja das Korrekturlesen so schwierig; hier muß man auf **FORM** lesen und darf sich vom **INHALT** nicht ablenken lassen. Deshalb beruhige ich meine Coaching-Klienten, die sich über ihre Orthographie Sorgen machen (von Jahrzehnt zu Jahrzehnt werden es mehr!). Denn erstens gibt es inzwischen recht gute PC-Prüfprogramme, mit denen man viele Flüchtigkeitsfehler ausmerzen kann. Zweitens können ja mehr und mehr Empfänger unserer Worte gar nicht mehr feststellen, daß sich Fehler im Text befinden (z.B. bei Briefen an Kunden), weil ja immer mehr Menschen akute Probleme haben.

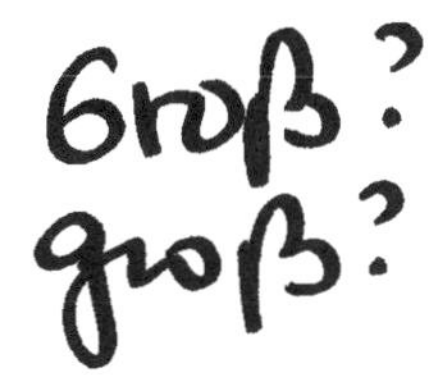

Diese werden mit der Rechtschreib-Reform stark vermehrt, denn die Großschreibung ist einer der Aspekte, der vielen völlig unklar war, und mit den neuen Regeln ist es schlimmer geworden statt besser. (Deshalb halte ich es mit der FAZ und beharre auf der alten Rechtschreibung.)

Wer die Aufgabe hat, seinen SchülerInnen zu helfen, sollte eher spielerisch vorgehen als im alten Stil, denn dieser produziert von Jahr zu Jahr mehr Schulabgänger, die nicht richtig lesen/schreiben können!

Rechtschreib-DETEKTIV-Spiel

Ich entwickelte das folgende EXPLORER-SPIEL, bei dem man DETEKTIV spielt und selbst herausfinden muß, was falsch ist. Ob die Schüler ein Diktat schreiben oder einen eigenen Text, nach dem Schreiben können die Texte VERTEILT werden (z.B. mit dem Sitznachbarn tauschen).

Dann beginnt die Detektiv-Arbeit. Bei Einsteigern kann die Lehrkraft korrekturlesen, ohne zu korrigieren, indem sie mit BLEISTIFT die Wörter mit Fehler unterstreicht (von vorne bis hinten), so daß die SchülerInnen die Fehler erst identifizieren müssen! Dabei dürfen sie sich überall Hilfe holen, z.B. in Nachschlagewerken nachschauen oder KameradInnen befragen. Die besten Rechtschreiber könnten als „Jury" in einer Ecke des Zimmers sitzen und Fragen derer beantworten, die aktiv mitspielen.

Für fortgeschrittene SchülerInnen reicht ein Bleistiftstrich am Rand der betreffenden **Zeile**.

Am Ende erhält jeder seinen Text korrigiert zurück, wobei die Korrektur ROT eingetragen wird, so daß die RICHTIGE Version auffällt. Früher wurden die **Fehler** rot angestrichen, was ihren MERKWERT genauso erhöhte, wie wenn wir uns Wichtiges im Text „anmalen", um es uns zu merken!

Nun studiert jeder die Fehler, die im eigenen Text korrigiert wurden und legt ABC-Listen von Wörtern an, die man ursprünglich falsch geschrieben hatte. Entdeckt man später wieder einmal einen Begriff mit demselben Fehler, erhält das Wort in der ABC-Liste einen farbigen Punkt. Beim zweiten Mal erhält ein farbig gepunktetes Wort noch eine farbige Linie (Unterstreichung). Entdeckt man ein Wort in der ständig wachsenden ABC-Liste, das sowohl einen farbigen Punkt hat als auch unterstrichen ist, sollte man ein großes „M" dazuschreiben: Das steht für MASSNAHMEN zum MERKEN!

Hier können verschiedenste Möglichkeiten ausprobiert werden, bis alle Lernenden einige gefunden haben, die ihnen am meisten zusagen.

Fünf erste Möglichkeiten für MASSNAHMEN zum MERKEN!

- **AKUSTISCH**: Man spreche den Begriff mehrmals, langsam, laut, leise etc. und versuche zu HÖREN, wo der „Hörfehler" lag, der zur falschen Schreibweise geführt haben mag.

Ich rate allen Lehrenden, Nachhilfelehrkräften, Eltern etc., ebenfalls eine Liste dieser Möglichkeiten anzulegen, die man ständig weiter ausbauen kann, wenn einem weitere Ideen einfallen, was mit Sicherheit passieren wird!

- **SCHREIBEND**: Man schreibe den Begriff mehrmals, aber nicht wie früher („Schreib' das 100 Mal") völlig „hirnlos", sondern im Gegenteil: Wir schreiben in absoluter **Zeitlupe**, vielleicht sogar mit dicken Stiften auf große Bögen. Schriften in Schulbüchern sind sowieso häufig zu klein (nicht nur für Fremdsprachen). Während man für kleine Kinder in großer Schrift schreibt, meint man, das ab einem Alter von ca. 10 Jahren nicht mehr tun zu müssen. Merke: Je problematischer das Lesen ist, desto problematischer sind zu kleine Buchstaben. Was wir nur ungenau wahrnehmen, dazu können wir keine Nervenbahnen aufbauen! Je größer, desto besser, aber es muß nicht immer auf Papier sein:

  Variante: In den Sand schreiben. Wir schreiben den Begriff mit Stöckchen in Sand (deshalb waren die Schiefertafeln früher so gut. Man konnte tausendmal üben, groß und deutlich, ohne ständig wertvolles Papier zu benutzen!).

  Variante: Mit dem Ellbogen schreiben. Wir schreiben den Begriff mit dem Ellbogen in die Luft. Rechtshänder mit dem rechten Ellbogen, Linkshänder mit dem linken. (Sie werden sich wundern, wie gut das geht.)

Bitte gleich testen: Ihren Namen in „Ellenbogen" schreiben.

- **TASTEND**: Bei den Lernmaterialien in den Maria Montessori Kinderhäusern finden sich große Buchstaben aus Sperrholz, mit Sandpapier beklebt.

  Man kann oft beobachten, daß ein Kind, das etwas schreiben will und über einen Buchstaben nachdenkt, zum Schrank geht, den Buchstaben herausholt, ihn aufmerksam befühlt, ihn wieder hineinstellt, zum Papier geht und den Buchstaben schreibt. Dies zeigt uns, wie

Für die ersten Versuche gibt es welche mit ziemlich rauhem Sandpapier, am Ende benutzen die Kinder jene, deren Sandpapier sehr fein ist.

wichtig das **Er-TASTEN** sein kann. Für unsere Zwecke könnten wir die Idee borgen. Es gibt Plastikbuchstaben für Kinder, aus denen man Worte legen und diese mehrmals abtasten kann. Man könnte auch eine Art von Blindekuh-Spiel entwickeln, in deren Verlauf ganze Worte gelegt und blind ertastet werden. Und die Lernenden, denen diese Merkhilfe zusagt, könnten die betroffenen „schwierigen" Begriffe mehrmals dreidimensional legen und (blind) abtasten.

- **LAUFEN**: Gerade bei Jungen hat es sich bewährt, daß die Buchstaben am Boden aufgemalt werden (Packpapierbögen) und man sie zu Fuß erkunden kann. Jeder Buchstabe muß dabei ca. 1 m lang sein, damit die Jungen die Form „abgehen" können.
- **LERNKARTEI**: Ich bin kein großer Fan davon, Riesenmengen von Daten in Karteien zu stecken und zu pauken, z.B. Vokabeln (bei der Birkenbihl-Methode, Fremdsprachen zu lernen sowieso verboten!). Aber für **einzelne Infos**, mit denen wir (immer wieder) Probleme haben, ist die Lernkartei flexibler als das ABC. Allerdings kann man das ABC mit **einem** Blick absuchen, die Lernkartei hingegen muß Kärtchen für Kärtchen durchgeblättert werden ...

RECHTSCHREIBUNG – mit Ball-im-Tor-Effekt?

Aus unserer Wandzeitung auf **www.birkenbihl.de.**

Sehr geehrte Frau Birkenbihl,

mein Sohn (...) steht mit der Rechtschreibung auf Kriegsfuß. Da er auch nicht gerne liest, glaube ich, dass ihm irgendwie der Bezug zur Schrift fehlt – im Gegensatz zu Zahlen – in Mathe ist er ein Ass. Andererseits schreibt er gerne Geschichten, darin ist er ganz toll, nur die **Rechtschreibung entspricht nicht den Regeln**. Ich habe schon hin und her überlegt, wie man für Rechtschreibung einen Ball-im-Tor-Effekt kreieren könnte, nur ich finde nichts. Am PC mit Rechtschreibkontrolle zu schreiben macht ihm eher keinen Spaß, weil er beim Schreiben auch gleich Bilder zur Geschichte malt, und ich glaube auch, dass das Schreiben von Hand einen besseren Lernerfolg bringt. Haben Sie vielleicht eine Idee für einen „Rechtschreibungs-Ball-im-Tor-Effekt"?

Meine Antwort:

Finden Sie mit ihm gemeinsam heraus, ob es Standard-Fehler gibt, indem Sie ein Karteisystem anlegen, bei dem die **Fehler archiviert** werden. (Das Einordnen richtet sich nach der korrekten Rechtschreibung, damit jede/r später etwas finden kann.) So merken Sie bald, ob er Probleme hat, zu wissen, wann es „daß" (oder neue Rechtschreibung: „dass") heißen muß und wann „das", oder ob er eher Probleme mit KLANGBILDERN hat oder mit der Großschreibung etc. Bitte bedenken Sie, daß jedes dieser Probleme eine andere Ursache hat. Daß-Probleme zeigen, daß das GEFÜHL für die GRAMMATIK noch schwach ausgeprägt ist (Grammatik-REGELN helfen hier **nicht**! Dieses Gefühl stellt sich nur mit PRAXIS ein, weil das Gehirn die Regel unbewußt finden muß, s. Rand). KLANGBILDER-Probleme sind bei Jungen weit ausgeprägter als bei Mädchen, daher sind hier Sprach-Schreib-SPIELE nach dem Motto „Wir schreiben Klangbilder" (jeweils maximal 10 pro Sitzung) sinnvoll. Hier können Sie WISSENs-Quiz-Spiele gestalten: Runde 1 das DIKTAT und sein RATEN, wie es geschrieben werden **könnte**. Runde 2: Vergleich mit der richtigen Schreibweise = Kontrolle = BALL-IM-TOR! Runde 3: Wie viele klappen **jetzt**? Und im letzten Fall, bei Groß- und Kleinschreibung, kann ich Ihnen auch nicht helfen, weil sie so unlogisch ist. Wir schreiben „Ofen" groß, weil es etwas Ist, was man angeblich anfassen kann; ein sogenanntes DING (DING-Wort, ha ha), aber wir können ihn nur anfassen, wenn er NICHT „arbeitet", denn einen heißen Ofen sollte man nicht anfassen. Und wir schreiben Blitz, Faust, Welle, Puls, Impuls – alles „Dinge" die KEINE SIND, denn hier wird ein verbaler Schnappschuß eines dynamisch pulsierenden Momentes gemacht, es sind **Prozesse** und müßten eigentlich als VERB behandelt werden. D.h. unsere Regeln für Groß- und Kleinschreibung sind so verwirrend, daß ich froh wäre, wenn wir (wie fast alle anderen Länder!) diese endlich aufgeben würden. Ausnahmen Satzanfänge und Eigennamen ... Hier kann man jedoch spielerisch Kategorien bilden und alles, was nicht paßt, in „Sonstiges" stecken. Kategorien wie ein DING (kann man anfassen, vgl. DING-Wort), ein

Standard-Fehler?

Vgl. Abstrahieren, Seite 37.

Runde:
1
2
3

Ofen?
ofen?
ha ☺

längere Zeit anhaltender ZUSTAND (Winter), ein Eigenname (Einstein) etc. Somit können Sie das Problem auf einen Grad REDUZIEREN, der erträglich wird. Sagen Sie ihm, daß eine 3 oder 4 in Rechtschreibung ausreicht, wenn er lernt, auszudrücken, was er wirklich sagen will – was viel wichtiger ist. Und sagen Sie ihm, Lesen schult das Denken und deshalb sei ein wenig Lesen notwendig. Man kann wenig, aber dafür LAUT LESEN, vor allem Dinge, die echt interessieren, und wenn dies Prospekte für PC-Spiele sind ...

28. SINN suchen

Normalerweise registrieren wir es eher, wenn etwas keinen Sinn „ergibt" als umgekehrt. Spiele, die uns helfen, der BEDEUTUNG, dem SINN oder dem WESEN einer Sache nachzuspüren, helfen uns auch, bewußter zu registrieren, wie das ist, wenn etwas „Sinn macht" und ob dieser Sinn eher absolut oder relativ sein sollte. Wir könnten oft profitieren, wenn wir es uns erlauben, **mehr als einen** Sinn zu suchen, in diesem Sinn ist das Metaphern-Spiel großartig geeignet, uns dabei zu helfen (Seite 106ff.).

Erinnerung: Es gibt natürlich enge Verbindungen zwischen dem Suchen nach **BEDEUTUNG**, **SINN** und dem **WESEN** einer Sache. Trotzdem habe ich festgestellt, daß es hilfreich ist, alle Begriffe **separat** in die Liste zu übernehmen, denn je nach Thema fällt uns oft eher ein, auf Sinnsuche zu gehen (als nach der Bedeutung oder dem WESEN zu fragen) oder umgekehrt.

Vor vielen Jahren in einer TV-Talkshow sagte eine Wissenschaftlerin (nach einer Diskussion von fast einer Stunde um die Schwierigkeit, Sinn im Leben zu finden) in etwa dies: Also, die ganze Diskussion nervt mich unendlich. Den Sinn des Lebens, den findet man nicht; der liegt nicht am Wegesrand, und es ist Zufall oder Schicksal, ob Sie dort vorbeikommen und ihn dann auch wahrnehmen. Den Sinn des Lebens muß man selber **schaffen**! Das ist die Art von **geistiger Arbeit**, zu der unsere Schulabsolventen oft unfähig sind, wenn sie es im Elternhaus nicht gelernt haben. Den Sinn des Lebens muß jeder selber **herstellen**, das ist ja Teil der Aufgabe eines Menschenlebens. Man kann doch nicht ständig den Staat, die Wirtschaft oder sonstwen dafür verantwortlich machen, daß die Leute heute mehr Probleme zu haben scheinen, weil es anscheinend weniger Sinn zu „finden" gibt ...

Das hat mich wachgemacht. Damals (ca. 1985) war das ein allgemeines Thema in den Medien (wie auch im Seminar-Raum). Deshalb habe ich begonnen, darüber nachzudenken und festgestellt: Je unfähiger Menschen sind, den SINN von Fakten, Texten, Geschehnissen zu „finden", desto unfähiger sind sie auch, den SINN Ihres Lebens zu gestalten. Oder anders ausgedrückt: Wenn wir Menschen helfen, den SINN in Fakten, Texten etc. zu finden, dann begreifen sie, daß sie diesen SINN durch Ihre **aktive** Wahrnehmung, Bewertung und Reflektion selber schaffen, so daß der SINN das Ergebnis ihrer Konstruktion wird. Deshalb helfen einige der Techniken dabei, z.B.:

assoziieren, abwägen (Seite 37ff.) **bisoziieren** (Seite 52f., 102ff.) **C** ______ **D** ______ **E** ______ **Fragen stellen** (Seite 70ff.) **G** ______ **hierarchisieren** (Seite 76ff.)	**Hitlisten erstellen** (Seite 78) **individualisieren** **J** ______ **katalogisieren** **L** ______ **M** ______ **N** ______ **ordnen** **probieren** (Seite 112f.) **prüfen**	**Q** ______ **recherchieren** **S** ______ **testen** **unterscheiden** **vergleichen** (Seite 136ff.) **wahrnehmen** **X** ______ **Y** ______ **zuhören**

29. SPIEL-Trieb nutzen

Sicher haben Sie schon oft in Tierfilmen gesehen, wie diese „süßen" kleinen Wollknäuel SPIELEN, d.h., wie sie DURCH SPIELEN die Welt ERKUNDEN, Dinge aus-PROBIEREN (ohne Angst vor Kritik), wie sie die Welt ent-DECK-en etc. Dabei sehen wir, daß die Kleinen sich frei BEWEGEN dürfen. Daß sie Dinge verfolgen dürfen, die sie interessieren, daß sie manchmal einen ganzen Tag lang an einem Thema „kleben bleiben" oder wochenlang bestimmte Verhaltensweisen trainieren (sorry, spielen). Haben Sie sich schon einmal gefragt, wie das erzwungene Stillsitzen von Pausenglocke zu Pausenglocke, das Hörenmüssen (statt probieren zu dürfen), die ständig wachsende Angst vor Fehlern und Kritik etc. – wie all das einen vergleichbaren Lern-Prozeß in Gang setzen soll, auf den junge Lebewesen angewiesen sind, damit sie ihr Leben später meistern können? Gerade in Deutschland stoße ich immer wieder auf Ablehnung von SPIEL (schon der Begriff „spielerisch" kann Mißtrauen wecken). Ich mußte mich Jahrzehnte lang „prügeln" lassen, weil in meinen Seminaren ge-SPIEL-t wurde; nur die Tatsache, daß meine Teilnehmer wesentlich leichter und mehr lernten, sorgte dafür, daß die Firmen mich immer wieder holten. Dies galt auch für reine Fakten-Lern-Vergleiche, z.B. wenn zukünftige Pharma-Referenten medizinisches und pharmakologisches Basis-Wissen lernen mußten, oder bei Einführungen in komplexe Software-Produkte etc. Mein Vater und ich haben Einarbeitungszeiten regelmäßig um 50 % verkürzt, was einen großen wirtschaftlichen Vorteil brachte, weshalb man letztlich bereit war, die „albernen Spielchen" zu akzeptieren. Wir arbeiteten oft auf reiner Erfolgs-Basis, mit 20 % des Honorars. Der Rest fiel erst an, wenn unsere Teilnehmer die Prüfung geschafft hatten und für jeden Schulungstag, den unsere Gruppe weniger (als normal bzw. branchenüblich) gebraucht hatte, gab es einen Bonus. Nachdem wir gezeigt hatten, wie es geht, konnten firmeninterne TrainerInnen den gehirn-gerechten Ansatz übernehmen (sie waren in der Pilot-Phase natürlich immer dabei!) und so sparten meine Kunden à la longue eine Menge Geld für Ausbildungen, und ich war gezwungen, meine Ansätze auf viele Themen und Sachgebiete zu übertragen.

Deshalb wurde **SPIEL** das Schlüsselwort für unsere magischen 7 Kügeli.

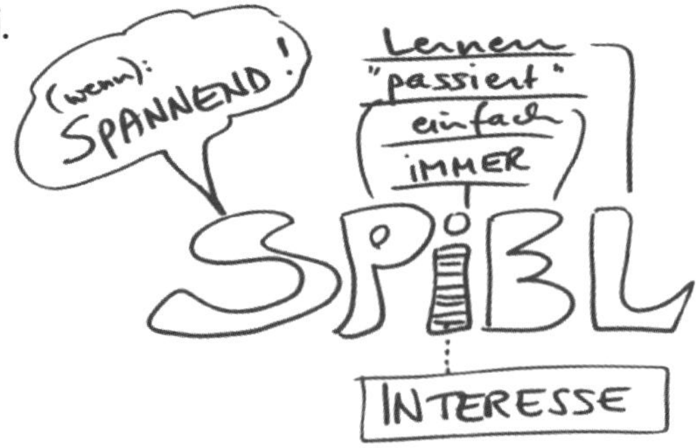

Lernen „passiert"
einfach immer
(bei)
Spannung!

Betrachten Sie die vielen SPIELE unter den Nicht-Lern Lern-Strategien (Non-Learning Learning- Strategie) oder kurz NLLS bzw. unserer TRICK-Kiste als „ernst" gemeinte Aufforderung. Nennen Sie es „Technik", wenn Ihnen der Begriff „Spiel" Angst machen sollte, **aber spielen Sie endlich mit Ihren Schützlingen!** Die Natur hat die Fähigkeit, spielend zu lernen erfunden! Akzeptieren wir es zum Wohle der uns Anvertrauten. Daß dabei unsere eigene Arbeit viel leichter wird, ist Sahne auf dem Spiele-Kuchen (weitersagen!).

Das nächste Spiel entspricht der Nr. 6 bei den ASSOZIATIV-SPIELEN.

30. STADT-LAND-FLUSS-Spiele

STADT	LAND	FLUSS
San Francisco	Schweden	Seine
Glasgow	Georgien	Ganges
Rom	Rumänien	Rhein

BAUM	BERUF	TIER
Stechpalme	Schreiner	Spinne
Ginko	Gärtner	Gemse
Roßkastanie	Rechtsanwalt	Rhinozeros

Neben dem klassischen Stadt-Land-Fluß-(Geographie-)Spiel können wir Tausende von möglichen Varianten spielen ... Stadt-Land-**Quantenphysik** (Ihre **Kernkompetenz**) oder **analog BAUM-Beruf-Tier**.

Wir können JEDES THEMA SPIELEN: **Natur** (Baum, Blume, Tiere etc.), **Gegenstände** (Autos, Musikinstrumente, Gebäude etc.), **berühmte Menschen** (KomponistInnen, MusikerInnen, SängerInnen, MalerInnen, BildhauerInnen, SchauspielerInnen etc.), **berühmte Charaktere** (Superman, HAMLET, Sherlock HOLMES, Mickey Maus, Spock), **Geistesprodukte** (Sinfonien, Stories, Romane), **große Ideen** (z.B. Theorien in den Naturwissenschaften), Sprüche (Sprichwörter, Redewendungen, Bibel-Zitate) etc. **Die Liste ist endlos**. Wenn wir an

Dieser Abschnitt ist mit dem im Zwillings-Buch (*Trotzdem LERNEN*) teilweise identisch, weil dieses Spiel so wichtig ist. Aber das ***PS für Lehrende*** (Seite 129f.) fehlt dort natürlich!

meine Metapher von den 11 km langen **Katakomben unseres Unbewußten**© denken, dann veran-SCHAU-licht dies:

Da fällt mir nix ein ...

1. SPIELEN wir **ein Thema** zum **ersten Mal**, dann bieten uns die Katakomben-Mitarbeiter gar nichts; die Kisten und Kasten bleiben zu und nur unser Oberflächen-Wissen (das dementsprechend oberflächlich ist) steht zur Verfügung. Wer über dieses Thema noch nie oder nur selten reflektiert (hat), wird jetzt nicht viel assoziieren können („Da fällt mir nichts ein ...").
2. SPIELEN wir **ein Thema wiederholt**, dann beginnen die Katakomben-Mitarbeiter einige Schubladen zu öffnen, also „fallen uns" erste **Assoziationen** „ein" („zu"). SPIELEN wir z.B. **Blumen**, dann fällt uns (oberflächlich) vielleicht die **Rose** ein. Geben wir schnell auf („Mir fällt leider nichts mehr ein!"), dann brauchen diese Mitarbeiter uns weiter nichts zu bieten. Bleiben wir hingegen am Ball und geben uns mit dem bißchen **nicht** zufrieden, dann **müssen** die Mitarbeiter mehr herausrücken, **weil** wir Gehirn-Besitzer es **fordern**!
3. Aber wir müssen immer **mehrmals fordern**, bis die Mitarbeiter sich „rühren", denn normalerweise besteht ihre Aufgabe im **Gegenteil**, nämlich darin, die Kisten **geschlossen** zu halten, damit wir durch Milliarden Fakten, Gedanken, Hypothesen, Ideen etc. nicht „erschlagen werden".
4. Wenn wir aber **ein Thema mehrmals SPIELEN**, dann **müssen** diese Mitarbeiter die Kisten **immer wieder öffnen (und schließen)**. Nach einer Weile wird ihnen das zu dumm und **sie lassen die Kiste** (z.B. **Blumen**) **gleich offen stehen**. Allerdings bleibt sie nur so lange offen, wie wir **regelmäßig** fragen und so den **Stadt-Land-Fluß-Effekt**© auslösen (s. Rand).

STADT-LAND-FLUSS-EFFEKT©: Ich habe ihn bezüglich dieses Spiels entdeckt; deshalb nenne ich ihn so, auch wenn wir das Thema Quantenphysik spielen ...

Deshalb sind wir nach dem Urlaub „behindert", bis wir die Mitarbeiter in den Katakomben motivieren können, die Kisten erstens überhaupt wieder zu öffnen und sie zweitens auch wieder offen zu lassen. Und darum brauchen wir unter Umständen **nach drei Urlaubswochen** eine Arbeitswoche: Wir haben bestimmte Gedankengänge längere Zeit nicht verfolgt oder bestimmte Formulare nicht ausgefüllt, wir haben bestimmte Infos nicht mehr „griffbereit", wir lösten keines unserer normalen Probleme etc. Wir sehen bereits einen **abgeschwächten Effekt**, wenn die Arbeitswoche beginnt: Man braucht am Montag ca. **einen halben Tag**, um die **3-Tages-Pause von Freitag** (nach-) mittags **bis Montag** früh auszugleichen! Das ist einer der Gründe, warum Arbeitgeber Feiertage hassen – hier entsteht oft eine **4-Tages-Unterbrechung**, was den Effekt bereits merklich verschärft!

Nach Urlaub: behindert?

> Hören wir auf, über ein Thema **regelmäßig** nachzudenken oder es zu **trainieren**, dann werden die betreffenden Kisten in den Katakomben wieder **geschlossen**!

Deshalb rate ich allen, die Wissen aktivieren wollen: Je häufiger Sie Stadt-Land-Fluß mit Ihren wichtigen Themen spielen, desto stärker wird der Experten-Bonus (Stadt-Land-Fluß-Effekt©), den Sie dabei gewinnen. Es macht nicht nur Spaß zu spielen, sondern es bringt kumulative Vorteile, die sich graduell an-REICH-ern. Ähnlich wie gewisse Schadstoffe sich kumulativ im Boden, in Flüssen oder im menschlichen Körper ansammeln können, so auch hier. Nur – hier sammeln wir Wissen an, das wir jederzeit aktivieren (auf das wir jederzeit zugreifen) können. Und das ist ein Super-Gewinn, nicht wahr?

P.S. für Lehrende

Da ABC-Listen, KaWa.s© und Stadt-Land-Fluß-Spiele zu wichtigen Themen die **einfachsten** Einstiegs-Möglichkeiten sind, lassen Sie uns kurz klarstellen, wie „verwandt" diese strategischen Ansätze sind. Vergleichen wir also:

- **ABC-Listen** (s. Seite 50)
- **KaWa.s** (s. Seite 50f.)
- **STADT-LAND-FLUSS-Spiele** (s. Seite 52, 127ff.)
- **LULL'sche Leitern** (s. Seite 52f., 102ff.)

Wieder einmal sehen wir, daß ein VER-GLEICH uns einen sehr schnellen Lern-Weg bieten kann, vgl. Ver-GLEICH-en, Seite 136ff.

Genau genommen ist die ABC-Liste eine **Variante** von Stadt-Land-Fluß, mit folgenden Unterschieden:

1. **Wir spielen senkrecht** im Gegensatz zu waagerecht (von Stadt über Land zu Fluß).
2. **Wir wandern mit den Augen das gesamte ABC „rauf und runter"** und tragen überall dort etwas ein, wo uns „zufällig" etwas „zufällt". (Gegensatz: Wir schauen nur bei **einem** Buchstaben nach, z.B. „G", und spielen diesen einen Buchstaben.)
3. **Je geübter wir sind, über ein Thema nachzudenken**, desto mehr wird uns dazu ein- oder zufallen (welch ein Zufall!). Diesen Experten-Bonus bezeichne ich als **Stadt-Land-Fluß-Effekt**© und er beschreibt das WESEN-tliche Element des Experten: Nicht nur weiß er einiges, er kann auch auf sein Wissen **zugreifen**!

Doppel-Fazit

1. Wie schon (auf Seite 50) festgehalten: Lehrpersonen, die selbst wenig lernen, motivieren die ihnen Anvertrauten nicht zum Lernen! Analog: Lehrpersonen, die nicht selbst ständig mittels ABC-Listen, KaWa.s© und anderen Techniken assoziativ denken, werden ihre Lernenden auch im Unterricht kaum motivieren können. Solche Lehrkräfte behaupten dann gern: Die SchülerInnen (Kurs- oder Seminar-TeilnehmerInnen) **wollen** nicht!
2. Bitte bringen Sie Ihre SchülerInnen (Kurs- oder Seminar-TeilnehmerInnen) nicht nur im Unterricht dazu, mit diesen SPIELEN Ihren Geist zu öffnen, sondern laden Sie sie auch ein, daheim damit weiterzumachen. Insbesondere Lernende aus geistig ärmeren Familien kämen von sich aus im Leben nicht auf die Idee, wenn man sie ihnen nicht konkret vorschlägt, weil daheim niemand „so etwas tut". Solche Menschen müssen begreifen, daß sie hier Denk-Tools fürs Leben lernen, nicht nur eine Aktivität für's Klassenzimmer!

31. TAPETEN-EFFEKT

Da ich diesen Aspekt in *Das innere Archiv* beschrieben habe, hier nur kurz: Es gehört zu den Besonderheiten unseres neurologischen „Make-up", daß wir **unbewußt die Umwelt (Randbedingungen)** mit einspeichern – wie eine Tapete im Zimmer: Sie ist zwar immer vorhanden, wird aber normalerweise nicht wahrgenommen. Daraus leitet sich ab, daß wir beim Vorbereiten einer Sache (Prüfung, Vortrag, Meeting, Seminar, Kundengespräch bis hin zum Unterricht, wenn der Schulrat kommt) möglichst viele Aspekte identisch halten sollten. Sie alle werden nämlich dazu beitragen, die innere Haltung und damit auch die Gedächtnisinhalte der Vorbereitungszeit wieder zu aktivieren. Somit haben wir die beste Ausgangsposition, wenn wir uns dann tatsächlich in der Situation befinden, um die es ging. Beispiel: Dieselbe oder identische Kleidungsstücke, Stifte, Art von Papier (Hefte, Kladden, Blöcke, Info-Flips© etc.), ebenso Schmuckstücke (möglichst solche, die keine Lärm machen) etc. Wenn wir dann noch berücksichtigen, daß man eine Situation, in der man später stehen wird (Vortrag, Unterricht, Seminar) auch (in der Schlußphase) **stehend vorbereiten** sollte und daß man vor solchen Ereignissen besonders viel schlafen sollte, dann kommt man gut durch. Ich würde mich freuen, wenn alle LehrerInnen dies an ihre SchülerInnen weitersagen könnten!

<u>wie</u> eine Tapete...

32. TÄTIGKEITEN-Lernen (= durch Handeln lernen)

Seit Jahrzehnten fordern aufgeklärte Bildungskritiker wie Neil POSTMAN, daß Schule nicht mehr vorwiegend isolierte, oft sinnlose Details anbieten darf! Wenn wir begreifen, daß Menschen im Leben hervorragend lernen, indem Sie Dinge tun, Aufgaben übernehmen und Probleme lösen, dann sollte man sich fragen, ob und inwieweit dies an Schulen möglich sein könnte. Das Ziel muß sein, Aufgaben zu finden, bei denen die SchülerInnen nicht länger das Gefühl haben, sie arbeiteten **nur für die Schule** (schlimmstenfalls **nur für die Note**), sondern bei denen sie **wissen**, daß **ihre Arbeit von bleibendem Wert** ist.

Vgl. Incidentales Lernen, Seite 89ff.

Stephen D. KRASHEN (University of Southern California) ist derselbe, der sich auch zu INCENDENTALem Lernen geäußert hat (vgl. Shopping-Center, Seite 89), wenn Sie Englisch können, wollen Sie ihn vielleicht lesen? Sehr spannend: *Principles and Practice in Second Language Acquisition.* Prentice-Hall International, 1987.

Stephen D. KRASHEN stellt fest (s. Rand), daß die Schule so anti-Lernen eingestellt ist, daß man direkt von anti-Leben sprechen muß, wenn man begriffen hat, daß Leben immer auch Lernen bedeutet! KRASHEN: „Schule lehrt SchülerInnen NICHT, selbst Dinge herauszufinden." Er beschreibt, wie Schule ihre SchülerInnen zu hilflosen Empfängern „ausbildet". Genau diese furchtbare Einsicht, die immer noch viele Lehrkräfte vehement leugnen, finden wir bei vielen Schulkritikern (u.a. KOHN, SMITH, KRASHEN, POSTMAN, s. Literaturverzeichnis). Frank SMITH spricht in seinem Buch *Insults to Intelligence* von der ZEITBOMBE in jedem Klassenzimmer:

> SchülerInnen lernen genau das, was LehrerInnen lehren. Das steht nicht unbedingt im Curriculum, aber: Um zu sehen, was SchülerInnen gelernt haben, muß man sie nur betrachten, wenn sie die Schule verlassen!

Leider habe ich Frank SMITH erst vor einigen Monaten entdeckt (wie auch KRASHEN). Es tut zwar gut, seine Ansichten bestätigt zu wissen, aber ich hätte in den beiden letzten Jahrzehnten doch gern gewußt, wie viele großartige Studien das gehirn-UNGERECHTE Vorgehen an Schulen bereits bewiesen hatten (KOHN berichtet in hervorragender Weise über fast 100 solcher Studien!).

Auch er stellte Anfang der 1980er Jahre bereits fest, daß das erzieherische System der Schule keinerlei Rücksicht auf die Wirklichkeit des menschlichen Gehirns nähme, sondern, im Gegenteil, regelrecht dagegen ankämpfe. Solange wir die Kinder auch weiterhin stupide Pseudo-Aufgaben lösen lassen, werden sie, wie mir der Rektor einer Berufsfachoberschule vor einigen Tagen sagte, völlig unfähig sein, auch nur die Prüfung zu bestehen (wenn die Formulierung der Aufgabe minimal von dem „Gelernten" abweicht, weil sie den Sinn hinter den Aufgaben nie gefunden haben)! Daß viel sogenanntes Schulwissen später im täglichen Leben „nichts bringt", geht aus der Tatsache hervor, daß ca. 90% des Schulwissens später vergessen oder verschüttet sind, so daß z.B. Eltern sich unfähig fühlen zu helfen, selbst wenn sie 100% sicher wissen, daß sie das einst gelernt hatten. Dies kann theoretisches Wissen (z.B. Geschichte, Naturwissenschaften) sein oder praktisches (Mathe, Sprachen).

KRASHEN schlägt einige hervorragende Beispiele vor, die den Durchführenden wirklich Sinn bieten. Ersetzen Sie im folgenden „Wohnort" mit dem Namen des Dorfes, der kleinen Stadt oder des Stadtteils einer Metropole, in dem **Ihre Schule** liegt. Oder stellen Sie sich vor, die

Schüler würden in den jeweiligen Gemeinden, Dörfern oder Stadtteilen, in denen sie **wohnen**, agieren. Alle von KRASHEN vorgestellten Beispiele wurden höchst erfolgreich ausgeführt. Die SchülerInnen waren zuerst ängstlich bis skeptisch, bald aber Feuer und Flamme. Viele erlebten zum ersten Mal wie das ist, wenn man liest oder schreibt, weil man tatsächlich etwas (heraus-)finden oder mitteilen will – eine Art des Handeln, die viele in der Schule noch nie erlebt hatten, z.B.:

1. SKEPSIS
2. ERFOLG

- **Kinder analysieren das Wasser ihres Wohnortes und publizieren die Ergebnisse in der Lokalzeitung.**
  vfb: Wenn mehrere Klassenlehrer und/oder mehrere Schulen sich zusammenschließen und das Projekt gleichzeitig angehen, so daß es in vielen Stadtteilen, Gemeinden oder Gegenden **gleichzeitig** geschieht, und wenn dann die überregionale Presse das Thema aufgreifen und Übersichten drucken (senden) würde, dann wäre allen klar, wie wichtig das Projekt ist. Nicht nur den beteiligten Kindern, sondern auch ihren Eltern! Neben Wasser können natürlich auch andere Dinge analysiert werden, z.B. Luft, Ozon im Sommer, Qualität der Abwasser (bei Fabriken, die in Flüsse einleiten) oder das Verkehrsaufkommen in engen Durchgangsstraßen etc.

Die Beispiele sind von KRASHEN, angereichert durch Kommentare von mir (vfb).

- **Kinder schreiben eine Geschichte ihrer Gemeinde** (Dorf, Stadt). **Diese wird dann im Rathaus** (auf der Bürgermeisterei) **offiziell plaziert** (so daß jede/r BürgerIn sie einsehen kann).
  vfb: KRASHEN schrieb dies Ende der 1980er Jahre; heute könnten wir uns genauso gut vorstellen, daß die Kinder mit digitaler Videokamera arbeiten und Leute in der Stadt interviewen (bei einigen Lehrern beginnend), die etwas dazu beitragen können. Später können solche Interviews transkribiert, sprachlich überarbeitet und zur Grundlage dieses Schreib-Projektes gemacht werden. Selbstverständlich können am Ende mehrere Projekte herauskommen, von einer DVD mit den Interviews bis zu dem Text für die (Internet-)Bürgermeisterei.

Heutzutage kann das Endprodukt im Internet veröffentlicht werden – das spart viel Geld und macht das Projekt wahrhaft öffentlich!

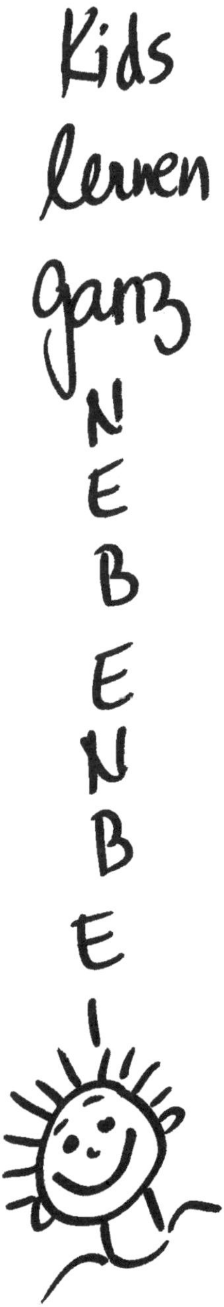

- **Kids managen ein Small Business und entscheiden selbst, was sie mit dem Gewinn machen wollen. Darüber berichten sie dann.**
  vfb: Diese Variante ist in den angelsächsischen Ländern inzwischen schon häufig getestet worden – mit sehr guten Ergebnissen. Hier wird neben Mathe weit mehr trainiert, z.B. um Risiko-Finanzierung zu erhalten (so müssen die Kinder um die Basis-Summe kämpfen), muß ein Plan aufgestellt und jenen vorgetragen werden, die das Geld zu vergeben haben. Wenn 5 Gruppen an einer Schule mitspielen, wird die eine Gruppe vielleicht mehr Geld erhalten, weil der Plan besser war. Desweiteren lernen Schüler neben Kooperation unternehmerisches Denken, nicht immer nur die Opfer-Haltung vieler ihrer Eltern, die von der Arbeit kommen und über die Firma schimpfen ... Wir haben eine extrem unternehmer-feindliche Haltung beim „gemeinen Volk“, vielleicht auch, weil diese Gruppe (die Unternehmer) vom Steuerrecht zu lange geschont worden ist? Jedenfalls war die Menge der „kleinen“ ArbeiterInnen und Angestellten, die jene Leute als Feinde sehen, die ihnen Arbeit bieten, noch nie so hoch. Solche Projekte könnten vielleicht auch die Statistik ändern helfen, derzufolge in den USA ca. 33% aller jungen Leute beruflich selbständig bzw. Firmengründer/Unternehmer werden wollen. Bei uns sind es (je nach Erhebung) zwischen 3 und 5%, dafür ist bei uns die Zahl jener, die möglichst absolute Sicherheit suchen und die meinen, der Staat schulde ihnen mindestens ihr Auskommen, wesentlich höher als sonstwo in der Welt. Solche Projekte ändern das, denn unternehmerisch denken/fühlen lernen kann nur, wer damit Erfahrungen machen konnte. Für Kinder und Jugendliche aus sogenannten bildungsfernen Familien gibt es oft überhaupt keine unternehmungsfreundliche Vorbilder ...

- **Kinder schreiben Buchbesprechungen für die Schul-Bibliothek, so daß zukünftige SchülerInnen davon profitieren können** (statt der früheren obligaten Buchberichte, die außer einer Lehrkraft niemand las und die niemanden interessierten).

vfb: Hier beginnt das Problem schon damit, daß viele Schulen bei uns gar keine Schul-Bibliothek haben. Also müßte man sehen, ob man mit einer Stadt-Bibliothek kooperieren könnte? Desweiteren hat sich gezeigt, daß solche Reports mit dem Namen der SchülerInnen weit spannender sind. Nicht nur ist das eine „Byline", wie nur gute Journalisten sie bekommen (andere haben Kürzel oder schreiben anonym), sondern es stärkt auch das Verantwortlichkeitsgefühl. Ebenfalls denkbar könnte es sein, daß die Buch-Reports ins Schul-Intranet (bzw. die Homepage der Schule) eingepflegt werden, in eine Datenbank, in der im Lauf der Zeit wunderschöne Schätze anwachsen können ...

Falls Sie solche Berichte anderen LehrerInnen zur Verfügung stellen wollen, als Mutmacher sozusagen, kontaktieren Sie mich bitte (birkenbihl@birkenbihl.de). Die ersten 3 Berichte stellen wir in die WANDZEITUNG, gehen mehr als drei ein, eröffnen wir eine Ecke im Lehrer-Forum (hinter dem Paßwort).

Am Ende sollten die Betroffenen einen kleinen Bericht schreiben. Dieser enthält neben einer kurzen Schilderung der betreuenden Lehrperson (mit der das Projekt begann) auch einen Kommentar **aller** einzelnen SchülerInnen, die mitgemacht haben.

33. UNBEWUSST LERNEN

Das normale Lernen in der Natur läuft weitgehend unbewußt ab. Frank SMITH und andere angelsächsische Schulkritiker nennen es **beiläufig** (vgl. *INCIDENTAL*, Seite 89ff.) und weisen darauf hin, daß der Lernprozeß eben deshalb „unsichtbar" wirkt. Wenn wir bewußt etwas lernen **wollen**, können wir uns daher kaum vorstellen, daß wir normalerweise extrem viel unbewußt gelernt haben und weiter lernen. Das Beispiel von Stephen KRASHEN, wie wir ein Shopping Center INCIDENTAL „gelernt" haben, zeigt dies klar.

Vgl. Stichwort SHOPPING CENTER, Seite 89.

Noch schwerer fällt es, uns auszumalen, wie man „bewußt unbewußt" lernen könnte. Aber man kann: Die Idee des PASSIVEN LERNENs finden Sie unter **PASSIV HÖREN** (Seite 108ff.). Sie kann auf viele Gebiete übertragen werden. Näheres im Zwillings-Buch für LernerInnen, denn das ist eher ein Schwerpunkt für das Lernen, nicht so sehr für das Lehren.

34. Ver-GLEICH-en

Je unbewußter ein Neuro-Mechanismus normalerweise ist, desto wichtiger ist es, sich peu à peu bewußt zu machen, wie universell er ist. Das will der folgende Textabschnitt versuchen. Darüber hinaus möchte er durch Beispiele zeigen, was gemeint ist, ehe wir am Ende zu ganz konkreten ersten Maßnahmen übergehen. Weitere werden sich täglich und ständig „ergeben", wenn wir erst einmal begonnen haben ...

Variationen zu Themenkreisen sind (mit Imitation und ver-GLEICH-endem Denken) großartige Ansätze, an denen ich noch arbeite. Erwarten Sie also in der Zukunft hierzu mehr ... (vielleicht in der 2005er Karlsfelder Trilogie am 3. Abend?)

Wir wollen hier auf den wichtigen Aspekt des VERGLEICHENs eingehen, als Neuro-Mechanismus, der für das Thema Lehren/ Lernen von enormer Bedeutung ist, denn:

- Unser Gehirn vergleicht unablässig.

Das ständige VERGLEICHEN ist eine seiner Haupt-Tätigkeiten. Was immer theoretisch ans Bewußtsein gelangen könnte, muß zuerst diesem Unterscheidungsprozeß durchlaufen. Die erste Frage, die unser Gehirn immer stellt, lautet:

Frage 1: BEKANNT oder UNBEKANNT?

Um aber festzustellen, ob etwas schon BEKANNT ist, muß das Gehirn mit Vorhandenem VERGLEICHEN – von der gigantischen Geschwindigkeit, mit der dies passiert, noch ehe wir wissen, daß wir etwas wahrgenommen haben, können Sie auf die unglaublichen Kapazitäten dieses großartigen Organs zwischen unseren Ohren schließen! Stellt das Gehirn fest, die Sache ist **UNBEKANNT, schiebt es sie sofort in unser Bewußtsein**, damit wir **handeln** können. Gleichzeitig löst es sogleich vorsichtshalber **die große Streß-Reaktion** aus, damit wir im Zweifelsfall kämpfen oder fliehen können. Das ist übrigens der Grund, warum manche Menschen **auf neue Gedanken prinzipiell mit Abwehr reagieren**, wenn das Neue Altes, Bekanntes anzugreifen scheint – sie wollen das Vorhandene, in das der Organismus bereits investiert hat, erst einmal verteidigen. Dabei gilt eine weitere Regel: Je weniger Energie der Organismus derzeit für spannende Erkundungen (d.h. für Lernprozesse!) zur Verfügung hat, desto gravierender wird die Abwehr. Also reagieren wir viel abwehrender, wenn wir müde, krank oder gestreßt sind (s. Rand).

Es ist unglaublich, wie wenige **Lehrkräfte** (an Schulen wie in der Erwachsenenbildung) davon wissen. Aber auch **VerkäuferInnen, Führungskräfte** und **Menschen, die andere** (in Meetings, Verhandlungen etc.) **überzeugen** wollen, könnten davon profitieren, wenn sie diese wichtige Tatsache einkalkulieren würden. Dies ist einer der Gründe, weshalb wir im Berufsleben wie an Bildungseinrichtungen mit FRAGEN weit besser fahren als mit Aussagen (vgl. **Neuro-Mechanismus FRAGEN**, Seite 70ff.).

Der Neuro-Mechanismus des **ständigen VERGLEICHEN**s stellt zuerst fest, was unbekannt (und demzufolge potentiell gefährlich ist), um im Zweifelsfall sicherheitshalber unmittelbar auf Abwehr zu „schalten". Aber auch Bekanntes **kann** gefährlich sein, daher lautet die **zweite** Frage, die das Gehirn stellt:

Frage 2: Kennen wir ANDERES (zu dieser Frage, diesem Problem)? Wenn **ja**, dann kann ebenfalls vehement auf Abwehr „geschaltet" werden! Deshalb lehnen wir oft so schnell ab, wenn man uns mit Ideen konfrontiert, die von dem, was wir bereits wissen, abweichen.

Merke: Je mehr Energie wir in die alten Ideen investiert haben, desto vehementer die Ablehnung (s. Rand).

Im Lehrbetrieb (man beachte die Wortbildung) gilt: Junge Kinder wissen noch wenig, daher ist Neues für sie eher neu (in der Bedeutung von „aufregend neu"), als neu im Sinne von „Altes gefährdend". Umgekehrt können wir konstatieren: Je älter die SchülerInnen, die wir unterrichten, desto mehr „Altes" kennen sie und desto wichtiger wird diese Tatsache!

Hat der Organismus festgestellt, daß das jetzt Wahrgenommene weder neu (potentiell gefährlich) noch neu (aber „anders) ist, stellt sich die dritte Frage:

Die **Streß-Reaktion** (auch bei psychologischer Abwehr!) habe ich übrigens bereits 1975 (in meinem Buch *Freude durch Streß*) ausführlich beschrieben. Derzeit möchte man ja gerne den Eindruck erwecken, diese Infos seien ganz neu ...

1. Abwehr: In meinem Buch *Kommunikationstraining* stelle ich eine metaphorische **Bilderwand** (eine Mauer aus Bildern, die wir uns im Laufe des Lebens „gemacht" haben) vor. Je tiefer der metaphorische Ziegelstein in der Mauer sitzt, desto stärker unsere Abwehr, während wir einen Ziegel, der oben noch relativ lose aufliegt (z.B. neue Fakten oder eine noch ziemlich neue Meinung) relativ leicht in Frage stellen und austauschen können ...

Frage 3: Kennen wir ÄHNLICHES?

Darauf laufen die **VERGLEICHE**, wenn sie in unser Bewußtsein dringen, meistens hinaus: Wir versuchen **GLEICHES** oder **ÄHNLICHES** (das dem GLEICHEN nahekommt) zu **identifizieren**. Spätestens jetzt muß jedem klar werden, warum die **Fähigkeit zu VERGLEICHEN dem Überleben dienlich ist**, warum die Natur also die Fähigkeit zu lernen, und damit für Behalten (Gedächtnis) erfinden mußte. Wir wollen dies an zwei einfachsten Beispielen zeigen, denn unser menschliches Gedächtnis hat beide Fähigkeiten integriert: Die Fähigkeit, verschiedene Dinge zu VERGLEICHEN und zu entscheiden, ob wir ihnen schon einmal begegnet sind oder ob wir Ähnliches kennen.

Vergleichs-Fähigkeit: Biene contra Schnecke

Bienen scheinen ein vorzügliches Gedächtnis zu haben: Sie verlassen das Nest, fliegen in der Gegend herum, naschen hier und da, und plötzlich identifizieren sie eine Nahrungsquelle als ergiebig genug, daß auch einige Kolleginnen mitnaschen sollen, auf daß im Stock alle davon profitieren. Was macht die Biene? Wiewohl sie schon eine Zeit unterwegs gewesen sein mag und wiewohl sie schon an dieser und jener Blume gekostet hatte, fliegt sie nun auf dem kürzesten Weg zum Stock und informiert die anderen mittels einer speziellen Tanz-Sprache. Daraufhin LERNEN die Kolleginnen den Weg, von dem die Biene gerade „sprach", und fliegen schnurstracks ebenfalls dorthin. Sie stopfen sich den Wanst voll und fliegen mit ihrer Beute nach Hause. Dann laden sie ab und begeben sich wieder hinaus, und das machen sie so lange, bis diese Quelle nicht mehr ergiebig genug ist. Also müssen sie erstens den Weg von der „Schilderung" her als „Karte" im Kopf speichern, um diese Karte dann abzufliegen. Zweitens müssen sie das mehrmals tun können, wenn die Quelle mehrere Wege sinnvoll macht. Ziemlich gut für so ein kleines Bienenhirn, meinen Sie nicht? Was für uns besonders wichtig ist, ist die Lern-Geschwindigkeit: Die Bienen lernen den Weg SOFORT, sie können ihn SOFORT fliegen.

Übrigens vergessen Bienen genauso schnell. Wenn sie den Weg zu einer Nahrungsquelle für eine Weile unterbrechen, ist es, als hätten sie ihn nie gekannt. Ihr Gedächtnis kann mit unserem Kurzzeit-Gedächtnis verglichen werden. Wenn wir uns eine Telefon-Nummer merken wollen (ohne sie niederzuschreiben), dann fällt es uns am leichtesten, wenn wir sie wiederholt „aufsagen", bis wir gewählt haben. Erfahren wir nun, daß wir uns verwählt haben, und wollen erneut wählen, ist sie in der Regel „weg". So auch bei den Bienen: Solange sie die Strecke zwischen Nest und Nahrungsquelle hin- und herfliegen, so lange bleibt die Erinnerung „wach". Hören sie damit auf, ist dieser Weg für sie uninteressant geworden, und weil sie über KEIN LANGZEIT-GEDÄCHTNIS verfügen, vergessen sie diesen Weg (s. Rand).

Deshalb versetzen Imker Bienenstöcke nachts, wenn die **Bienen** schlafen. Die armen Bienen merken es nie, daß sie „umgezogen worden sind", weil sie ja immer nur kurze Gedächtnis-Inhalte für jetzt-und-gleich aufbewahren können.

Anders bei der Schnecke. Bei ihr dauert es **lange**, bis neue Nervenbahnen im Gehirn gebildet werden, **sie lernt also im Schneckentempo**. Das scheint zunächst von Nachteil zu sein, aber angenommen, eine Schnecke verzehrt ein Salatblatt und 40 Minuten später wird ihr schlecht. Da merkt sie, daß diese Art von Salatblatt für sie nicht bekömmlich ist. Wäre die Erinnerung an das Salatblatt im Bienentempo gespeichert worden, könnte die Zusatz-Info (40 Minuten später wurde mir schlecht) nicht mehr gespeichert werden. Da es jedoch ca. eine Stunde lang dauert, bis die Salatblatt-Nervenbahn für diese Art von Salatblatt sich entwickelt, kann sie die FOLGEN gleich mitspeichern. **Sie kann also aus Erfahrung lernen, damit ihr das nicht wieder passiert – was die Biene nicht kann!** Laborversuche haben eindeutig gezeigt, daß die Schnecke ein solches Salatblatt **nie wieder** fressen wird.

Quelle: nach Manfred SPITZER.

Sicher sehen wir spannende Parallelen zu uns, auch wir bilden manche Erinnerungen sofort, andere dauern länger. Wir können sowohl kurzfristig lernen und anwenden als auch langfristig speichern, allerdings sind es unterschiedliche Prozesse im Gehirn.

Unser „Bienengedächtnis" läuft über eine andere „Schiene" als unser Schneckengedächtnis, aber wir besitzen beide Arten von Erinnerungsvermögen!

Wenn raffinierte Labormenschen sie durch das Spritzen eines Stoffes verleiten, die Folgen desselben für die Folgen des Salatblattes zu halten, was in der Natur eher selten vorkommen dürfte, dann lernt die Schnecke hier einen Irrglauben und meint später fälschlicherweise, es sei der Salat gewesen.

Wir sehen also den direkten Überlebenswert von LERNEN: Wenn die Bienen den Weg zu einer guten Nahrungsquelle nicht lernen könnten, müßten sie immer nur auf Verdacht losfliegen und würden auf lange Sicht weit weniger Gutes finden. Und weil die Schnecke fähig ist, langfristig zu speichern, was ihr gut bekommt, lebt sie gesünder und sicher auch länger.

Und all das wurde nur möglich, durch diesen wichtigen Neuro-Mechanismus, durch unsere Fähigkeit zu VERGLEICHEN!

VERGLEICHEN: Die Geburt der Lern-Fähigkeit?

Beim Neuro-Mechanismus IMITATION stellten wir fest (Seite 81ff.): **Imitations-Lernen** ist **nicht** das Geburtsrecht der meisten Lebewesen, im Gegenteil: Bis auf einige wenige Insekten und Vögel begegnen wir dieser großartigen Lern-Möglichkeit erst wieder bei den „höheren" Tieren, den Primaten: bei Affen und Menschen. Zwar mußte die Natur Lernen erfinden (es ist für das nackte Überleben notwendig), aber sie erfand verschiedene Arten von Lernen. Die Biene kommt mit einem Stundengedächtnis aus (diesen einen Weg zur Futterstelle lernen, weitersagen, mehrmals fliegen), während die Schnecke längerfristig lernen und lebenslang behalten kann, was sie lernt. Aber sie bezahlt einen Preis, ihr Lern-Prozeß dauert weit länger, denn:

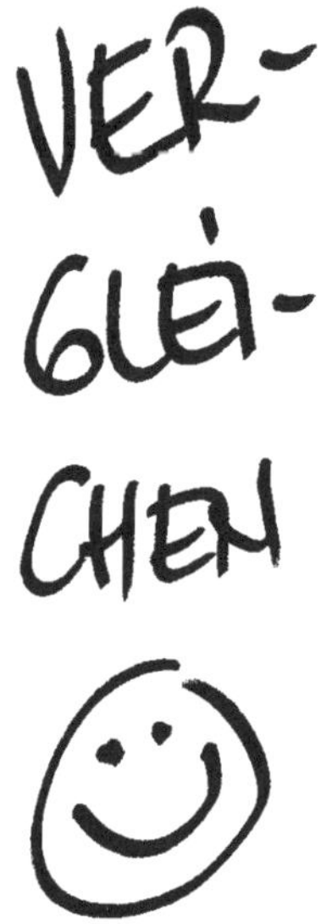

Für langfristiges Lernen müssen **neue** Nervenbahnen angelegt werden, und das dauert immer eine gewisse **Zeit**.

Deshalb sind Aussagen wie „In einer Woche eine neue Sprache lernen" absolut unseriös. Wenn man solchen Behauptungen nachgeht, dann stellt man fest: Entweder hat ein Nachhilfe-Studio Leuten, die in Englisch eine 5 oder 6 hatten, in einer Woche intensiven gehirn-gerechteren Lernens maßgeblich geholfen (aber diese Leute hatten seit Jahren bereits Nervenbahnen angelegt), oder Leute lernen in kurzer Zeit eine **zusätzliche** Sprache, zu der sie bereits „heimliche" Vorkenntnisse haben. Wer Englisch und Deutsch kann, kann auch schon 50% Niederländisch; wer Englisch kann, kann auch schon 50% Latein plus sämtliche „romanische" Sprachen; etc. Da kann man in 6 Tagen (10 Stunden am Tag) immens viel erreichen; es gilt, die relevanten Nervenbahnen zu **aktivieren**, die bereits **vorhanden** sind. Und das **Aktivieren vorhandener Nervenbahnen geht sehr leicht** (vgl. Stadt-Land-Fluß-Effekt!).

nicht ver-gleichen

Will also eine Bären-Mami ihrem Jungen beibringen, wie man einen Fisch fängt, dann lernt das Junge durch Zuschauen und Nachmachen, aber die Bären-Mami muß dem Kleinen immer wieder demonstrieren, muß es manchmal sogar immer wieder „stupsen", bis es kapiert, was gemeint ist. Merke:

> Ohne die Fähigkeit, durch Imitation zu lernen, muß man Dinge viele Male gesehen haben.

Letztlich lernt man durch ständigen VERGLEICH ähnlicher Aspekte, es gleicht also einem „Thema mit Variationen". Dabei lernen Lebewesen „ihre Lektion" durch den Mechanismus des ständigen VERGLEICHENS. Das ist ebenfalls sehr effizient, aber es müssen drei Spielregeln beachtet werden, wenn wir das VERGLEICHs-LERNEN für uns bewußt ausnutzen wollen:

VER-GLEICH

1. Je **schneller** die Variationen folgen, desto schneller können wir das WESEN-tliche abstrahieren und begreifen.
2. Je **geringer** die Unterschiede zwischen den Variationen, desto leichter fällt es uns am Anfang des Lernprozesses. (Man kann sogar 100% wiederholen, also mit null Prozent Abweichung **beginnen**).
3. Je **weiter** der Lernprozeß fortschreitet, desto besser erkennen wir das WESEN der Sache, auch bei großen Abweichungen.

Vgl. *Abstrahieren*, Seite 37.

Somit kann nur derjenige eine Persiflage oder Karikatur goutieren, der das Grund-Modell gut kennt. Und deshalb kann nur derjenige ein Thema mit Variationen genießen, der die Grund-Info beherrscht. Das gilt in der Musik genauso wie in einer wissenschaftlichen Debatte ...

Wir wollen uns dem Konzept des VERGLEICHENS nun über ein WORT-Bild (KaWa©) nähern. Tragen Sie Ihre Assoziationen auf den folgenden Zeilen ein, damit Sie dies anschließend mit meinen VERGLEICHEN können.

Merke: Es bringt nichts, wenn Sie die Aufgabe auslassen ...

V E R G L E I C H

V = ____________________

E = ____________________

R = ____________________

G = ____________________

L = ____________________

E = ____________________

I = ____________________

C = ____________________

H = ____________________

E = ____________________

N = ____________________

Wenn wir ein Thema etwas tiefer „durchdenken" wollen, können wir zu jedem Begriff, der uns ein- oder zugefallen ist, ein **kurzes Statement** schreiben (vgl. meine Erklärungen unten). Falls Sie dies tun wollen, so tun Sie dies bitte jetzt, ehe Sie weiterlesen. Merke: Solche Kurz-Kommentare sind später sehr hilfreich, wenn man KaWa.s© miteinander VERGLEICHEN will. (Dasselbe gilt für ABC-Listen, Skizzen oder was immer wir „anfertigen", um über eine Sache zu reflektieren.) Insbesondere wenn man mehrere eigene WORT-Bilder zum selben Thema miteinander **vergleicht**, die man zu verschiedenen Zeiten angefertigt hat. Bei einem Mal dachte man bei Ent-DECK-ungen vielleicht an das Ent-DECKEN von offensichtlichen **Zusammenhängen**, die man jedoch normalerweise nicht sieht, wenn man sie **nicht** sucht. Bei einem **anderen** Mal könnte man vielleicht an eher **verborgene Verbindungen** gedacht haben. Deshalb sind Kurz-Kommentare so hilfreich, dann kann unser früheres Selbst unserem späteren „sagen", was es damals mit einer Assoziation „gemeint" hatte.

V = VERTRAUT

Auf einer Skala von 0 (völlig fremd) bis 10 (total vertraut) sortieren wir alles, was wir wahrnehmen. Da dies in der Regel unbewußt abläuft, sollten wir lernen, diesen Vorgang bewußt vorzunehmen. Die Erfahrung meiner Seminar-TeilnehmerInnen hat immer wieder gezeigt: Von dem Augenblick an, da wir **beginnen**, dieses ständige innere Ver-GLEICH-en bewußt zu registrieren, können wir es immer präziser als Teil unserer **Denk-Instrumente** einsetzen.

Wenn wir diesen Sortierprozeß bewußt vorzunehmen lernen, dann gewinnen wir ganz nebenbei, also wieder einmal „SPIEL-erisch", ein **Lern-Werkzeug** erster Güte.

Eine hilfreiche Frage, die wir uns jederzeit stellen können, lautet: **Sehe ich Ver-BIND-ungen zu anderen Dingen, die ich kenne?** In dem Augenblick, in dem wir erkennen können, wie eine Sache mit anderen **verbunden** ist, gewinnen wir wertvolle Einsichten (die wir ohne diese Frage nicht gewonnen hätten).

> Solche Erkenntnisse sind eine echte Be-REICH-erung im Gegensatz zur geistigen Ver-ARM-ung durch Pseudo-Lernen (Pauk-Prozesse).

Deshalb ist eines der wichtigsten Stichworte (im KaWa© zu VERGLEICHEN): **VARIATION**. Wenn wir begreifen, daß vieles, was wir wahrnehmen, als **THEMA MIT VARIATIONEN** gesehen werden kann, wird es spannend. So wie wir ein musikalisches Thema weit besser begreifen, wenn wir einige Variationen hierzu gespielt (oder zumindest mehrmals aufmerksam gehört) haben, so auch hier:

> Wir können jedes Wissens-Thema, jede Art von Informationen, im Sinne von Thema mit Variationen „spielen".

Deshalb sollten wir ja versuchen, so oft wie möglich jene „magischen" 7 Punkte (Kügeli) für Lernprozesse zu erreichen, damit es ein SPIEL werden kann! Und VERGLEICHE sind spannend (wahrscheinlich, weil das VERGLEICHEN einer der grundlegendsten Neuro-Mechanismen ist). Dies ist insbesondere dann wichtig, wenn wir Menschen in ein für sie noch neues Wissens-Gebiet führen wollen.

Erinnerung: SPIEL = Lernen passiert einfach immer, wenn es spannend ist.

Wenn wir jedes Thema als Thema mit Variationen „spielen" können, so auch das Thema Lernen, so können wir z.B. zwei grundsätzliche Lern-Arten als entgegengesetzte Enden eines Spektrums betrachten:

Das Ziel klassischer Schul-Prüfungen besteht leider nur allzu oft im „Herunterbeten" gebüffelter Fakten. Das Ziel des gehirngerechten Vorgehens besteht im Gegensatz dazu im **Begreifen** dessen, was uns als Information oder „Wissen" angeboten wird.

Und eine der schnellsten Möglichkeiten, mit dem Denken zu beginnen, das bald zu Einsichten führen wird (Voraussetzung für Begreifen), ist der **VERGLEICH**! Dabei können wir alles VERGLEICHEN, was uns angeboten wird, vom Schulstoff bis zu den Zahlen, die von der Regierung in der Presse eher versteckt als veröffentlicht werden (weil ja so gut wie niemand sie **in Beziehung** zu irgend etwas **setzt**).

Natürlich entscheiden Sie, was Sie in den Bereich von BILDUNG alles hineinnehmen wollen, z.B. Universitäten, Volkshochschulen, Seniorenkurse, Bibliotheken, Steuerfreiheit bei Lernmitteln etc. Aber Sie müssen auch entscheiden, ob Sie nur das nackte Kampfflugzeug in den VERGLEICH einbeziehen oder das THEMA (inkl. Ausbildung der Piloten, ebenso wie deren extrem teuren Spezialuniformen und -helme). Wer einmal beginnt, den Mechanismus des VERGLEICHENS bewußt einzusetzen, merkt bald, wie viele andere Aspekte wichtig sind, und lernt durch Tun (hier: durch Denken) immer besser zu denken. Leider findet dies (noch) **weitgehend** außerhalb der Schulen statt ...

VERGLEICHEN-des Denken

1. Wenn wir in der Zeitung lesen, wieviel ein Land für **ein einziges Kampfflugzeug** ausgibt und diese Zahl mit der Summe VERGLEICHEN, die man im selben Land für die Erziehung (Kindergarten, Grundschule) und Bildung **von 1000 Kindern aufwendet**, dann sehen wir, was diesem Land ein Kind „wert" ist und wie hoch dieses Land den WERT von Bildung für zukünftige Bürger einer Wissens-Gesellschaft einschätzt (allen Lippenbekenntnissen der Politiker zum Trotz). Oder:
2. Bringen Sie in Erfahrung, **wieviel Geld Ihr Wohnort** (Ihre Gemeinde) **in Kinder und Jugendliche investiert** (z.B. in Kinderspielplätze und Orte, an denen Jugendliche sich aufhalten können, um dort zu kommunizieren, zu spielen, gemeinsam zu lernen etc.). Falls Sie es schwierig finden, die Zahlen zu erfahren, lernen Sie einiges darüber, welchen WERT unsere „Oberen" Bürgern beimessen, die z.B. anrufen, um solche Dinge zu erfahren. Schließlich ist es ja unser Steuergeld, nicht wahr? Und wir sind eine Demokratie, oder? Und es müßte möglich sein, daß jeder Bürger solche Dinge erfahren kann, insbesondere in seiner Heimatgemeinde, oder?

   Nun **VERGLEICHEN Sie diese Zahlen mit jenen**, die man für das **Jagen und Fangen** (jugendlicher) **Krimineller** auszugeben bereit ist, inkl. der Heime und Gefängnisse sowie aufwendiger Reha-

Maßnahmen für diese Jugend, die einem zuvor kein Geld „wert" war. (Da waren sicher Parkplätze und andere lebensnotwendige Dinge für die Gemeinschaft wichtiger, gell?) So lernen Sie einiges! Und vergessen Sie bitte nicht, daß das rechtsradikale Spektrum Kinder und Teenager bevorzugt **mit Spiel- und Sportmöglichkeiten** (und Kinderfesten) anlockt, „ihnen dann ein geschlossenes Weltbild anbietet, ein klares Feindbild **gegen** eine demokratische, tolerante Gesellschaft und deren Außenseiter beipackt und die jungen Leute sektenartig abschottet" (wie neulich ein Fachmann im Fernsehen sagte). Plötzlich wachen wir auf, weil viele der dort eingegliederten Kinder und Teenager (inzwischen erwachsen) in unserer Gesellschaften „auftauchen" und alle so tun, als seien sie ohne jede Vorwarnung aus dem Nichts gekommen (zumindest erzählen uns das dann Entscheidungsträger und Politiker, die früher Parkhäuser wichtiger fanden als gute offene Plätze für unsere Jugend!). Ich bin immer wieder erstaunt, über das angebliche Erstaunen dieser Leute (s. Marginalie, Seite 146 oben).

3. Wenn Sie **die letzte Zahl mit der ersten oben VERGLEICHEN**, dann gewinnen Sie weitere Einsichten. (Achtung, es könnte Ihnen schlecht werden. Aber solange die „normalen" Bürger sich mit solchen Zahlen nicht befassen, werden sie auch nichts unternehmen!)
4. Oder **VERGLEICHEN Sie**, wie viele junge Leute eines Landes auf die **Universität** gehen mit der Anzahl jener, die im **Gefängnis** landen. In den USA sind es bei den Schwarzen mehr, die im Gefängnis landen, weil man **vorher** (siehe Punkt 2) **nichts** für sie auszugeben bereit war. Merke: Wenn sie von **Chancengleichheit** reden (und das tut man dort auch), dann muß man die „bildungsfernen" Familien durch besonders gute **Kindergärten** und **Grundschulen** fördern. Amerikaner investieren aber in diesen Bereich noch weniger als Deutsche, so daß nur Leute mit Geld ihren Kindern gute Bildungschancen bieten können. Wenn Sie bedenken, daß die schwarzen Jugendlichen in Gefängnissen im statistischen Schnitt weniger als 7 Schuljahre geschafft (und die oft nicht „ge-

Natürlich entscheiden Sie, was Sie in den Bereich von BILDUNG alles hineinnehmen wollen, z.B. Universitäten, Volkshochschulen, Seniorenkurse, Bibliotheken, Steuerfreiheit bei Lernmitteln etc. Aber Sie müssen auch entscheiden, ob Sie nur das nackte Kampfflugzeug in den VERGLEICH einbeziehen oder das THEMA (inkl. Ausbildung der Piloten, ebenso wie deren extrem teuren Spezialuniformen und -helme). Wer einmal beginnt, den Mechanismus des VERGLEICHENS bewußt einzusetzen, merkt bald, wie viele andere Aspekte wichtig sind, und lernt durch Tun (hier: durch Denken) immer besser zu denken. Leider findet dies (noch) **weitgehend** außerhalb der Schulen statt ...

Bestes Beispiel: Sie konnten ja nicht ahnen, daß die Bevölkerungs-Pyramide sich auf den Kopf stellt, wenn man jahrelang eine kinderfeindliche Politik betreibt, weil Kinder noch nicht zum Stimmvieh gehören und man gleichzeitig notwendige Einwanderungen verhindert, bei denen man dafür sorgt, daß man die Leute anwirbt, die unsere Gesellschaft braucht (wie Amerika, Kanada, Australien u.a. Gesellschaften).

Wir haben begriffen, daß es sinnvoll ist, statt von Ex-DDR-Ländern von den „**neuen** Bundesländern" zu sprechen, weil das der Integration förderlich ist. Aber die Idee, Menschen, die bei uns wohnen und arbeiten, als Neu-Deutsche zu bezeichnen, das wäre doch eine Idee, oder?

schafft") haben, dann denken Sie bitte nicht: „Amerika ist weit weg." Sie können ähnliche VERGLEICHE mit jenen Bevölkerungsgruppen bei uns anstellen, die aus Verzweiflung in **radikale Gruppen** abdriften, das sind unsere benachteiligten Volksgruppen, wie neben „bildungsfernen" Deutschen, z.B. die Kinder der „Reichsdeutschen", die nach Jahren immer noch ihre slawischen Sprachen sprechen und in den Wohnorten ausgegrenzt werden. Hier wächst eine Zeitbombe heran, diese jungen Leute verschwinden heute noch in einem Schulsystem, in dem sie versagen (müssen), aber wenn sie in eine Gesellschaft entlassen werden, die sie nicht will und keine Arbeitsplätze für Ungelernte hat, was wird dann geschehen? Darüber sollten Politiker im Vorfeld nachdenken, nicht erst, wenn die Bombe platzt ...

5. Sie können **statt Zahlen auch Begriffe VERGLEICHEN**. Das beste Gymnasium Schwedens in Stockholm hat 80% Ausländerkinder – bei uns wäre das fast schon eine Garantie für eine „schwierige" Schule (die „Überfremdung" ist „schuld"). Dabei kommen die Einwanderer in Schweden aus vielen Ländern, viele aus afrikanischen; sie sprechen eine Vielzahl von Sprachen (die schwedische Lehrer natürlich nicht beherrschen), wenn sie die schwedischen Schulen zu besuchen beginnen. Viele der Einwandererkinder sind Jugendliche, wenn ihre Familien nach Schweden kommen, also konnte man sie nicht als Kleinkinder integrieren. Aber diese ausländischen Kinder und Jugendlichen kommen nach kurzer Zeit genauso gut mit wie jedes Schwedenkind. Warum? Nun, VERGLEICHEN Sie, wie man sie **nennt**! Bei uns sind es „**Ausländer**(kinder)", dort sind es „**Neu-Schweden**" (s. Rand).
6. Oder **VERGLEICHEN** Sie die Zahlen (**wer Arbeitsplätze in Deutschland schafft**), dann werden Sie mit Erstaunen feststellen, daß bei uns in Deutschland prozentual die Türken siegen (also doch Neu-Deutsche?). Nein hier sind keine Döner-Buden gemeint (die managen sie meist als Familienbetrieb), sondern **Läden, Firmen, Unternehmen**! Junge Türken sind weit williger, eine Firma zu grün-

den, unternehmerisch zu denken, Risiken einzugehen und Arbeitsplätze (davon viele für Deutsche) zu schaffen, als Deutsche. Bei Türken entspricht die Statistik eher der in Amerika (wesentlich mehr wollen sich selbständig machen oder eine eigene Firma gründen), während Deutsche eher Sicherheit suchen und Beamte werden wollen. Sie sehen, wie lehrreich es sein kann, bewußt zu VERGLEICHEN!

7. Vielleicht **VERGLEICHEN** Sie die **Anzahl von Jugendlichen, die die Oberschule schaffen**, mit der Zahl derer, die dann tatsächlich studieren, und der Zahl jener, die ihr (kostenloses) Studium beenden. Dann VERGLEICHEN Sie diese Zahlen **in verschiedenen Industrie-Nationen**, inklusive Deutschland, mit denen in **Finnland**, **Schweden** und **Dänemark**! Jetzt verstehen Sie, daß FINNLAND **nicht zufällig PISA-Sieger** wurde. Dort schaffen inzwischen knappe 70% der jungen Leute die Hochschulreife, während wir jedes Jahr mehr junge Leute in die Arbeitswelt entlassen, die nicht einmal „lehrfähig" sind, also nicht einmal eine Lehrstelle bekommen – aufgrund mangelnder Leistung in Lesen, Schreiben, Rechnen und mangelnder DENK-Fähigkeit. So machen wir unsere Jugend fit für die Wissens-Gesellschaft der Zukunft, in der maximal 20% der Jobs an Ungelernte vergeben werden. Wir sind immer noch ein Industrie-Land, während Finnland sich als LERN-LAND definiert!

Da können wir in der Lernwüste Deutschland nur staunen. Übrigens war auch Finnland ähnlich geschädigt wie wir (in den 1980ern), aber dort hat man die Weichen für die Zukunft gestellt und inzwischen eine ganze Nation umgepolt. Wann fangen wir damit an?

8. Zuletzt lade ich Sie ein: **VERGLEICHEN** Sie, wieviel Quadratmeter das Gesetz einem **Hund** zugesteht und wieviel man für ein Kind bereitstellen muß, dann verstehen Sie sofort: **Bei uns haben Hunde eine weit bessere Lobby als Kinder.**

Wenn Sie einige konkrete Zahlen hierzu interessieren, s. LEHRER-FORUM auf **www.birkenbihl.de** (s. Seite 261).

Da Schule in den ersten 10 Schuljahren in der Regel nicht lehrt, wie man Info (z.B. Zahlen) „lesen" (interpretieren) muß, bedeuten solche Zahlen den meisten BürgerInnen nichts. Und das ist eines der zentralen Probleme eines Schul-Systems, in dem Infos, Fakten oder Ideen nicht automatisch „zum Vergleich freigegeben" werden. Merke:

Solche Einsichten können weder gelehrt noch gepaukt werden, man muß sie **erwerben**! Und man erwirbt sie, indem man **VERGLEICHE** anstellt und **Schlüsse zieht**!

Denken Sie auch an andere Strategien in diesem Buch, die das VERGLEICHEN nutzen, vom Vergleichen einfacher ABC-Listen und KaWa.s© über das Vergleichen selbst-gefundener Metaphern bis zu Vergleichen von Zitaten etc.

Die Fähigkeit zu ständigem bewußtem Vergleichen kann mit dem Radfahren verglichen werden (Sie sehen, daß ein Vergleich uns helfen wird, etwas zu verstehen): Man muß es zuerst lernen, die Anfänge sind ein wenig mühsam, bis man gelernt hat, die Balance zu halten, aber wenn man es einmal kann, kann es nicht mehr ent-lernt werden! Als ich ein Kind war, mußten wir mit gigantischen Erwachsenenrädern, die fast so viel wogen wie wir selbst (auch ein Vergleich!), mühselig Balance halten. Stürze waren häufig und „gehörten dazu". Heutige Fahrräder wiegen nur Bruchteile, sie sind wesentlich handlicher (z.B. weil Lernende vom Sattel aus den Boden erreichen können) und es gibt sogar kleine Stützräder. Das sehe ich als hervorragende **Metapher** für **das Erlernen von VERGLEICHs-Techniken**.

VERGLEICH-e schulen das Denken

Ich kann nicht genug betonen, wie wichtig das neue Video von Reinhard KAHL zu diesem Thema ist: *Treibhäuser der Zukunft*.

Wenn wir **Zahlen** VERGLEICHEN und feststellen, daß unsere Politiker lieber viel mehr Geld ausgeben, um kriminelle Jugendliche zu suchen, fangen, einzusperren oder zu rehabilitieren, als im Vorfeld für Jugendzentren, auf daß viele gar nicht kriminell werden „müßten", dann begreifen wir die **unausgesprochenen Spielregeln „dahinter"**: Kampf **gegen** Kriminalität bringt Stimmen, Prävention **nicht**. Wir sind nämlich eine (weitere) Nation, deren Politiker (allen Lippenbekenntnissen zum Trotz) unsere Kinder und Jugendlichen nicht besonders schätzen. (Boshafte Zungen meinen, sie können ja auch noch nicht wählen, oder?)

VERGLEICHS-SPIELE

Jede Art von Vergleichs-Spiel ist hilfreich (das Lerner-Buch *Trotzdem LERNEN* enthält eine Reihe davon, um erste Anregungen zu geben). Weitere Vergleiche entwickeln sich erfahrungsgemäß sehr bald „von alleine". Ein konkretes Beispiel, bei dem wir **dasselbe VERGLEICHEN** finden Sie unter „W" (Seite 155f.). Desweiteren fallen alle **Themen mit Variationen** in diese Kategorie: Wir schärfen unsere Wahrnehmung. Beginnen wir ruhig mit Musik, aber man kann jedes Thema spielen, auch Wissen, Ideen, etc.

35. VOR-ANKÜNDIGUNG

Diesen Trick habe ich den TV-Leuten abgeschaut. Dort mußte ich immer wieder feststellen, daß mich eine Vorankündigung in einer Doku- oder wissenschaftlichen Sendung motivierte, für die Länge des Werbeblocks „dabeizubleiben", nur weil ich sehen wollte, was hier versprochen worden war. Leider kommt nach 12 Minuten Werbung oft nur eine 70-Sekunden-„Sendung", womit ich mich als Seherin betrogen fühle. Daraus können wir zweierlei lernen:

1. **Ankündigungen können die Leute motivieren, eine „trokkene Strecke" durchzustehen, wenn sie Interesse am Versprochenen haben, aber:**
2. **Wir müssen ehrlich sein.** Eine ganze 45-Minuten-Unterrichts-Stunde Latein (wie mir neulich ein Schüler erzählte) mit dem Versprechen zu „überbrücken", nachher mit den Schülern einen „scharfen" Studentensong zu de-kodieren und diesen dann zu verteilen (Dauer des Austeilens 30 Sekunden) ist genauso unfair wie die Masche der TV-Macher! Aber es kann durchaus funktionieren, den SchülerInnen ein „unangenehmeres Kapitel" zu „verkaufen", mit der Ankündigung einer Tätigkeit, die sie lieben, wenn diese mindestens 10 % der Zeit dauert (also in unserem Fall 4 bis 5 Minuten), das empfinden die Schüler als fair, wie auch ich den Werbeblock geduldig ertrage und auf eine echte Info danach warte!

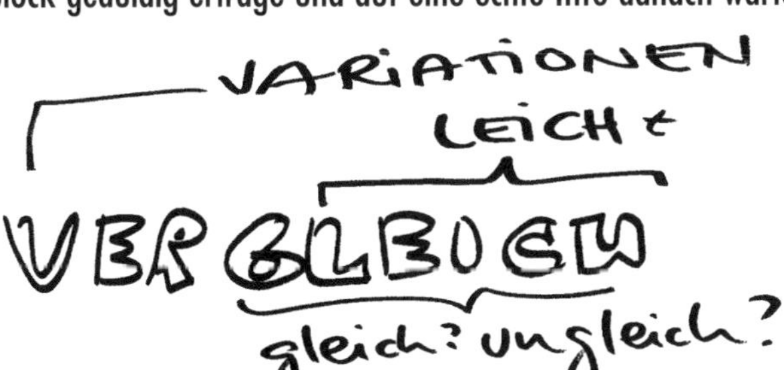

36. WESEN-tliches suchen

Beginnen wir mit einem **Mikro-WQS**:
Bitte definieren Sie den Begriff „wesentlich":

Erinnerung: Mikro-WISSENs-Quiz-Spiele enthalten nur 1 bis 2 Fragen, deren Beantwortung aber durchaus ausführlich (ange-REICH-ert) sein kann.

Wenn Sie ähnlich denken wie die meisten meiner Seminar-TeilnehmerInnen, dann deutet Ihre Definition an, daß es um „Wichtiges" geht, wenn wir „Wesentlich" sagen ... Ich liebe die Definition des Begriffes „wesentlich" von Winfried d'AVIS, demgemäß eine „wesentliche" Info uns etwas über das WESEN der Sache sagen muß! Eine Erklärung ist also nur so wertvoll wie der Grad an Einsicht, den sie uns vermittelt. Ich fand diese Definition so wunderbar, daß ich den Begriff seither „WESEN-tlich" schreibe, damit wir immer daran erinnert werden: Wenn wir nichts über das WESEN einer Sache erfahren, dann ist es eben nicht WESEN-tlich.

Zwar wollen wir in diesem Modul den Neuro-Mechanismus verstehen, aber diese Mechanismen sind natürlich miteinander verbunden, deshalb möchte ich daran erinnern, daß der Neuro-Mechanismus des ständigen **VERGLEICHEN**s ebenfalls weitgehend unbewußt (und daher von unserem Geist unbemerkt) mitspielt. Um aber zwei oder mehrere Dinge miteinander zu vergleichen, müssen wir **UNTERSCHEIDEN** können. Diese **UNTERSCHEIDUNGEN** wiederum sind abhängig von (meist) unbewußten **Denk-Kategorien**. Ich erzähle seit 30 Jahren hierzu eine Mini-Story, die das Prinzip wunderbar illustriert:

> Er und sie in der Küche (er will die Weinflasche entkorken). Er steht mit der Flasche vor dem Fenster, da fällt sein Blick auf die Straße (3 Stockwerke tiefer). „Mensch", ruft er, „da unten geht die Frau,

die der Bill so liebt!" – „Was?", sagt sie, rennt zum Fenster: „Wo? Wo?" Er: „Da unten, kam gerade aus der Bäckerei, die mit dem roten Schal ...". Darauf sie erbost: „Du Depp, das ist doch SEINE Frau!"

Denk-Kate-gorien

Wie ich schon 1975 (in *Kommunikationstraining*) aufzeigte, finden wir einen Witz umso lustiger, je **weiter** zwei darin enthaltene **Denk-Kategorien** voneinander **entfernt** sind (in unserem Kopf). In dieser Story geht es um eine erste Denk-Kategorie für „Frauen, die geliebt werden" und eine zweite für „Ehefrauen". Je weiter diese beiden Kategorien in unserem Kopf voneinander entfernt sind, desto witziger wirkt die Pointe. Männer lachen meist lauter und länger als Frauen ...

Worum es mir bei der Story vor allem geht, ist die Tatsache, daß solche **Denk-Kategorien** in der Regel **unbewußt** bleiben, da die Schulbildung meist wenig dazu beiträgt, Menschen zu helfen, sie zu erforschen.

Diese Denk-Kategorien sind jedoch enorm wichtig, wenn es gilt, das **WESEN-tliche** einer Sache zu „finden". Und da wir einerseits ein tiefes (genetisch gegebenes) Bedürfnis danach haben, herauszufinden, was „wichtig" ist, andererseits jedoch in der Schule meist keine notwendigen Denk-Tools dafür kennenlernen (welche die Not WENDEN würden), leiden viele Menschen, ohne zu wissen, warum.

Ein hervorragendes Denk-Tool sind FRAGEN (Seite 70ff.).

Sie können keine klaren Ziele für ihr Leben definieren (weder kurz- noch mittel- oder langfristige). Sie haben Probleme, ihre Prioritäten zu „finden" (was u.a. zu gravierenden Problemen beim sogenannten Zeit-Management führt), sie können den SINN nicht finden – weder den Lebenssinn, noch können sie die Bedeutung (also den Sinn) von Nachrichten, Botschaften, Mitteilungen (und Texten) entschlüsseln. Denn es fehlen die Schlüssel, und das sind die Denk-Kategorien! Deshalb leiden viele Menschen heutzutage echte Not, denn noch nie gab es so viele Informationen wie heute, im Klartext:

DIE LEUTE haben ANGST VOR Infos ...

Vgl. auch die Abschnitte *HIERARCHISIEREN Sie!* (Seite 76ff.) und VERGLEICHEN (einige Fallbeispiele für VERGLEICHENDES DENKEN, Seite 144ff.) sowie den Abschnitt *IMITATION* (Seite 81ff.) – sie alle tragen mit dazu bei, das WESEN einer Sache zu erfassen.

Fallbeispiel: Informations-FLUT?

Meine Seminar-TeilnehmerInnen beklagen seit Jahren die **Informationsflut**. Deshalb schuf ich die Metapher vom Fisch, der im Wasser deshalb nicht ertrinkt, weil er Kiemen hat. Mit ihrer Hilfe filtert er das für ihn WESEN-tliche aus dem Wasser heraus, so konnte Wasser zu seinem Lebens-Elixier werden.

Wenn die Kiemen des Fisches nicht richtig funktionieren, ertrinkt er! Für Menschen ist es ähnlich: Information ist **unser** Lebens-Elixier, aber auch wir benötigen (metaphorische) **Kiemen**. Nur wenn diese nicht funktionieren, „ertrinken" wir in der Informationsflut. Unsere Kiemen helfen uns also, das WESEN-tliche „herauszufiltern". Und die Kategorien, in denen wir denken, sind der „Stoff", aus dem die Kiemen „gemacht" sind, damit wir ent- und unter-SCHEIDEN können (z.B. was WESEN-tlich ist). Sie sind der Maßstab, mit dem wir Be-WERT-en (einen Wert beimessen), und sie helfen uns, auch Informationen von Exformationen SCHEIDEN zu können (siehe unten).

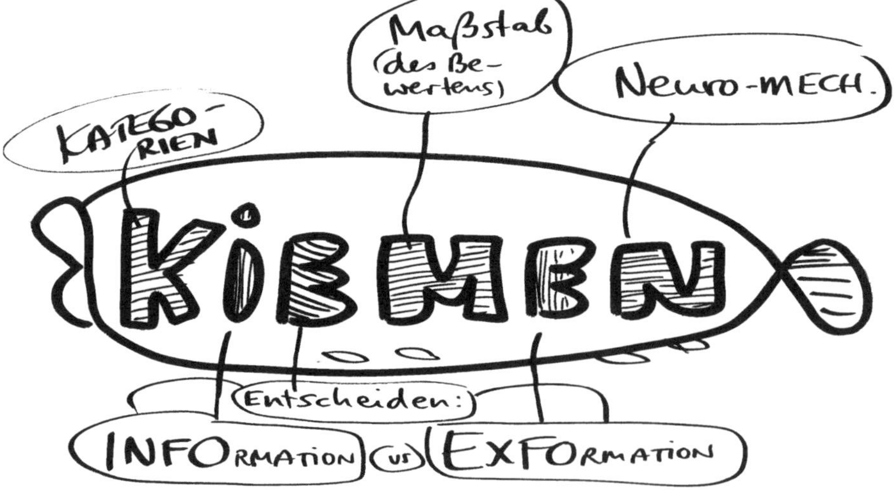

Erinnern wir uns an die wunderbare Definition für „wesentlich" von d'AVIS (siehe **Rand**). Diese WESEN-tliche Einsicht in **das WESEN des WESEN-tlichen** verbinde ich gerne mit der berechtigten kritischen Forderung Neil POSTMANs, der darauf hinweist, daß **die meisten Nachrichten keine** sind. Er zitiert (in: *Wir amüsieren uns zu Tode*) die (in den Fernseh-News) brennende Lagerhalle und weist darauf hin, daß diese genaugenommen für uns Null Nachrichtenwert besitzt. Um mit d'AVIS zu sprechen, können wir konstatieren:

Winfried d'Avis (*Der informierte Mensch*): Eine Information ist dann wesentlich, wenn sie uns etwas über das Wesen der Sache sagt.

Der Wert einer Nachricht liegt im WESEN-tlichen der Botschaft.

Null Nachrichten-WERT

Das heißt: Solange die Meldung uns lediglich mitteilt, **daß** es gebrannt hat, **wann** der Brand begann, **wem** die Lagerhalle gehört, **wie viele** Gebäude zu Schaden kamen, **ob** und **wie viele** Menschen verletzt (getötet) wurden etc., **erfahren wir genaugenommen nichts WESEN-tliches** über Feuer, Lagerhallen oder Feuer in Lagerhallen. Demzufolge ist diese Nachricht de facto keine. Leider zeigen Experimente immer wieder: Wenn ich TeilnehmerInnen auffordere, bei Nachrichtensendungen Notizen zu machen (und mir diese zu faxen), dann wird die brennende Lagerhalle mit ihren „Informationen" immer brav notiert.

Ähnlich akribisch halten die Leute Pseudo-Nachrichten von brennenden Flugzeugen, Autos, einem Zug etc. fest, bzw. wenn Flugzeuge, Autos und Züge in Unfälle verwickelt waren. Die Menschen merken es überhaupt nicht, daß diese INFORMATIONEN ihnen null „Service" bieten, daß sie dadurch nichts gelernt haben, was ihnen weiter hilft, daß sie keinerlei Einsicht gewonnen hatten durch diese Botschaft. Und damit kommen wir zu der dramatischen Verwirrung zwischen Informationen und Exformationen.

Der Begriff der **Exformation** stammt von NØRRETRANDERS, dessen Buch *Spüre die Welt* ich seit Jahren für eines der besten Bücher über Bewußtsein halte, das je geschrieben wurde (und ich habe einige gelesen!).

Es ist traurig, daß **die meisten Menschen keine Filter gegen diese Art von Info-Müll besitzen.**

Sie glauben, weil die Meldung in den Nachrichten als „news" auftaucht, müsse sie auch Nachrichten-WERT besitzen.

Würde unser Schulsystem uns im Erkennen von WESEN-tlichem ausbilden, dann würden nicht Millionen Menschen über die Info-Flut klagen, sondern froh sein, daß es heute mehr Info als je zuvor gibt. Infos, die uns im Einzelfall extrem nützlich sein können, wenn wir das für uns WESEN-tliche herausfiltern könnten ...

Dasselbe gilt für Aussagen im Alltag. Da lesen wir viele Seiten in Artikeln oder Sach-, Text- oder Fachbüchern und wundern uns, daß wir uns kaum etwas „merken" können, ohne zu begreifen, daß die Texte oft auch kaum Be-MERK-enswertes enthielten.

Nicht alles Be-MERK-enswerte muß immer WESEN-tlich sein, aber alles WESEN-tliche müßte be-MERK-enswert sein, so daß wir WESEN-tliches bewußt registrieren und leicht MERKEN könnten – wenn wir es aus der Flut von Un-WESEN-tlichem herausfiltern!

Vgl. auch Ver-GLEICH-en (Seite 136ff.).

Das ist unsere Fähigkeit zu vergleichen und zu differenzieren. Das folgende SPIEL hilft uns, diese Fähigkeit zu entdecken und zu trainieren.

37. WIEDERHOLUNGEN (ein Spiel)

Nehmen wir an, Sie befassen sich **wiederholt mit derselben Sache**. Ob Sie immer wieder zu einem Thema ABC-Listen oder KaWa.s© anlegen oder ein tollen Aphorismus mehrere Tage lang täglich mehrmals lesen ... Es wird Sie erstaunen, wie unterschiedlich Ihre Assoziationen zu unterschiedlichen (Tages-)Zeiten sein können. Denn diese hängen ja immer davon ab, **womit Sie sich derzeit beschäftigen**.

Je unterschiedlicher **Ihre eigene geistige Arbeit** abläuft, desto unterschiedlicher werden **Ihre Assoziationen** auf die **gleichen** Stimuli (z.B. Gedanken, Zitate, Spielfilme, Dokus, Gemälde, Lieder etc.) sein.

Wenn jemand immer in denselben Denk-Rillen „hin- und herfährt", ohne Neues zu entdecken, dann sind **seine Assoziationen zwangsläufig jedesmal ähnlich.** Solche Menschen behaupten gerne, **mehr-**

mals dasselbe (z.B. zu lesen) sei **langweilig**. Kein Wunder, wenn sie dabei jedesmal dasselbe denken müssen!

Die Langeweile besteht nämlich im eigenen Kopf ... Solche Leute wollen weder einen guten Spielfilm mehrmals sehen noch einen guten Vortrag mehrmals genießen, weil sie immer vorschnell behaupten: „Kenn' ich schon." Wer aber einmal den Versuch gemacht hat, **sich einer Sache mehrmals auszusetzen**, und wer REICH-haltige Schätze im Inneren besitzt, von denen jeweils andere Aspekte sich heute „angesprochen" fühlen, oder wer in der Zeit seit dem „letzten Mal" neue Erfahrungen gemacht hat, wird das angeblich „Selbe" jedesmal anders erfahren. Wie es um Sie steht, können Sie beim folgenden Spiel an Ihren eigenen Assoziationen „ablesen". Je reichhaltiger Ihr eigenes Innenleben, desto reichhaltiger die assoziative Ausbeute, wenn Sie später vergleichen und zusammentragen.

LANGE-
WEILE

JOY

Das JOY-Wiederholungs-SPIEL

Quelle: W. Brough JOY: *Joy's Way – a Map for the Transformational Journey.* 1979, J.P. Tarcher, Inc., Los Angeles, USA

Ich begegnete der Idee zum ersten Mal vor über 20 Jahren und habe die Übung in speziellen Workshops eingesetzt. Es ist unglaublich, was passiert. Aber zuerst das Vorgehen:

Wählen Sie ein **Musikstück**, das Sie noch nicht (oder maximal **einigermaßen**) zu kennen glauben. Als Pop-Fan wollen Sie vielleicht die kleine Nachtmusik (Mozart) hören, als Mozart-Fan u.U. einen Song aus einem modernen Musical. Vermeiden Sie extrem einfache Stücke, manche Schlager oder Pop-Songs sind oft so flach, daß das Stück dem Geist so gut wie nichts bieten kann. Nun gilt es, dieses Stück mehrmals zu hören, und zwar unmittelbar hintereinander.

Später können Sie auch als Variation probieren, was sich in Ihnen abspielt, wenn Sie das Experiment über mehrere Tage verteilen.

Der Erfinder dieser Übung, ein amerikanischer Arzt namens J. Brough JOY (hier ist Nomen Omen) veranstaltet Bewußtseins-Entfaltungs-Seminare. Er beschreibt diese Übung (ich paraphrasiere aus dem Gedächtnis):

> Beim ersten Hören finden die Teilnehmer es fesselnd und aufregend (...) beim zweiten Mal hören sie zwar noch zu, aber sie beginnen

Ge-
wöhnung

bereits, einige Stellen geistig vorwegzunehmen und manche Passagen aus dem bewußten Hören auszuschließen, die Gedanken schweifen also bereits ab. Dieser Effekt verstärkt sich beim dritten Mal. Jetzt sind die meisten akut gelangweilt, sie hören nur noch halb hin und nehmen weit weniger wirklich wahr. In der Psychologie nennt man diesen Prozeß **Gewöhnung**. Ihn müssen wir bewußt überwinden, wenn wir unser Bewußtsein aktualisieren (oder gar erweitern) wollen. Denn der Gewöhnungs-Mechanismus hilft uns, alles auszufiltern, was derzeit **nicht** wirklich wichtig zu sein scheint, und Bekanntes, das sich nicht als Gefahr erwiesen hat, wird zunächst weggefiltert. Wir müssen uns also bewußt darum bemühen, trotzdem wieder (weiter) wahrzunehmen. Nachdem ich das erklärt habe, lasse ich das Stück ein viertes Mal laufen und jetzt vernehmen viele es „wie zum ersten Mal". Sie entdecken tausende von feinen Aspekten und Details, die Sie bisher noch gar nicht wahrgenommen hatten und ab jetzt können sie das Stück jedesmal wieder „wie neu" hören, weil sie lernen, den Gewöhnungs-Mechanismus auszuschalten ...

Das unterscheidet einen Vortragenden, der wirklich **bewußt im Hier und Jetzt ist**, während er vorträgt, von einem, der „seine Schau" abzieht, äußerlich immer gleich, aber innerlich passiert nichts mehr. Die Erregung über etwaige Einsichten ist gespielt oder nicht einmal das. Da wundert man sich dann, wenn SchülerInnen die Füße einschlafen, wenn der Referent sich selber langweilt ...

Übrigens bewirkte dieses Buch, daß auch ich damals aus der üblichen „Kenn-ich-schon-Routine" gerissen wurde und **lernte, Wiederholungen zu schätzen**. Sowohl solche, denen man sich als Leser/Hörer „aussetzt", als auch die, die man als Sender erlebt, wenn man gewisse Informationen wieder und wieder von sich gibt – wie alle Lehrenden es ja regelmäßig tun. JOY beschrieb auch, daß sein eigenes mehrmaliges Vortragen derselben Infos für ihn jedesmal „wie neu" war, daß er sich jedesmal an faszinierenden Gedanken erfreuen konnte, daß er jedesmal die Erregung bei gewissen Einsichten erlebte, usw.

Variationen

1. **Man kann auch mit Texten experimentieren** und ein und dasselbe **Prosa-Stück** mehrmals lesen oder hören, z.B. ein Gedicht (oder einen Ausschnitt aus einem langen Stück, wie den Prolog im ersten Teil von GOETHEs Faust) in dieser Weise „bearbeiten".

Ich habe so manchen guten Vortrag im Laufe der Zeit 50-mal gehört und bei den letzten 10 Malen noch neue Aspekte (Details) ent-DECK-t ...

2. **Oder Sie nehmen sich ein Bild vor** (z.B. GUERNICA von Picasso) und betrachten es immer wieder einmal, jeweils einige Minuten lang, ununterbrochen.

Bei jedem Durchgang wäre es gut, anschließend Kommentare über heutige Einsichten und Ent-DECK-ungen zu notieren. Es lohnt sich überhaupt, eigene Assoziationen aufzuschreiben, wenn wir wieder einmal einen DECK-el gelüftet haben ...

38. WQS – Wissens-Quiz-Spiele

Fallbeispiel: MINI-WQS mit fünf (geschichtlichen) Fragen

Wieder einmal eine kleine Demonstration: ein konkretes WQS.

Frage Nummer 1: Wer befreite Süditalien und Sizilien von den (arabischen) Sarazenen?

Frage Nummer 2: Woher kamen die sogenannten Rus (die wir heute als Russen bezeichnen) ursprünglich?

Überblick: Den Vorgang (die 3 Spielrunden) finden Sie im Abschnitt *FRAGEN* (Seite 70ff.).

Frage Nummer 3: Wie kamen Island und Grönland zu ihrem Namen und wer benannte sie so?

Frage Nummer 4: Wer entdeckte Amerika, und wann?

Frage Nummer 5: Nennen Sie mindestens 7 Länder, in denen die Wikinger (jeweils mehr als 100 Jahre lang) gelebt haben, wo sie sich also niedergelassen und mindestens zwei, drei Generationen geblieben sind:

ANTWORTEN:

Ich nehme an, daß die meisten von Ihnen (noch) nicht wissen, daß alle Fragen sich auf ein einziges Volk beziehen. Nun, da Sie das wissen – Zusatzfrage: Um welches Volk könnte es sich dabei handeln?

ANTWORT: Es sind die Wikinger. Erstaunt Sie das etwas? Die Wikinger haben sich benommen wie die Italiener in Amerika: Sie gehen nach Amerika, holen die Familie nach und in der dritten Generation können sie gar nicht mehr italienisch sprechen, sind sie Voll-Amerikaner geworden. Und genau das war das Erfolgsrezept der Wikinger. Sie haben alle Länder unterwandert, in die sie eingewandert sind. Sehen Sie, so wie wir wünschen, daß alle Ausländer sich hier assimilieren. Sie haben ihre eigene Kultur de facto aufgegeben. Und deswegen sind sie weltweit untergeschlüpft und man weiß es gar nicht.

Also, beginnen wir mit der Antwort auf **Frage Nr. 5**: Sieben Länder – sie kamen aus Dänemark, Norwegen, Schweden, Finnland – dort haben sie natürlich lange gewohnt. Aber sie siedelten AUCH in den Deutschland (in Schleswig-Holstein war eine große Wikinger-Aufmarsch-Szene). Weiter bewohnten sie Grönland. Allerdings gaben sie nach ca. 100 Jahren wieder auf, es war einfach zu kalt dort (einige verbanden sich mit den Eskimos). Und sie entdeckten und besiedelten Island, wo ihre Nachfahren noch heute leben. Aber sie besiedelten auch große Teile Englands, dann zogen einige von ihnen von England nach Nord-Frankreich weiter und siedelten dort (das waren die berühmten Nord-Männer, die dem Teil Frankreichs seinen Namen gaben: Normandie). Und die Normannen wurden innerhalb von ca. drei Generationen französischer als die Franzosen. Zwar rümpfte man in Paris noch die Nase über diese „Piraten-Grafen", waren sie doch schon recht „adelig" genug geworden, um (nach ihrer Christianisierung) als Ritter an den Kreuzzügen teilnehmen zu dürfen. Außerdem unternahmen sie Pilger-Reisen nach Jerusalem. Und sie verdingten sich regelmäßig als Söldner, weil sie gute Krieger waren.

Jetzt kommen wir zu **Frage Nr. 1**: Auf der Rückreise von Jerusalem bat man sie, in Süditalien und Sizilien gegen die Araber kämpfen zu helfen und sie stimmten zu. Im Jahre 1001 begann dieser Krieg, im Jahre 1031 erhielten sie ihre ersten süditalienischen Grafschaften für gute Leistungen im Krieg (noch unter italienischen Lehnsherren). Im Jahr 1042 erhielten sie die erste **freie** Grafschaft (ohne Lehnsherr, als „echte" Grafen), also wurden sie nun als gleichwertige Partner anerkannt. Im Jahre 1102, also 100 Jahre nach ihrer Ankunft, gab es den ersten **normannischen König in Sizilien**. Das waren die Wikinger. Also lebten sie auch langfristig in Italien, Sizilien, später in Spanien, Konstantinopel und Rußland.

Wenn man will, könnte man noch Konstantinopel aufführen, allerdings nur die Stadt selbst (nicht die Umgebung, also das Land).

Das bringt uns zu **Frage Nr. 2**: Sie wissen es inzwischen, auch die Rus waren Wikinger. Die ersten, die in Rußland einfielen und einwanderten, wurden von den Einheimischen „Rus" genannt (das bedeutet „Ruderer"), weil sie rudernd ankamen. So, jetzt schauen wir einmal nach, welche Fragen noch offen geblieben sind:

1001 anti-Araber

die Rus?

1. Wer befreite Süditalien mit Sizilien von den Arabern?
Die Wikinger. (Das können wir jetzt abhaken.)

2. Woher kamen die Rus?
Von den Wikingern. (Das können wir jetzt abhaken.)

3. Island und Grönland (... wie kamen sie zu ihren Namen?)
Das ist sehr spannend, weil die Wikinger ja wußten, wenn sie Briefe nach Hause schreiben usw., dann folgen weitere Wikinger in gute Gebiete. Zuerst war Island eine wunderbare „grüne Insel" (ehe die Wikinger so viel Wald abholzten, daß sie eine mittelalterliche Öko-Krise auslösten). Island war weit besser für Ackerbau und Viehzucht geeignet als die kältere Heimat. Deshalb wollten sie nicht, daß zu viele von den daheim Gebliebenen nachkamen. Sie benannten die „grüne Insel" EIS-LAND (Iceland) – als Abschreckung. Genau das Gegenteil passierte auf der Eiswüste Grönland. Diese war so unwirtlich, daß man nur in großen Gruppen überleben konnte. Deshalb gaben sie ihr den euphemistischen Namen „grünes Land", eine frühe PR-Lüge ... So kamen die beiden Inseln zu ihren Namen.

4. Wer entdeckte Amerika (und wann)?
Hier schreiben viele „Kolumbus". Er entdeckte zwar Südamerika ca. 500 Jahre später. Aber Leif Erikson entdeckte Nord-Amerika (genauer einen Teil Kanadas) um ca. 1000 von Grönland aus. Wieder gründeten die Wikinger eine Kolonie, die sie (wie in Grönland) 100 Jahre später aufgaben, weil es ihnen zu kalt war. Auch hier haben sich einige mit Eskimos verbunden, die anderen zogen wieder ab.

5. Länder, in denen die Wikinger mindestens 100 Jahre lang lebten ...

1. Finnland
2. Dänemark
3. Deutschland (Schleswig-Holstein)
4. England
5. Frankreich (Normandie)
6. Grönland
7. Island
8. Italien (Süditalien)
9. Norwegen
10. Rußland (zwischen Kiew und St. Petersburg)
11. Schweden
12. Sizilien
13. Spanien

39. ZITATE-VERGLEICHS-Spiel

Vorbemerkung

Ursprünglich entwickelte ich einige **Variationen** des Zitaten-Spieles als eine Nicht-Lern Lern-Strategie©, inzwischen haben sie sich dermaßen gut bewährt, daß sie in die Sammlung der **intelligenten Kopf-Spiele** aufgenommen wurden. Deshalb finden Sie eine wesentlich ausführlichere Beschreibung in *Mehr intelligente Kopf-Spiele* (das zeitgleich mit diesem Zwillings-Buch-Projekt entsteht). Deshalb an dieser Stelle nur ein erster **Überblick**:

Das Zitaten-Spiel ermöglicht uns, in neue Themen einen spannenden schnellen Einstieg zu finden, indem es einen ZUGANG schafft und uns hilft, einzelne kurze Statements auf unsere Problemstellung zu TRANSFERIEREN. Es ist EXPLORATIV, erlaubt Ent-DECK-ungen und basiert auf ASSOZIATIVEM Denken (also erhält es jede Menge Kügeli, nicht wahr?).

Wählen Sie einige Zitate aus. Die Aufgabenstellungen können z.B. lauten:

- **Lesen und vergleichen** Sie mehrere Zitate! Oder:
- **Lesen Sie je ein** Zitat **und notieren** Sie **spontan erste Assoziationen** dazu.

Als ich vor Jahrzehnten begann, systematisch mit Zitaten (Definitionen, Metaphern etc.) zu arbeiten, begriff ich bald, welch ungeheure Vorteile diese Technik uns bietet. Mit wenig Aufwand lernen wir in kürzester Zeit mehr, als man sich je vorstellen könnte (ehe man es ausprobiert). Mit dieser Technik lernen wir, ohne es zu „merken". Deshalb gehört dieser strategische Ansatz **sowohl** in die **Trickkiste** von Lernen/Lehren **als auch** in die Kategorie des **incidentalen** Lernens und der **Kopf-Spiele**. Wir können zahlreiche Variationen SPIELEN, hier nur erste Anregungen. Wer einmal mit Zitate-Spielen beginnt, wird diesen Trick bald nicht mehr missen wollen.

ZITATEN-Spiel – Grund-Variante

Wir studieren einige Zitate zu einem Thema und vergleichen sie miteinander. Dies kann in einer „Sitzung" geschehen, oder wir nehmen pro Tag ein Zitat (das wir heute zum Tagesmotto machen, um öfter darüber zu reflektieren). Durch den Vergleich (Was haben **verschiedene Denker** zu unserem Thema gesagt/geschrieben?) drängen sich uns Einsichten geradezu auf. Diese führen oft zu einem TIEF-eren Verständnis als die meisten Texte eines **einzigen** Autors. Ausnahmen bilden Autoren, deren Angebot so reichhaltig ist, weil sie seit Jahren viele stark unterschiedliche Quellen angezapft hatten, daß sie uns immer wieder überraschen können. Bei einem Buch eines solchen Autors lesen wir gerne jedes Kapitel (z.B. NØRRETRANDERS) oder auch mehrere Bücher (z.B. Arthur KOESTLER, Frank SMITH, Alfie KOHN, um nur drei zu nennen, in deren Werken ich zur Zeit wieder mal herumschmökere). Drei Beispiele sollen Ihnen einen ersten Eindruck vermitteln:

1. Sechs (6) Zitate zu einem Thema
2. Sieben (7) Mal derselbe Autor
3. Leere versus „gefüllte" Zitate

Beispiel 1: Sechs (6) Zitate zu einem Thema

Sie könnten versuchen, das Thema so schnell wie möglich zu erraten und dieses Rätsel einigen anderen Menschen präsentieren, um zu sehen, ob diese die Zitate genauso „interpretieren" wie Sie. Lesen Sie die Zitate bitte mit der Frage: „Was ist das Thema?" Ihre Vermutung:

1 THEMA

1. Gewöhnlich glaubt der Mensch, wenn er nur Worte hört, es müsse sich dabei doch auch was denken lassen! (Goethe, Faust, Mephisto)
2. Man darf nicht nur keine Gedanken haben, man muß auch unfähig sein, sie auszudrücken. (Karl Kraus)
3. Wenn die Menschen nur von dem sprächen, was sie verstehen, dann würde gar bald ein großes Schweigen auf der Erde herrschen. (Chinesisches Sprichwort)
4. Es genügt nicht, zur Sache zu reden. Man muß zu den Menschen reden. (Stanislaw Jerzey Lec)
5. Sage nicht immer, was du weißt, aber wisse immer, was du sagst. (Claudius)
6. Ich habe mich in meinem Leben vor nichts so sehr als vor unnützen, leeren Worten gehütet. (Goethe)

Mögliche Antworten:

Worte, Denken, Kommunikation, mit-teilen etc.

Beispiel 2: Sieben (7) x derselbe Autor

2

Wenn wir verschiedene Zitate (Definitionen etc.) miteinander VERGLEICHEN, aktivieren wir den mächtigen Neuro-Mechanismus des Vergleichs. Wir VERGLEICHEN hier, was mehrere Köpfe zu unserem Thema gearbeitet haben (vgl., Ver-GLEICH-en, Seite 136ff.). Aber die zweite Variante des VERGLEICHENS spielt sich in einem einzigen Kopf ab, z.B. wenn Sie mehrere eigene ABC-Listen VERGLEICHEN. Als ich mich fragte, ob wir diesen Effekt nicht auch für die Zitate-Technik nutzen können, kam ich auf folgende Idee: Es kann sehr spannend sein, **einem Autor** „nachzujagen" und festzustellen, daß man ihn nach einer Reihe von Zitaten bereits ein wenig **kennenlernen** kann. Im ersten Beispiel näherten wir uns einem Thema, in diesem Fall aber nähern wir uns einer Person.

1 AUTOR

Wenn wir Zitate von historischen Persönlichkeiten finden, könnten wir eine Menge über ihre Art zu denken, ihre Vorlieben (inkl. Vorurteile), ihre Lieblings-Ideen, ihren Führungsstil u.ä. lernen. Beispiel:

AUTOR

1. Es hört doch jeder nur, was er versteht.
2. Ei, bin ich darum achtzig Jahre alt geworden, daß ich immer dasselbe denken soll? Ich strebe vielmehr, täglich etwas anderes, Neues zu denken, um nicht langweilig zu werden. Man muß sich immerfort verändern, erneuern, verjüngen, um nicht zu verstocken.
3. Es ist nicht genug zu wissen, man muß es auch anwenden.
4. Grau, teurer Freund, ist alle Theorie ...
5. Wo viel Licht ist, ist starker Schatten ...
6. Was du ererbt von deinen Vätern hast, erwirb es, um es zu besitzen.
7. Sage mir, mit wem du umgehst, so sage ich dir, wer du bist. Weiß ich, womit du dich beschäftigst, so weiß ich, was aus dir werden kann.

Wen halten Sie für den Urheber?
GOETHE

Inzwischen wollen wir noch einen Unterschied aufzeigen, der beim Zitaten-Spiel (bzw. mit Definitionen, Metaphern etc.) sehr wichtig sein kann:

Beispiel 3: Leere versus „gefüllte" Zitate

Wir lesen eine Reihe von Zitaten und suchen einige davon aus, die wir einigen MitlernerInnen, FreundInnen, FamilienmitgliederInnen mit der Bitte um einen kurzen Kommentar senden (Fax, e-mail). Wenn ein Zitat von fünf Menschen „ange-REICH-ert" wurde, bieten uns diese Kommentare einen noch TIEF-eren Einblick. Denn nun vergleichen wir die ersten Reaktionen, die diese im Zitat enthaltene Idee **in unseren Mitmenschen ausgelöst haben**. Auch diese Variation kann sehr spannend sein, insbesondere wenn wir unsere erste Reaktion ebenfalls festgehalten haben (und sie den anderen vielleicht **anschließend** zur Verfügung stellen).

Beispiel für ein ange-REICH-ertes Zitat

Weil diese Variante so wichtig ist, befinden sich in unserem Zitate-Forum (auf **www.birkenbihl.de**) nicht nur normale („leere“), sondern auch „gefüllte“ (= ange-REICH-erte) Zitate.

Das folgende Zitat wurde mir mit der Bitte um eine schnelle (allererste, spontane) Reaktion gesendet, also mailte ich dem Fragesteller zurück, was mir in jenem Augenblick als erstes durch den Kopf schoß. Aber zuerst das Zitat selbst:

> Vieldeutigkeit kann als ein Schleier aus Unbekanntem betrachtet werden, der gewisse Ereignisse umhüllt. Die Japaner haben ein Wort dafür, MA, für das es keine englische Übersetzung gibt. Das Wort ist sehr wichtig, weil es den unerkennbaren Aspekten der Dinge einen festen Platz zuweist. Im Englischen verweisen wir vielleicht auf einen leeren Raum zwischen dem Stuhl und dem Tisch; der Japaner hingegen sagt nicht, der Stuhl sei leer, sondern 'voll von nichts'. (Richard Tanner Pascale: *Zen and the Art of Management*)

vfb – erste Assoziationen:

> Auch das Arabische kennt einen besonderen Begriff für das Nichtvorhanden-Sein bzw. Nicht-Tun von etwas. So bedankt sich z.B. die Stewardeß in einem Flugzeug für das **Nicht-Tun von Rauchen**, bis die Lampe erlischt (lang lang ist's her). Und ein weiser Denker fordert von uns das Nicht-Tun von Verurteilen, das im Deutschen noch am ehesten mit „frei sein von“ beschrieben werden kann, vgl. das bekannte Bibel-Zitat aus dem alten Testament: „Wer da frei sei von Sünde, der werfe den ersten Stein.“

Es kann auch spannend sein, dasselbe Zitat an verschiedenen Tagen (neu) anzu-REICH-ern, da die heutigen Tages-Gedanken immer einen großen Einfluß auf unsere jeweiligen spontanen Reaktionen haben werden.

Vgl. auch *WIEDER-HOLUNGEN*, Seite 154ff.

Modul 2 – Kügeli verteilen

Sie erinnern sich: Wir legen zwei Checklisten nebeneinander, auf der LINKEN stehen die Bedürfnisse des Gehirns, damit das Lernen funktioniert, auf der RECHTEN, was Gehirn-Benutzer tun können, wenn das Gehirn nicht genügend bekommt, von dem, was es braucht.

Erinnerung: NLLS = **Nicht-Lern Lern-Strategien**© (neudeutsch: Non-Learning-Learning-Strategies©; abgekürzt in jedem Fall: NLLS©) = TRICKS

Diese Bedürfnisse bezeichne ich als Neuro-Mechanismen© und das, was wir tun können, (wenn links zu wenige Neuro-Mechanismen aktiviert werden), habe ich als NLLS© bezeichnet.

Wenn wir diese Strategien einsetzen, lernen wir BEILÄUFIG (wir kommen gleich darauf zurück), so daß wir es gar nicht merken, daß (und wie) wir lernen. Der Schwerpunkt wird auf eine Aktivität verlagert, weg vom nackten, isolierten Lernen (welches nachweislich nicht funktioniert).

Übrigens verteilen wir statt „Checkmarks" (√) oder „Kreuzchen" (beim Ankreuzen) dreidimensionale Kügelchen oder Kügeli.

Bei **Frontal-Unterricht** gibt es in der linken Checkliste null Kügeli (siehe Rand). Das gilt gleichermaßen für jeden Monolog, den jemand hält (vom Lebenspartner bis zum Verkäufer in einem sogenannten Kunden-**Gespräch**). Ebenso erhält die typische Powerpoint-Präsentation im Businessleben null Kügeli.

Es gibt nur eine Ausnahme: Sollte das Opfer für unser Thema wahnsinniges Interesse mitbringen, dann bringt es gleichermaßen **eine Hosentasche voll Kügeli mit**, deshalb haben **Vortragende** (also die Täter!) das **Gefühl**, sie hätten eine tolle Powerpoint-Präsentation „geliefert". Und eben deshalb klagt man allenthalben über de-motivierte KundInnen oder SchülerInnen, weil diese eben **nicht** dauernd Hosentaschen voller Kügeli mitbringen. Darum ist es so wichtig zu fragen: Kann man solche Monologe irgendwie an-REICH-ern? Antwort: Man kann!

Und wenn wir mit den „Tricks" in der RECHTEN Liste anzu-REICH-ern beginnen, dann wird die Sache auch für jene interessant, die mit „leeren Taschen" gekommen sind. Im Klartext: Wir könnten sogar Frontal-Unterricht durchführen, wenn wir ihn in einige der Maßnahmen (der RECHTEN Spalte) einbetten – wenn wir z.B. mit ein paar einfachen Quiz-Fragen zum Thema beginnen. Angenommen ich müßte über Genetik reden und ich würde mit der Quiz-Frage „Ist der erste Kuß ein Gen-Test?"einsteigen, dann beginnt Ihr Hirn zu arbeiten. Ich löse den Frage-Antwort-Reflex aus, Sie beginnen nachzudenken, ob etwas „dran sein" könnte, und schon schon ist das Interesse geweckt. Wenn ich vielleicht noch hinzufüge: „Sehen Sie, die Antwort auf diese Frage wird Ihnen auch erklären, warum manche Frauen erst so tun, als wollten sie, und auf einmal wollen sie nicht mehr ...", dann sind die meisten Leute SEHR interessiert. So erzeugen wir Kügeli aus dem Nichts. Jetzt kann ein Referent sogar einigermaßen langweilig vortragen, weil sein Publikum Interesse hat. Genaugenommen sorgt das Publikum teilweise selbst für seine Belustigung, weil es neugierig ist, im Gegensatz dazu, wenn Vortragende hoffen, das Interesse werde sich im Laufe der Zeit einstellen: Wenn die Leute sich aber zu Tode langweilen, gibt es null Kügeli.

der Frage-Antwort-Reflex

Im Modul „Hier geht's los" (Seite 29) finden Sie die Aufstellung, daß wir mindestens vier Kügeli brauchen, damit Lernen neurophysiologisch möglich ist. Natürlich handelt es sich hier um metaphorische Kügeli und um ein Denk-Modell, aber ich habe festgestellt, daß es außerordentlich hilfreich ist, von diesen Zahlenwerten auszugehen. Null bis 3 Kügeli = null Lern-Effekt (außer, das Opfer bringt eigene Kügeli mit!). Bitte betrachten Sie die Aufstellung noch einmal:

Kügeli OOOOO

- Bei weniger als 4 Kügeli ist Lernen **unmöglich**!
- Bei 4 **Kügeli** ist es **noch schwer**. (Dies ist leider die Norm, deshalb sind ja Millionen von Menschen in unserem Land davon überzeugt, Lernen sei schwer!)
- Bei 5 **Kügeli** wird es zunehmend **leichter** ...
- Ab 6 **Kügeli** wird Lernen bereits **spielerisch**, aber
- ab 7 **Kügeli** wird es wirklich zum **SPIEL**.

- Ab 8 Kügeli wird der **SPIEL-erische Aspekt** dermaßen ausgeprägt, daß viele Menschen regelrecht **erschrecken**, wenn sie begreifen: So leicht hätte Lernen **all die Jahre in ihrer Schul- und Studien- (oder Ausbildungs-)Zeit** sein können!

Lassen Sie uns auch wiederholen, was wir mit SPIEL meinen:

Ab 7 Punkten:

Lernen passiert
einfach immer
(bei)
Spannung!

Seit ich dieses Modell ausgearbeitet habe, ist mir eine wichtige weitere Einsicht begegnet, die meine Aussage „lernen passiert" unterstreicht: Das Schlüsselwort der Forschung zum Lernen besagt nämlich, daß Lernen in der „freien Natur" eigentlich **BEILÄUFIG** geschieht, **während wir Dinge tun, Probleme lösen, Aufgaben erledigen** (vgl. *Incidental*, Seite 89ff.) etc.

Vgl. Beispiel auf Seite 89f.

Sie haben in dem ABC-Kapitel viele der Aspekte kennengelernt, die uns erlauben, daß wir eine Tätigkeit „tun" (z.B. eine Variante von Stadt-Land-Fluß, ein Wissens-Quiz oder ein anderes Fragespiel spielen), bei welcher Lernen INCIDENTAL „passieren" kann. Das heißt: Es gibt viele Möglichkeiten metaphorische Shopping-Center (s. Rand) zu erzeugen, so daß durch „Herumlaufen und Kaufen-Wollen" **beiläufige** Lern-Effekte entstehen. Es ist das Ziel der doppelten Checkliste, solche Situationen zu erzeugen.

Die Doppel-Checkliste im Detail

Sie finden die doppelte Checkliste **vorne im Buchdeckel** zur schnellen Referenz.

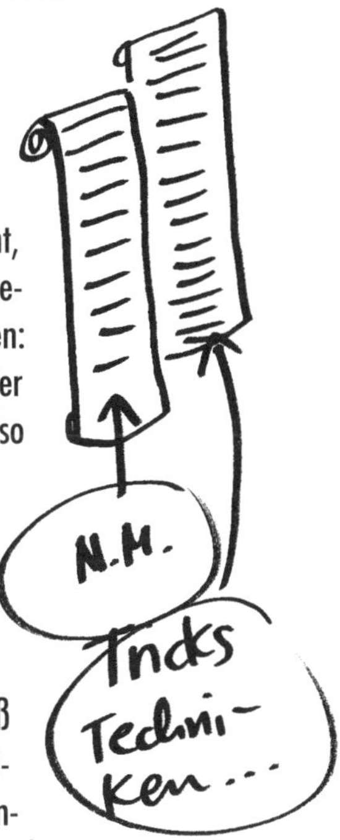

LINKS stehen die Bedürfnisse des Gehirns (also die Neuro-Mechanismen) und RECHTS die strategischen Maßnahmen zum an-REICH-ern. Dabei stellen Sie jedoch fest, daß manchmal bei einem Buchstaben LINKS und RECHTS derselbe Begriff steht, manchmal nicht. Dies ist einfach. Wenn wir von menschlichen Bedürfnissen im allgemeinen sprächen, dann könnten wir sagen: Wenn LINKS „Durst" steht, erwarten wir RECHTS „trinken" (oder vielleicht „wasserhaltiges Obst oder Gemüse essen"). Wenn wir also LINKS vom SPIELTRIEB sprechen, paßt RECHTS hierzu das SPIELEN. Und wenn frei HERUMPROBIEREN (ohne Angst vor Fehlern, Kritik etc.) ein **Grundbedürfnis** ist, damit beiläufiges Lernen stattfinden kann, dann bedeutet das: Wenn sich das PROBIEREN zufällig ergeben hat, gilt der Neuro-Mechanismus als aktiviert und das Kügeli wird vergeben. Wenn wir aber merken, daß PROBIEREN (bisher) eher verhindert wurde, dann können wir aktive Schritte unternehmen, um es zuzulassen (z.B. durch ein Lückentext-Spiel, RECHTS). Gelingt uns dies, dann erhalten wir für das LÜCKENTEXT-Spiel ein Kügeli (rechts), gleichzeitig aber auch das des aktivierten Neuro-Mechanismus (links), weil wir diesen Neuro-Mechanismus bewußt aktivieren.

Im übrigen ist die Doppel-Checkliste eine **Denk-Hilfe**, um Lehr- und Lern-Methoden in diesem Licht zu sehen. Wenn Sie einen Begriff von links nach rechts „schieben" wollen – tun Sie es. Es muß Ihre persönliche Checkliste werden. Wichtig ist, daß Sie in der Regel die magischen 7 Kügeli **anstreben**. Versuchen Sie auch in wirklich „feindlichen" Umständen wenigstens 5 bis 6 zu erreichen. Je öfter Ihnen dies glückt, desto mehr lernen die Betroffenen.

NEURO-MECHANISMEN: 26 Kügeli

1. ● **ABSTRAHIEREN**
2. ●● **ASSOZIATIV**es Denken
3. ● **BEDEUTUNG** (SINN, WESEN) suchen
4. ● **BEWEGUNG**
5. ● **EXPLORER** (eigene Ent-DECK-ungen)
6. ●● **FRAGEN**
7. ●● **IMITATION**
8. ●●● **INCIDENTAL**
9. ●● **KATEGORISIEREN**
10. ●● **MUSTER** (Gemeinsamkeiten) suchen, finden, erkennen
11. ● **NEUGIERDE**
    a. befriedigen b. wecken
12. ●● **PROBIEREN OHNE ANGST**
13. ● **SINN suchen**
14. ● **SOFORT**iges Feedback (s. BALL-IM-TOR-EFFEKT, rechts)
15. ● **SPIEL**-Trieb
16. ●● **VER-GLEICH-en**
17. ● **WESEN-tliches suchen**

NLLS (TRICK-KISTE): 43 Kügeli

ASSOZIATIV-Spiele und -Techniken
(derzeit 13 !)

1. ● ABC-Listen
2. ● KaWa
3. ● ABC-COUVERT
4. ● KaWa-COUVERT
5. ● ABC-Kreativ
6. ● STADT-LAND-FLUSS-Spiele
7. ● LULL'sche LEITERN
8. ●● VERGLEICHE
9. ● TRAIN-OF-THOUGHT
10. ● MADELAINE-Spiele
11. ● VERGLEICHs-Spiele
12. ● GEMISCHTE ABC.s
13. ● KNICK-Spiel

Weitere Techniken

14. ● BALL-IM-TOR-EFFEKT
15. ● CHORSPRECHEN
16. ● EXPLORER-STIL
17. ●● FRAGE-RÄTSEL-Spiele
18. ●● FRAGEN formulieren
19. ● Frontal-Info einbetten
20. ● HIERARCHISIEREN
21. ● HITLISTEN-Spiel
22. ● IDEEN GENERIEREN (Denck=Register)
23. ● IDEEN KONSULTIEREN
24. ● INFOS FESTHALTEN
25. ● IMITATION
26. ● KATEGORISIERUNGS-Spiele
27. ● KRYPTISIEREN
28. ● LÜCKEN-TEXTE
29. ● METAPHERN-Spiel
30. ● PASSIV HÖREN
31. ● QUIZ-Spiele
32. ● RECHTSCHREIB-Spiele
33. ● TAPETEN-EFFEKT
34. ● TÄTIGKEITEN-Lernen
35. ● UNBEWUSSTES LERNEN
36. ● VOR-ANKÜNDIGUNG
37. ● WIEDERHOLUNGEN (JOY-Wiederholungs-Spiel)
38. ●● WQS – Wissens-Quiz-Spiele
39. ● ZITATE-VERGLEICHS-Spiel

69 Kügeli

Setzen **Sie als Lernender** die Doppel-Checkliste ein, sind Sie selbst der/die Betroffene. Wenn Sie jedoch **als LehrerIn, ChefIn, VerkäuferIn, AusbilderIn** etc. mit der Doppel-Checkliste arbeiten, dann erleichtern Sie den Ihnen Anvertrauten (Ihren **SchülerInnen, KundInnen, MitarbeiterInnen** etc.) das Leben. Es folgen einige Fallbeispiele für das Verteilen der Kügeli.

Häufige Frage: Beginnen wir links oder rechts, unsere Kügeli zu verteilen?

Antwort: Es ist nicht wichtig, ob ein Kügeli links oder rechts vergeben wird, sondern: **ENTWEDER** Sie beginnen mit einer **Technik** oder **Strategie** (NLLS, Trick-Kiste), die Sie einsetzen wollen, dann erhalten Sie das erste Kügeli rechts (siehe Beispiel unten: Lückentext), **ODER** Sie beginnen LINKS bei den **Bedürfnissen** des Gehirns (Neuro-Mechanismen). Wenn Sie weniger als die erwünschte Zahl an Kügeli erhalten, dann gehen Sie nach RECHTS, um zu sehen, wie Sie den Lern- oder Lehrprozeß an-REICH-ern können. So wird es einfach.

Verteilen der Kügeli – einige Fallbeispiele

Fallbeispiel 1: ABC-Listen anlegen (und VERGLEICHEN)

Wenn wir eine einfache **ABC-Liste anlegen**, dann benutzen wir den Neuro-Mechanismus des **assoziativen Denkens**, einer der wichtigsten. So erhalten wir die ersten **2 Kügeli (●●)**. Und weil wir **bewußt** eine der NLLS-**Techniken** (hier: **ABC-Liste**) einsetzen, erhalten wir ein **3. Kügeli (●●●)**. Dabei haben wir noch gar nicht angefangen zu „arbeiten". Weil wir ein **Spiel** spielen, und damit den Neuro-Mechanismus **Spieltrieb** aktivieren, erhalten wir ein **4. Kügeli (●●●●)**. Und weil wir ohne Angst (vor Fehlern, Kritik, schlechten Noten oder Strafe) einfach **(herum-)probieren** dürfen (mal sehen, was herauskommen wird?), gibt es auch dafür 2 Kügeli. Das macht inzwischen 6 (●●● ●●●). Wenn uns unser Ergebnis inhaltlich **interessiert**, dann gibt es ein weiteres Kügeli für den Neuro-Mechanismus unserer (angeborenen) **Neugierde (●●● ● ●●●)**; nun haben wir bereits das Niveau des „spielerischen" Lernens erreicht. Damit **könnten** wir eigentlich schon zufrieden sein, aber wenn wir noch den Neuro-Mechanismus des **Vergleichens** (ebenfalls 2 Kügeli) einbringen, indem wir unsere eigenen Ergebnisse von zwei oder mehr Versuchen miteinander vergleichen, dann erhalten wir 2 weitere Kügeli **(●●● ●●● ●●●) und haben nun 9 Kügeli! Wow!** Wir können aber auch mit anderen spielen, indem wir sie bitten, uns ihre Listen zu zeigen. In der Klasse sitzen die anderen MitspielerInnen natürlich direkt neben unseren SchülerInnen, da geht das Vergleichen sehr schnell, und so wird Lernen wieder einmal zum SPIEL, weil wir die magischen 7 Kügeli erreicht bzw. überschritten haben. Die Erfahrungen des letzten Jahres haben eindeutig gezeigt, daß dieser neueste Abschnitt meiner gehirn-gerechten Entwicklung sehr gut „ankommt".

Wenn wir gerade nicht beisammen sind, können andere uns ihre Listen vorlesen (Telefon), faxen oder mailen.

Wenn wir (oder unsere SchülerInnen) feststellen, wieviel interessanter und angenehmer diese Art zu denken und zu lernen (im Vergleich zu früheren verzweifelten Pauk-Versuchen) ist, dann werden wir nach **wenigen** Experimenten umstellen – einfach weil es Freude macht **und** sehr viel bringt!

Fallbeispiel 2: LÜCKENTEXT

Lücken-text

Neulich sollte ich einem Manager vorschlagen, wie er den Mitarbeitern mitteilen kann, daß ein großes Projekt auf sie zukommt, bei dem wohl einige Überstunden anfallen würden. Ich schlug vor, den Text, den er im Memo (per e-mail) verschicken wollte (da die Mitarbeiter weltweit verstreut arbeiten), als **LÜCKENTEXT** anzulegen und die **Lebenspartner** einzuladen, mitzuraten (denn diese sind von Überstunden ja immer auch direkt betroffen). Das tat er. Die Reaktionen kamen prompt und waren durchweg positiv. Wenn wir Kügeli verteilen, dann sehen wir, daß wir durch die strategische Wahl des Lückentextes vier Neuro-Mechanismen aktivieren:

1. **LÜCKENTEXT** als strategische Maßnahme: 1 Kügeli (●)
2. Die MitarbeiterInnen dürfen selber aktiv (**ASSOZIATIV**) denken: 2 Kügeli (●●) = ●●●
3. Sie dürfen **FRAGEND** denken, also weitere 2 Kügeli (●●) = ●●● ●●
4. Sie dürfen ohne Angst vor Fehlern/Kritik **HERUMPROBIEREN**: 2 Kügeli (●●) = ●●● ●●● ●
5. Sie dürfen eigene **Ent-DECK-ungen** machen, ebenfalls 1 Kügeli (●) = ●●● ●●● ●●

ohne Angst PRO-BIE-REN

Also haben wir die magischen 8 Kügeli SPIELEND erreicht …

Als ich die Kügeli-Vergabe mit ihm durchsprach, meinte er übrigens: „Ich verstehe noch nicht, wann Sie das explorative Element von **links oder** von **rechts** bewerten." (Die Frage kam so oft, daß ich sie den Fallbeispielen vorangestellt habe. s. oben, Seite 172). Hier also noch einmal meine Antwort: „Sie können durchaus ‚mal so mal so' entscheiden. Machen Sie sich darüber keinen Gedanken!"

Fallbeispiel 3: Kunden-Präsentationen

mit Kun-den

Ein anderer Klient muß regelmäßig „präsentieren". Er haßt das, es kommt zwei- bis dreimal pro Monat vor. Er ist unglücklich darüber, da er sich für keinen guten Redner hält. Früher hat das ein Kollege übernommen, wiewohl es zu seinem Arbeitsbereich gehört, aber dieser Mann wurde ins Ausland versetzt und jetzt muß mein Klient diese „unangenehme Pflicht" plötzlich übernehmen. Es handelt sich jeweils um einen kurzen Vortrag vor Kunden (Dauer ca. 10 bis 15 Minuten). Er meinte: „Ich kann Fragen hervorragend beantworten, da fühle ich mich auch wohl, das ist für mich eher GESPRÄCHS-Stil im Gegensatz zum VORTRAG, mit dem ich Probleme habe." Also fragte ich ihn, ob er sich vorstellen könnte, **statt eines Referates gehirn-gerecht vorzugehen?** Er war interessiert und am Ende entwickelten wir folgende Strategie.

Rahmen-Bedingungen: Die Kunden würden **nach dem Rundgang durch die Firma** an kleinen Tischen sitzen, mit einem Getränk (vorher am Buffet überreicht). Dadurch kann mein Klient Papier, leere ABC-Listen und die Schreibgeräte (mit Firmenaufdruck) auf die Tische legen lassen. Er beginnt mit der Einladung zu einem kleinen Experiment, was (wie wir inzwischen wissen) Erstaunen und Neugierde weckt. Die Kunden erwartet ein (langweiliges?) Referat und werden zu einem kleinen Versuch eingeladen. Er führt sie in die ABC-Listen-Technik ein, indem er sie ein ABC anlegen läßt (vgl. Merkblatt: *Anlegen von Wissens-ABC.s & KaWa.s*©, Seite 248ff.), wobei er betont, daß sie mit den Augen „rauf und runter-"wandern sollen, um Ideen einzutragen, wo sie auftauchen. Anschließend vergleichen die Kunden ihre Ergebnisse mit dem Sitznachbarn. Als THEMA vergibt er ein Stichwort aus seiner Mini-Rede. Diese dauert jedoch nur ca. 5 Minuten, weil er darauf verweist, daß er vor allem Fragen beantworten möchte. Das hat sich inzwischen sehr gut bewährt. Fazit:

1. Einladung zum **HERUMPROBIEREN** (●●)
2. **Neugierde** wecken (●)
3. **ASSOZIATIV**es Denken (●●)
4. **ABC**-Liste als strategische Maßnahme (●)
5. **VERGLEICH**-en (●●)

insgesamt = also 8 Kügeli: ●●● ●●● ●●

Fallbeispiel 4: Auf der Fahrt zum Seminar in Karlsfeld

Auf der Fahrt nach Karlsfeld (mit 14 Teilnehmern, verteilt auf einen Pkw mit 5 und einen Kleinbus mit 9 Personen) habe ich während einer Pause (Raststätte) die Aufgabe gestellt, den Einfluß von Metaphern in der deutschen Sprache zu untersuchen. Folgende Vorgehensweise war vorgegeben:

Dieses und das folgende Beispiel verdanken wir Herrn Dr. Dieter BÖHM, der unser Lehrer-Forum (auf **www.birkenbihl.de**) leitet. Danke! Boehm@Bauchhirn.de

1. Drei Runden Stadt-Land-Fluß (in der klassischen Form) spielen.
2. Drei Runden mit den Kategorien Stadt-Land-Fluß-Tier-Metapher.

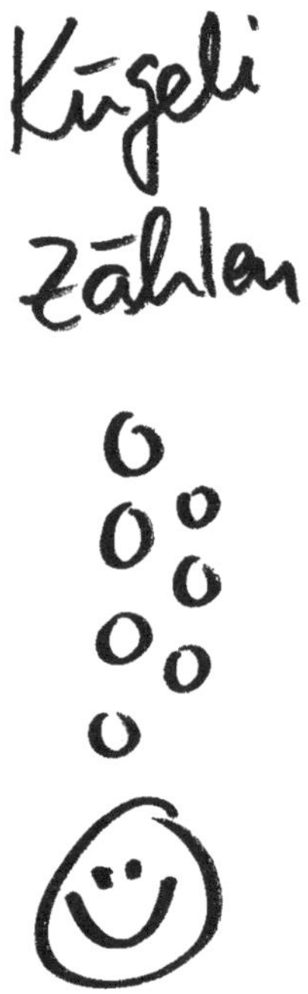

3. Im nächsten Schritt erstellt jeder für sich eine eigene ABC-Liste Metaphern (Zeitvorgabe: 10 Minuten); das ergibt 2 (●●) Kügeli für NM ASSOZIATIVES DENKEN, 1 Kügeli (●) für NLLS ABC-LISTE und für die STADT-LAND-FLUSS-Variante auch 1 Kügeli, also: ●● ●●).
4. Wir VERGLEICHEN die Metaphern innerhalb der beiden „Autogruppen" und stellen fest, daß nur ganz wenige doppelt sind. Das ergibt 2 Kügeli (●●) für NM VERGLEICHEN und 2 Kügeli (●●) für bewußtes Vergleichen als strategische Maßnahme (rechte Spalte), also haben wir jetzt zusammen: 8 Kügeli (●●● ●●● ●●). Beim VERGLEICHEN kamen „automatisch" weitere Metaphern dazu – ASSOZIATIVES DENKEN war „voll aktiv".
5. Wir erstellten eine HITLISTE unserer TOP 10. Diese waren: Dünnbrettbohrer, Erbsenzähler, Katzenjammer, Mondgesicht, Orgelpfeife, rote Socke, Trittbrettfahrer, Schwuchteltoaster (= Sonnenstudio), Drahtzieher. Gibt also 1 Kügeli (●) für HITLISTE erstellen. Das macht zusammen inzwischen 9 Kügeli: (●●● ●●● ●●●).
6. Während der Fahrt verständigten wir uns per Handy mit dem zweiten Fahrzeug, VERGLICHEN (●●) die Anzahl der vorhandenen Metaphern und gaben unsere HITLISTE durch. Das gab den Ansporn, weiter zu suchen, da das zweite Team 8 unserer Hitlistenmetaphern überhaupt nicht hatte und umgekehrt. Dadurch wurde der NM NEUGIERDE WECKEN aktiviert, wieder 1 Kügeli (●) plus 2 Kügeli (●●) für VERGLEICHEN zusammen 12 Kügeli: (●●● ●●● ●●● ●●●).

Zehn der Teilnehmer hatten sich vorher noch nie bewußt mit Metaphern beschäftigt, vier von ihnen sagten hinterher, sie hatten nicht einmal gewußt, was eine Metapher ist. Und gerade diejenigen hatten während der gesamten Fahrt weitere „Erleuchtungen" im Sinne von „Ich habe schon wieder eine". Faszinierend!

Fallbeispiel 5: Rückreise von Karlsfeld

Im Seminar hat mich besonders der Teil mit den **Sprichwörtern** angesprochen, also spielten wir dieses Spiel noch einmal:

1. ABC-Liste zu Sprichwörtern aufschreiben = 2 Kügeli (●●) für den NM ASSOZIATIV, plus 1 Kügeli (●) (NLLS) für die Technik der ABC-Liste ergibt 3 Kügeli (●●●).
2. Sprichwörter teilen (2 Spalten) (NM PROBIEREN OHNE ANGST – 2 Kügeli ●●) und dann kreuz- und querverbinden (NM SINNSUCHE – 1 Kügeli ●, EIGENE ENTDECKUNGEN – 1 Kügeli ●). Zusammen: 7 Kügeli (●●● ●●● ●).
3. Klärung: Wo liegt der Sinn im neu zusammengesetzten Sprichwort (z.B. „Probieren ist menschlich", BEDEUTUNG suchen – 1 Kügeli ●). Zusammen jetzt: 8 Kügeli (●●● ●●● ●●)
4. Vergleich mit dem Nachbarn („Welche neuen Sprichwörter hast Du?", NM VERGLEICHEN – 2 Kügeli ●●). Insgesamt: 10 Kügeli (●●● ●●● ●●● ●)

Also ohne Probleme weit über die magische „7" → das bleibt „hängen" (im Wissens-Netz).

Zwei weitere Fallbeispiele finden Sie im Modul der Lehrer-Fragen – eine Chemie-Lehrerin konnte in der ersten Woche die Kügeli noch nicht selbst verteilen; eine Woche später, bei einem neuen Thema (Aspirin), konnte sie es, Seite 243ff. – sehr spannend!

Modul 3 – APPELL an alle lehrenden Personen

Bevor ich mit dem Appell beginne, noch eine Warnung: Wie im Seminar, so müssen wir uns auch bei einem Buch wie diesem klarmachen, daß einige der Menschen, die am meisten profitieren würden, es lieber „auslassen". Wenn wir also feststellen, wieviel lehrende Personen (nicht nur an Schulen!) über bahnbrechende Ergebnisse der modernen Gehirn-Forschung viel zu wenig bzw. gar **nichts** wissen, dann sind wohl eher jene gemeint, die derartige Bücher **nicht** lesen.

Protokoll einer Lehrerin im Gespräch mit einem Lehrer

Das folgende Protokoll, von einer Lehrerin transkribiert und aus dem Lehrerzimmer geschmuggelt, zeigt, welche Einstellung es unter LehrerInnen immer noch gibt, nicht nur in der Schweiz (wo dieses Gespräch stattfand).

(65, kurz vor der Pensionierung)

Lehrer: (...) Es wird immer schwieriger, Lehrer zu sein! (...) Ich hatte die Französische Revolution auf dem Programm. Ein **Schüler** sagte mir direkt ins Gesicht, daß ihn dieses **Thema nicht interessiere** und er sich nicht damit befassen möchte. Zwei weitere Schüler zogen nach! Ich sagte ihm: Ich finde es eine **Anmaßung, daß du dir das Recht nimmst, selber entscheiden zu wollen, was du lernen willst!!!**

(Eine Stunde später im Kollegium: Wir diskutieren über Computer. Besagter Lehrer meldet sich nach einer Weile zu Wort:)

Lehrer: Ich habe es nicht so mit dem Computer. Und **ehrlich gesagt, es nervt mich einfach, wenn ich etwas lernen muß, das mich überhaupt nicht interessiert!**

Lehrerin: Genau **das sagen deine Schüler auch!!** (Er gab sich geschlagen!)

Dieser Lehrer war genausowenig bereit, über neue Lernformen zu reden bzw. mehr über Lernprozesse zu erfahren, mit deren Hilfe man es den SchülerInnen leichter machen könnte. Zwar kann ich nachvollziehen, daß viele LehrerInnen, AusbilderInnen, TrainerInnen etc. in ihrer Ausbildung von diesen Dingen nichts gehört haben und daß viele von ihnen nie angeleitet wurden, sich mit Forschungsergebnissen zu einem Thema zu befassen, von dem wir erst seit Jahrzehnten (!!) wissen, daß es uns doch einiges über lernen, lehren etc. „sagen" könnte (haha). Nicht verstehen kann ich jedoch, daß diese Menschen sich so wenig für dieses Thema interessieren, daß sie wenigstens **privat** einiges erfahren wollen. Nachdem einige der wichtigsten Forscher auf diesem Gebiet ausgezeichnete Bücher geschrieben haben, und nachdem einige dieser Wissenschaftler bzw. Publizisten ausgesprochen flüssig und gut lesbar schreiben können (z.B. **SCHACTER**: *Wir sind Erinnerung,* **LANGER**: *Kluges Lernen,* **KOTRE**: *Die weißen Handschuhe,* **NØRRETRANDERS**: *Spüre die Welt*, sowie die Werke von Alfie **KOHN** und Frank **SMITH**, falls Sie englisch lesen können) frage ich mich, bezogen auf SchullehrerInnen:

Die Forschungsergebnisse beziehen sich, wie ich bereits in meinem Buch *Das innere Archiv* betont habe, nicht nur auf unser Land, sondern auf fast **alle Industrie-Nationen**, was auch die PISA-Studie 2000 zeigte. Wir sprechen also nicht lokal, sondern global: Wir sprechen von der „ersten" und der „zweiten" Welt und, wenn hier nicht aufgepaßt wird, bald auch von der sogenannten dritten Welt – also von allen Kindern!

Lehrkräfte zwingen ihre SchülerInnen regelmäßig, langweilige (und oft schlecht geschriebener) Texte zu lesen, die weder echte Einsichten noch Lebenshilfe für die täglichen Probleme bieten. Wieso lesen sie selbst dann so wenig von diesen Büchern, die ihnen helfen könnten, ihre tägliche Arbeit besser zu tun?

Dabei profitieren, wie in diesem Buch immer wieder zutage tritt, **alle**: SchülerInnen, Lehrkräfte, und Eltern (oder die Familien Erwachsener bei Fortbildungs-Maßnahmen).

Nun verstehen Sie sicher, wieso ich, als meine inzwischen 44-jährige Suche (nach gehirn-gerechteren Maßnahmen) immer wieder bahnbrechende Aspekte zutage förderte, oft schwankte zwischen **absoluter Euphorie** (So leicht kann es sein ?!?!) und **tiefer Bestürzung** (Was tun wir unseren Kindern tagtäglich an ?!?!).

Während der letzten Jahre explodierte die Gehirnforschung – insbesondere in Amerika, weil der US-Kongreß die 1990er Jahre als Jahrzehnt der Hirnforschung ausgerufen hatte. Eine parallele Entwicklung in Europa wurde lange diskutiert, aber nie eingeführt, weshalb die Angelsachsen die Nasen wieder einmal ganz weit vorne haben. Jedenfalls dauert es immer einige Jahre, bis Ergebnisse vorliegen. So wurde die Gehirnforschung zu einem der großen neuen Forschungszweige unserer Gegenwart und Zukunft.

Nur die Molekular-Biologie (inkl. der Genetik) ist vergleichbar schnell gewachsen.

> Aber wenn Sie mit Personen sprechen, die für das Wohlergehen unserer Kinder verantwortlich sind, von Regierungsbeauftragten, Schulleitern, Rektoren über Lehrkräfte bis zu Eltern, dann ist so gut wie nichts davon bekannt.

Heute (im Jahre 2004) erzählen LehrerInnen mir stolz, sie befaßten sich neuerdings mit Mnemo-Technik. Als ich diese in den 1970ern (also vor fast zwei Generationen!) anbot, waren 1800 LehrerInnen dazu nicht bereit. Heute, wo wir aufgrund der bahnbrechenden Gehirnforschung so viel weiter sein **könnten**, heute ist man bereit, die Technik der alten Griechen zu erlernen. Eine Technik, die uns vor allem hilft, sinnlose isolierte Einzeldaten „einzuprägen" (das Pauken wird durch Visualisierung zwar etwas verbessert, aber es ist noch immer meilenweit entfernt vom gehirn-gerechten intelligenten Lernen).

Alfie KOHN: *Schools our children deserve*

Darüber hinaus mußte ich in den letzten Jahren feststellen, daß die Gehirn-Forschung neurologisch untermauert, was einige Leute schon **wesentlich länger** wußten. Durch ein leider niemals ins Deutsche übersetzte Buch von Alfie KOHN stieß ich auf Studien, die teilweise bis in die 30er Jahre des letzten Jahrhunderts zurückgehen. Er spricht vom bestgehütetsten Geheimnis der Branche . Es handelt sich um eine **Langzeit-Studie, die gleichzeitig in mehreren Staaten** (über die USA verteilt) ablief. Diese Mammut-Studie ist Insidern als die „8-Jahres-Studie" bekannt:

LANG-ZEIT-STUDIE

- **30 Highschools** beobachteten ihre SchülerInnen über 4 Jahre.
- **1500 SchülerInnen**, die ins College gingen, wurden weitere 4 Jahre betreut.
- **100 Colleges** spielten mit, indem sie sich bereit erklärten, diese SchülerInnen ohne Noten und ohne die üblichen Eingangs-Tests zu AKZEPTIEREN.

Wenn in dieser Studie vom „klassischen Unterricht" gesprochen wird, so war dieser damals erst seit ca. 1 bis 3 Generationen „klassisch", aber in den 1930ern begann die unheilvolle Bewegung des Behaviorismus Bildung und Management zu beeinflussen, unter deren gefährlichen Auswirkungen wir heute noch leiden. FAZIT:

Näheres hierzu in meinem Buch *Das innere Archiv*, Stichpunkt: Forschung zu „Subliminal".

> **1.** Je stärker die Highschools vom klassischen Unterricht abwichen, desto dramatischer waren die positiven Ergebnisse!
> **2.** Diese und zahllose weitere Studien zeigen seit über 70 Jahren immer und immer wieder, **wie leicht wir lernen könnten**, wenn wir es anders angingen als an unseren Regelschulen.

Wir müssen feststellen, daß **private** Institutionen **schon lange** andere Wege gehen und dementsprechend weit bessere Ergebnisse erzielen. Wohl jede/r von uns kennt das eine oder andere Kind, das an Regelschulen „nicht klarkam" und auf einer privaten Schule erfolgreich lernen konnte. Aber sollen diese Möglichkeiten wirklich nur jenen vorbehalten bleiben, die sie auch bezahlen können?

> Schlimm genug, daß bei uns Kindergärten Geld kosten, während Universitäten kostenlos sind. Aber wollen wir auf Dauer, daß nur reiche Kinder gut lernen können?

Insbesondere wenn man bedenkt, daß gerade die Kinder in sogenannten „bildungsfernen" Elternhäusern auf diese Weise vollends an die Wand gedrängt werden.

Und das in einer Zeit, in deren Zukunft es für „bildungsarme" Erwachsene kaum noch Arbeitsplätze geben wird. Deshalb ist die Gefahr derzeit größer als je zuvor in der gesamten Menschheitsgeschichte. Denn „ganz früher" lernten Kinder durch Zuschauen, Mitmachen und Nachmachen, was die Großen ihnen vorlebten. John HOLT stellte schon vor Jahrzehnten fest, daß wir die Kinder künstlich von den arbeitenden Erwachsenen trennen und sie in ein „Gefängnis" einsperren, in dem wir vorgeben, sie über die Welt da draußen zu (be-)lehren. Dies aber tun wir mit Methoden, die dieses Lernen weitgehend verhindern, denn an unseren Regelschulen herrschen seit über 100 Jahren Techniken vor, durch die sowohl die Wissens-Aufnahme im Unterricht als auch das Lernen zu Hause unnötig erschwert werden. Natürlich wurden diese Methoden von Leuten erfunden, die es „gut mit den Kindern meinten" – aber, wie man heute so schön sagt: **Gut gemeint reicht eben nicht!** Besonders wenn es um unsere Kinder geht, noch dazu in einer Zukunft, in der nur die Länder überleben werden, die die geistigen Ressourcen fordern/fördern können.

gut gemeint?

LEHRER extrem WICHTIG in der Gesellschaft

Dies macht den Lehrerberuf zu einem der wichtigsten in unserer Gesellschaft – je eher Entscheidungsträger und Politiker (wie auch Eltern) das begreifen, desto besser. Dabei werden bessere Ergebnisse, wie sie die doppelte Checkliste trotz der Rahmenbedingungen schaffen kann, hilfreich sein, denn wir müssen diesem abfallenden Trend der letzten Jahrzehnte entgegenwirken. Einiges, das einst hilfreich war, wurde leider aufgegeben, so z.B. die Anerkennung der Tatsache, daß Jungen und Mädchen völlig anders lernen und deshalb in einigen Fächern (Rechnen, Naturwissenschaften und Sprachen) durch getrennten Unterricht weit bessere Ergebnisse erzielen. Ebenso gab man Techniken auf, die sich außerordentlich gut bewährt hatten (vgl. CHORSPRECHEN, Seite 66ff.), ohne sich zu fragen, ob es nicht eine Verbindung zwischen dem Verschwinden und dem stetigen Kompetenz-Abfall der SchülerInnen gäbe.

Neuere Studien zeigen, daß Jungen bis zum Alter von ca.13 Jahren vom modernen Schulsystem (der Industrie-Nationen) dramatisch benachteiligt werden, vgl. die COTSWOLD-Studie in England (BIDDULPH, Steve: *Jungen und wie sie glücklich heranwachsen.* Ich bereite derzeit das Thema „Männer/Jungen, Frauen/Mädchen – Schwerpunkt: Wie sie lernen" vor). Über die Unterschiede bei Erwachsenen vgl. meinen Live-Mitschnitt-Vortrag: *Männer/Frauen – mehr als der kleine Unterschied?* (2001).

In dem Maß, wie die Methoden an öffentlichen Schulen ständig ungeeigneter wurden, wuchs der Eindruck, es müsse wohl an den Lernenden liegen. So entstanden (vor allem nach dem Zweiten Weltkrieg) die **Opfer**- und **Täter-Rollen** von SchülerInnen und Lehrenden. Früher gab es oft sogar ein partnerschaftlicheres Verhältnis, manchmal entwickelten sich sogar innige Freundschaften im Zuge dieser jahrelangen geistigen Zusammenarbeit (wie die Tagebücher vieler großer Leute bezeugen). Dies geschah sowohl in den Familien derer, die sich **Hauslehrer** leisten konnten, als auch an **Elite-Oberschulen** und den Colleges oder Fakultäten der **Elite-Universitäten** (bis heute).

Prüfungen helfen nicht!

Seit den 1930er Jahren zeigen Studien, daß Prüfungen weder **helfen**, um irgendeine Tätigkeit zu beherrschen (wie Wurzelziehen, Bruchrechnen, Klavierspielen, im Basketball Körbe werfen oder Fußballtore schießen) noch sind sie hilfreich, wenn es gilt **Faktenwissen** langfristig zu speichern, um später auf dieses Wissen **zugreifen** zu können (z.B. die klassischen Lernfächer in der Schule).

Quellen: Frank SMITH und dessen zahlreiche Quellen, Alfie KOHN, Stephen KRASHEN et al.

Warum Kinder keinen Prüfungen ausgesetzt sein sollten

Der amerikanische Arzt und Autor Dr. Mel LEVINE **behandelt täglich streßkranke Kinder**, die vor allem durch häufige Tests geschlaucht werden. Zwar ist die Anzahl der Prüfungen in den USA noch höher als bei uns, aber im Prinzip gelten seine Forschungsergebnisse auch für Kinder anderer Nationen, denn LEVINE stellte nämlich fest:

Mel LEVINE (*A Mind at a Time*, © 2002).

> Dem Kind fehlt das neuronale Kostüm, das notwendig ist, um eine Prüfungs-Situation souverän meistern zu können.

Das **ständige Versagen** ist für viele SchülerInnen **neurologisch vorprogrammiert**. Aber das wissen in der Regel **weder** jene Menschen, die für das Wohlergehen der Kleinen sorgen sollen (Eltern, Erzieher, LehrerInnen), **noch** die betroffenen SchülerInnen selbst! Es leuchtet jedoch ein, wenn man folgenden Tatbestand berücksichtigt: Um eine Prüfung zu bestehen, benötigt man nicht nur Wissen (man muß also gelernt haben), sondern auch die **Fertigkeit, dieses Wissen hier und jetzt schnell und „spontan" gezielt „anzuzapfen"**. Diese Fähigkeit aber muß sich erst **entwickeln** und ist bei **Kindern** noch mangelhaft ausgebildet.

neurologische Gründe für Versagen

Wir sprechen von der **physiologischen** Hirn-Entwicklung. Es wäre absurd, von einem Dreijährigen ein geschliffenes Essay zu erwarten. Gleichermaßen gilt:

Wir sollten von kleinen Kindern nicht fordern, was nur extrem wenige (**zu Hause besonders geförderte**) Kinder schaffen können.

Weil wir aber Unmögliches von Kindern erwarten, entstand der Irrglauben: Wenn die Kinder (genauer: weit mehr als zwei Drittel) sich mehr anstrengen würden, dann könnten sie es auch schaffen. Politiker, Schulverantwortliche (inkl. vieler Lehrer) gehen leider viel zu häufig davon aus, die Kinder könnten, **wenn sie sich mehr Mühe geben** würden. Das aber bedeutet im Klartext, daß mehr als zwei Drittel unserer Bevölkerung systematisch zu Menschen gemacht werden, die es (angeblich) schaffen könnten, wenn sie bereit wären, sich mehr anzustrengen. Aber dahinter liegt ein Denkfehler:

DENK-Fehler der Schule

> Wir haben **ein** knappes Drittel zur NORM erhoben und messen alle mit einem Maß, mit dem **über zwei** Drittel versagen müssen.

Jede Organisation außerhalb der Regierung müßte Konkurs anmelden, wenn sie jahrzehntelang von derartigen Fehleinschätzungen ausginge. Neben der Tatsache, daß unsere Härte gegenüber Kindern, die angeblich nicht „wollen", falsch ist, kommt ein weiterer Denk-Fehler hinzu:

> Eine Prüfung gibt vor, nur einige wenige Fakten zu testen (nämlich jene, die davor gelernt worden waren), aber das stimmt natürlich nicht.

Um einen Text (bzw. eine Frage) zu verstehen, muß ein Wissens-Netz vorhanden sein. Je kleiner die Kinder sind, desto weniger ausgedehnt ist ihr **Wissens-Netz**. Damit meinen wir erstens, daß **erst wenige Fäden** im Netz sind, und zweitens, daß junge Kinder in der Lage sind, **isolierte Wissens-Netz-INSELN** aufzubauen, die sich im Alter von ca. 10 bis 13 Jahren **erstmals** zu EINEM großen Wissens-Netz zusammenschließen werden. Erst dann wird es möglich, von **jedem** „Wissens-Faden" (im Netz) aus auf das **gesamte** Wissen zuzugreifen.

Davor stehen jeweils nur die Assoziationen jener einen metaphorischen Gedanken-INSEL, auf der man sich derzeit geistig bewegt, zur Verfügung. Erst nach dem Zusammenschluß aller Wissens-INSELN kann der Gehirn-Benutzer alle Stellen im gesamten Wissens-Netz „erreichen".

Zum Beispiel könnte ein Begriff wie BLUME beim Kind eine Pflanze bedeuten, während für jemanden, dessen Wissens-INSELN sich **verbunden** haben, die BLUME auch in einem Bier- oder Weinglas „wohnen" kann, am Hinterteil eines Häschens ist oder uns als metaphorische Sprach-BLUME erfreut etc. Nehmen wir an, die Kinder hätten vor zwei Wochen das Bierbrauen besprochen und der Begriff BLUME wäre in diesem Zusammenhang aufgetaucht. Nehmen wir weiter an, auch in einer Prüfungsfrage wird BLUME in diesem Sinn gebraucht. Aber das Kind befindet sich in einem Ausnahme-Zustand, denn es darf nicht voller Interesse und Faszination über Prüfungsfragen nachdenken (wie bei einem Rätsel, das es lieben würde). Nein, es muß ja beweisen, daß es brav war und gelernt hat. Es wird be- und verurteilt aufgrund seiner Leistung heute. Es ist **nervös**! Es liest BLUME und „landet" in jener Gedanken-INSEL, in der ihm der Begriff zum **ersten Mal** begegnet war. Es ist (wenn es nicht Kind von Bierbrauern ist) wesentlich vertrauter mit der BLUME als Pflanze.

Da aber seine Wissens-Inseln noch nicht verbunden sind, kann es nicht schnell genug auf die „Bierblumen"-Frage reagieren, es „zerbricht sich" den Kopf, es vergeudet wertvolle Zeit, es leidet unter mehr und mehr Streß.

Also fällt das Kind in Panik. Die aber verstärkt die bereits vorhandenen Denk-Blockaden, es erlebt das typische **kognitive Vakuum**, das **durch Pauken ausgelöst** wird. Diese Denk-Blockade aber ist nur ein Symptom einer umfassenden Streß-Reaktion, die den gesamten Organismus erfaßt. Dabei wird u.a. Blut von der Körpermitte und dem Gehirn abgezogen und in die Extremitäten (Arme und Beine) gelenkt, damit der Organismus kämpfen oder fliehen kann. Es werden ca. 25 Stoffe ins Blut geleitet, um dieses für den Fall einer Verletzung zu präparieren und das Immunsystem zu aktivieren etc. Während all das abläuft, sitzt das Kind in der Prüfung! Der Feind ist dieses Blatt Papier, die Lehrkraft, die einen benoten (be-WERT-en) wird, das System, das es zuläßt, daß man regelmäßig so leiden muß, wodurch der einst spannende Prozeß des Lernens pervertiert wird. Das Kind wird entweder zu

Erst wenn man bezüglich NEUER Infos genügend Übung hat, aus den verschiedensten Standpunkten auf diese Info zuzugreifen, kann sich der Stadt-Land-Fluß-Effekt© einstellen. Und erst danach kann man mit der Info souverän umgehen. Aber Prüfungswissen ist meist noch viel zu frisch, als daß das möglich wäre!

lange bei dieser Frage verharren (wie ein Kaninchen, das gelähmt auf die Schlange starrt) oder sie überspringen (fliehen), aber es weiß, daß es (wieder mal!) eine Frage nicht verstehen und/oder beantworten kann. Später, wenn die Verkrampfung aufhört (z.B. auf dem Heimweg von der Schule), könnte es (ohne akute Streß-Situation) wieder von einer Wissens-Insel zur nächsten hüpfen, und so fällt ihm plötzlich „siedend heiß" ein, was mit mit der Frage gemeint war – aber jetzt ist es zu spät. **Jetzt kommt das Kind sich besonders „doof" vor.**

Deshalb empfehle ich ja regelmäßige ABC-Listen, KaWa.s© und Stadt-Land-Fluß-artige SPIELE als Trainingscamp für den Geist; sie sind ab dem Alter von ca. 10 Jahren möglich und trainieren die Assoziations-Fähigkeit, die man z.B. benötigt, um Prüfungsfragen zu begreifen!

Deshalb ist neben der Frage: „Haben wir zu diesem Thema bereits Fäden in unserem Wissens-Netz?" immer auch zu prüfen, ob wir etwaige vorhandene Fäden **auch schon aktiv nutzen können**. Man muß nicht nur Fäden im Netz **haben**, man muß auch fähig sein, diese zu SPIELEN, um erfolgreich nachzudenken.

So wie wir musikalische Themen spielen können, so können wir Wissens-Themen „spielen", aber erst **wenn genügend Wissen vorhanden ist, mit dem wir spielen können.** Dies gilt für Prüfungs-Situationen, aber auch, wenn wir analytisch oder kreativ nachdenken wollen. Daraus ergibt sich: Dr. Mel LEVINE ist nicht grundsätzlich gegen Prüfungen – nur gegen Prüfungen für Kinder! Jugendliche sollen sogar geprüft werden, aber anders als bisher.

Warum Jugendliche (ab ca. 14 Jahren) **Prüfungen durchlaufen sollten, wenngleich ohne Noten**

Prüfung NEIN, wenn... vgl. S. 188

Warum sind Prüfungen für junge Leute sogar gut? Weil sie junge Leute lehren, neues Wissen für einen bestimmten Zeitpunkt abrufbar zu machen. Und das ist eine Fähigkeit, die sie im realen Leben benötigen werden, also bereiten wir sie damit auf die Praxis vor, auf Hunderte von Meetings, Konferenzen, Kundengesprächen etc. Man lernt neue Daten über einen Kunden (oder über seine Produkte, seinen Produktionsprozeß etc.) und muß diese Infos im Gespräch mit ihm oder mit seinen Ingenieuren „griffbereit" haben.

Teilweise stellt der Kunde de facto „Prüfungsfragen" („Sie kennen unser neues Blähton-Verfahren?"), teilweise erfordert die Situation, daß wir das neue Wissen frei einsetzen (eher vergleichbar mit einer Essay-Frage). Deshalb ist Dr. LEVINE keinesfalls gegen Prüfungen, nur die Kleinen, die neurologisch meist noch nicht so weit gereift sind, sollten diesem Streß nicht ausgesetzt sein. Dieser Streß hat schädliche neurologische Auswirkungen, überdies tötet er die Möglichkeit, Interesse am Stoff zu entwickeln, weil Angst vor Prüfung die potentielle Freude im Keim erstickt.

Außerdem bedeuten Prüfungen normalerweise auch **Noten**, und Schüler, die „für die Noten" lernen, lernen inhaltlich extrem wenig. Deshalb gilt die Faustregel, daß man 90% des Schulwissens später vergißt.

Dies dürfte übrigens der Grund dafür sein, daß Stammesgesellschaften genau diesen Zeitpunkt (12-15 Jahre) wählen, um die Kinder in die Erwachsenenwelt zu integrieren. In vielen Gesellschaften durchlaufen die Knaben jetzt die intensive Vorbereitung für ihre Mannes-Zeremonie. In dieser Zeit müssen sie extrem viel lernen, z.B. Stammes-Wissen, Geheimnisse, die nur Männer besitzen dürfen, etc. Man bringt ihnen all das jedoch erst bei, wenn der Mensch Infos später gezielt abrufen kann (wie in einer Prüfungs-Situation), weil die Wissens-Inseln inzwischen zusammengewachsen sind und der Zugriff auf das gesamte Wissen **möglich** wird.

> Keine Stammesgesellschaft der Welt hat je von Kindern gefordert, was neurologisch noch gar nicht möglich ist – nur moderne Industriegesellschaften fordern derart Unmögliches.

!!!

Prüfungen (ab ca. 14 Jahren) könnten also durchaus positiv wirken, wenn die Note nicht wäre. Denn, wer vor allem „für Noten" lernt, lernt nicht wirklich. Er/sie **will die Note, nicht** das Wissen. Er/sie will Vorteile, die die **Note** schafft, nicht aber die Vorteile, die das **Wissen** selbst bieten könnte. Er/sie will **„punkten"**, nicht **wissen** oder **können**. Notenfreie Prüfungen könnten jedoch ihre ursprünglich positive Funktion wiedergewinnen.

Vorteile von Prüfungen ohne Zensuren

Jede Prüfung kann mindestens drei Vorteile bieten, wenn sie nicht zu früh abgehalten wird und ohne die alles bestimmende Note abläuft.

1. **Lernende können selbst überprüfen, ob ihre Eindrücke („Ja, das weiß ich jetzt ganz gut!") korrekt sind.** Dies dient der **systematische Einsicht in den eigenen Fortschritt**, ein wesentlicher Faktor für den Erfolg eines Erwachsenen. Viele ArbeitnehmerInnen **überschätzen** ihre (oft schwach ausgeprägten) **Fähigkeiten dramatisch** und führen einen Lohnstreik nach dem anderen durch, ohne auch nur zu ahnen, daß sie **schon jetzt ihr Gewicht nicht ziehen**. Warum weichen denn mehr und mehr Firmen in Billiglohnländer aus? Bei hoher Kompetenz ist der Standort Deutschland gar nicht so schlecht, aber wenn die Betroffenen ähnlich freudlos „herumwursteln" wie einst in der Schule, weil sie eine lustvolle Tätigkeit, die Freude macht, nie kennenlernen durften, dann rechnet es sich eben nicht in unserem Land.
2. **Prüfungen zur Selbst-Einschätzung sollten von den Lernenden selbst korrigiert werden** (in Kleingruppen!). Dabei lernen Kinder oft weit mehr als **vor** der Prüfung. Erst die korrigierte Version (mit Lösungsangeboten oder Hilfestellungen von der Lehrkraft) geht an die Lehrkraft, die jetzt weit weniger „korrigieren" und eine Note geben kann. Jetzt wird das benotet, was die Lernenden wirklich WISSEN. Jetzt wirkt die Note, wenn sie denn sein muß, nicht wie ein Fallbeil, sondern wird zu einer Bewertung des Ist-Zustandes. Da Menschen im realen Leben sowohl andere Menschen fragen als auch Nachschlagewerke benutzen dürfen, sollten diese Tätigkeiten auch bei Prüfungen normal sein, schließlich soll man ja in der Schule angeblich für das Leben nach der Schule fit gemacht werden, oder? Die Tatsache, daß viele MitarbeiterInnen völlig unfähig sind, irgendwo nachzuschlagen, weil sie eben das nie lernen durften, spricht für sich. Nirgendwo im realen Leben muß man eine Aufgabe erfüllen, ohne die Möglichkeit, Nachschlagewerke (inkl. Internet) zu benutzen oder einen Text nach der ersten Roh-Version zu verbessern, ehe man das Ergebnis „abliefert!". Das gibt es nur in der Schule! Warum liefern viele MitarbeiterInnen tagtäg-

PRÜFUNG
Ja,
wenn …
vgl. S. 186

lich grob fahrlässige Roh-Arbeiten ab? Antwort: Weil sie glauben, so funktioniere die Welt. Man könnte diesen gefährlichen **Irrglauben** wie folgt formulieren: „Du mußt alles auswendig wissen, im Zweifelsfalle raten, du darfst niemanden fragen und schon gar nicht spicken, und dann hoffst du, daß dein Chef deine Arbeit gut findet."

Um nur ein praktisches Beispiel zu zitieren: Denken wir z.B. an Menschen, die beruflich schreiben und jeweils ihr erstes Roh-Manuskript einreichen – sei dies eine Gebrauchsanleitung, ein Brief an einen Kunden oder ein Manuskript, das sie an Verlage schicken! Solange SchülerInnen nicht lernen, wie eigenständiges Arbeiten abläuft, so lange halten sie die Prüfungs-Situation (unbewußt) für typisch, wenn es gilt, ihr Wissen zu nutzen und das Ergebnis „abzuliefern". Anschließend warten sie auf die „Note" und leiden, wenn die Empfänger gar nichts sagen, weil sie es gewohnt waren zu erfahren, wie gut/schlecht ihre Arbeit angeblich war. Dies bringt uns zum dritten Vorteil der Art von Prüfungen, die sinnvoll und gehirn-gerecht wären.

3. **Die Prüfung hilft uns**, (einen bestimmten Zeitpunkt) **zu spielen**. Wir können eine Situation probehalber vorwegnehmen und sehen, wie wir abschneiden, ehe wir uns in die Situation selbst hineinbegeben. Deshalb lohnt es sich auch, Prüfungen vorab zu „spielen", indem wir Prüfung spielen, um unsere Bereitschaft zu testen und zu stärken, ehe die wirkliche Prüfung stattfindet.

Prüfung spielen

Gehören wirklich so viele Kinder auf Sonderschulen?

Ich finde es erschreckend, in welchem Maß wir in den letzten Jahren mehr und mehr SchülerInnen als „**sonder**-bar", d.h. als „Material" für SONDER-Schulen einstufen, statt zu überlegen, ob diese oft eklatanten Fehlurteile zutreffend sind. So können wir zum Beispiel im Internet als erstes Ergebnis zum Stichwort SONDERSCHÜLER lesen:

> **Anteil der Sonderschüler(innen) in NRW auf 5,3 Prozent gestiegen**
>
> Düsseldorf (LDS NRW). Der Anteil der Schülerinnen und Schüler

Quelle: http://www.lds.nrw.de/aktuelles/pressemitteilungen/2003/pres_054_03.html

> mit festgestelltem sonderpädagogischem Förderbedarf in der Primarstufe und der Sekundarstufe I der allgemein bildenden Schulen (ohne freie Waldorfschulen und Weiterbildungskollegs) NRWs hat sich von 4,6 Prozent im Schuljahr 1998/99 auf 5,3 Prozent im zurzeit laufenden Schuljahr erhöht. Wie das Landesamt für Datenverarbeitung und Statistik mitteilt, stieg der Sonderschüleranteil bei Mädchen auf 3,9 Prozent und bei Jungen auf 6,6 Prozent.

Sind Jungen dümmer? NEIN!!

Dann lesen wir dort: „Knapp zwei Drittel der 111.400 Schülerinnen und Schüler mit sonderpädagogischem Förderbedarf sind Jungen.“ Das zeigt jedoch nicht, daß Jungen dümmer wären, sondern daß unser Schulsystem so kinderfeindlich ist, daß einzelne Bundesländer viel zu viele der uns Anvertrauten auf Sonderschulen abschieben (während weitere 4 bis 14% unter Drogen gesetzt werden, s. Seite 203), und daß von diesen benachteiligten Kindern bis zu zwei Drittel Jungen sind. Und niemand fragt, **warum?** Jeder nimmt an, es müsse wohl so sein!

Quelle: http://www.skh.de/pisa/index.htm?dpa/2004/04-02-03-a.htm

Und auf einer Seite namens PISA-News erfahren wir:

> **PISA-News:** dpa-Meldungen zu PISA
>
> **03.02.2004: Zahl der Sonderschüler stark gestiegen**
>
> Bonn (dpa) – Die Zahl der Sonderschüler in Deutschland ist in den vergangenen Jahren stark gestiegen. Von 1993 bis 2002 wuchs sie um 15,5 Prozent (von 371.800 auf **429.400**), wie das Sekretariat der Kultusministerkonferenz in Bonn am Dienstag mitteilte. Dieser Anstieg sei erfolgt, **obwohl** es eine zunehmende Tendenz gebe, Schüler mit sonderpädagogischem Förderbedarf auch in allgemeinen Schulen (allgemein bildende Schulen ohne Sonderschulen) zu unterrichten. Die meisten (dieser) Schüler, rund 80 Prozent, verließen im Jahr 2002 die Sonderschule ohne Hauptschulabschluß.

D.h., daß wir wohl bald eine halbe Million Kinder/Jugendliche haben, die offiziell SONDER-bar genug sind, um von den anderen unterschieden zu werden. Es würde ja die allgemeine Statistik auch ungemein verschlechtern, wenn die 80% jener SONDER-Gruppe, die keinen

Hauptschulabschluß schaffen, die normalen Zahlen „verfälschen" würden. Schon spannend: Erst sortieren wir sie aus, damit niemand in Frage stellt, warum wir sie nicht unterrichten können, dann wundern wir uns, wenn 80% von ihnen keinen Abschluß schaffen. Hier zum Vergleich unser Nachbarland Schweiz, damit Sie sehen: Der Trend, mehr und mehr Kinder auszu-SONDERN, besteht auch dort.

Quelle: Schweizerisches Bundesamt für Statistik.

Sonderschüler 1977-78	4,3 %
Sonderschüler 1983-84	4,3 %
Sonderschüler 1989-90	5,0 %
Sonderschüler 1994-95	5,4 %
Sonderschüler 1997-98	5,6 %

„Die Bandbreite in den Kantonen reicht von 2,0% (Tessin) bis zu 9,8% (Schaffhausen)."

Im gleichen Zeitraum hat man **in Finnland die letzte Sonderschule abgeschafft**, so daß die Zahl (knapp 70 % schaffen die Hochschulreife) noch be-MERK-enswerter ist, denn das sind knappe 70 % von **allen** (inkl. ausländischen) Schülern, da es keine Ausnahmen mehr gibt, während man in Hamburg wie folgt differenziert (aus den PISA-News, dpa-Meldung):

> Im Jahr 2002 wurden rund 495.200 Schüler mit sonderpädagogischem Förderbedarf in Deutschland unterrichtet. **Davon entfielen 262.400 auf den Förderschwerpunkt Lernen** und 232.800 auf andere Schwerpunkte wie geistige Entwicklung, Sprache und emotionale und soziale Entwicklung.

Also nimmt man einfach 262.400 Kinder aus der Schule, wegen LERN-Problemen, statt das System in Frage zu stellen. Wie viele mehr Opfer wollen wir Jahr für Jahr produzieren? Denn die sogenannten SONDER-SchülerInnen sind doch nur die Spitze eines Eisbergs, wenn wir all jene berücksichtigen, die den Abschluß zwar geschafft haben, aber trotzdem nicht lesen, schreiben, rechnen und vor allem denken können!

Übrigens wissen wir inzwischen auch, daß ein Großteil der **besonders Begabten** ebenfalls als LERN-behindert auf SONDER-Schulen abgeschoben werden, weil man nicht einmal zwischen Unter- und Überforderung unterscheiden kann!

Welches Wert-System steht hinter modernen Gesellschaften, die lieber **Abertausende ihrer eigenen Kinder** als **gestört** (bis **krank**) einstuft, als sich zu fragen, wieso die Zahl derjenigen, die auffällig werden, von Jahr zu Jahr wächst? Wir schieben jedes Jahr **lieber** mehr und mehr SchülerInnen ab (oder stellen sie mit Drogen ruhig, vgl. Seite 203), als daß wir **unseren Stil zu unterrichten und zu lernen ernsthaft in Frage stellen**. Das ist das eigentlich erschreckende Ergebnis meiner Recherchen, insbesondere im letzten Jahrzehnt. Selbst der große Schock nach der PISA-Studie 2000 führte bisher kaum zu **sinnvollen** Veränderungen. Im Großen und Ganzen gibt es **noch mehr Druck** sowie eine Verschärfung **ungeeigneter** Prüfungsverfahren und Lehr- und Lern-Methoden. Ob in den USA oder in Europa, in fast allen modernen Staaten, deren Jugend hier geopfert wird, erleben wir dasselbe Bild:

DRUCK

> Man schreit lautstark nach noch **härteren Auslese-Verfahren**, womit die Zahl der **sogenannten SchulversagerInnen** noch größer werden muß.

Es ist ja nicht so, daß Abertausende von Menschen als Versager geboren worden **wären**, sondern sie wurden **laut Etikett** zu solchen abgestempelt. Ist es ein Wunder, wenn sie sich bald auch so sehen? Dann aber folgt die sich selbsterfüllende Prophezeiung, und am Ende „sind" sie Versager „geworden". So erhöhen wir besonders **in dieser Generation** die Zahl **zukünftiger Bürger, die im tiefsten Grunde wissen, daß die Gesellschaft sie betrogen hat**. Ist es ein Wunder, wenn immer mehr junge Leute in den Industrie-Nationen ihren jeweiligen Staat ablehnen, sich politisch nicht beteiligen wollen, manchmal sogar ganz „abdriften" (und sich Drogen, Alkohol oder Schlimmerem hingeben)? Bereits 1986 hatte eine Doktorandin festgestellt, daß unter den kriminellen Jugendlichen 4 mal so viele (ehemalige) SONDER-Schüler waren (s. Rand).

Quelle:
Beck, Annette (1986), Dissertation im Internet: http://www.uni-wuerzburg.de/sopaed1/vernooij/kriminalitaet/beck.htm

Wenn wir überlegen, daß **frühere PISA-Verlierer** inzwischen dramatisch umgestellt haben und daß es in ganz Finnland keine einzige SONDER-Schule mehr gibt, dann hat dies unglaublich wichtige Auswirkungen:

1. LehrerInnen können niemand auf SONDER-Schulen abschieben, weil es keine mehr gibt. Also muß man anders mit den Betroffenen umgehen.

2. Das Hauptziel besteht darin, die Schule für Schüler „gut" zu machen, nicht für Lehrkräfte. Dies gilt auch für be-SOND-ere Kinder. Diese benötigen und erhalten **extra Aufmerksamkeit**, bis sie klarkommen. Komischerweise kommen sie in Finnland, Schweden und Dänemark auch klar.
3. Da die Be-SOND-eren SchülerInnen in der Schule bleiben, ist es wichtig, ihre **Stärken** zu finden: Jedes Kind kann zur Schulgemeinschaft beitragen, wenn man seine Stärken findet!
4. Die Regel lautet: Je mehr Zeit und Energie man in die Kleinen investiert, desto weniger Probleme gibt es später, wenn die Schüler gelernt haben, selbständig zu arbeiten (was in den skandinavischen Ländern wirklich stattfindet!). Also werden SONDER-bare Kinder schon früh unterstützt, nicht erst, wenn es zu spät ist. Bei uns werden sie auf SONDER-Schulen abge-SONDER-t, bzw. sie bleiben im System und verlassen die Schule später, ohne je richtig lesen, schreiben, rechnen oder denken gelernt zu haben. Einen weiteren Teil unserer Jugend (in manchen Ländern bis zu 14 %) dröhnen wir mit Medikamenten zu, und der Rest scheint immer noch über zu viele „de-motivierte" (des-interessierte) SchülerInnen zu verfügen. Komisch.
5. Finnland definiert die Nation als LERN-LAND, dort gibt es inzwischen nur noch Bruchteile der Lern-Probleme, die man dort einst hatte und die wir (noch) haben ...

Deshalb habe ich die Doppel-Checkliste entwickelt. Wenn erstmals OPFER wie TÄTER eine Möglichkeit haben, festzustellen, daß der Unterricht (in der Kindheit oder heute morgen) leider nicht gehirngerecht war, dann profitieren beide. Als TÄTER können wir lernen, unseren Unterricht gezielt mit den Maßnahmen aus der Trick-Kiste anzu-REICH-ern (vgl. ABC-Modul, S. 37ff.), während die OPFER bei ihren häuslichen Aufgaben genauso gezielt **gegensteuern** können (indem auch sie strategisch an-REICH-ern). Somit haben wir erstmals erreicht, daß OPFER wie TÄTER (= OPFER des SYSTEMS) nicht mehr leiden müssen, sondern gezielt handeln können.

OPFER ab ca. 15 Jahren können mit Hilfe des Zwillings-Buches *(Trotzdem LERNEN)* gegensteuern; bei Kindern und Jugendlichen, die als angeblich „lernbehindert" gelten, müßten zunächst Erwachsene helfen, bis sie merken, wie leicht Lernen werden kann. Hier sind Eltern, Tanten, Onkel, Freunde der Familie, Anti-Pauk-Nachhilfe-Studios etc. gefragt.

N OPFER lernen, daß sie **nicht schuld** sind, und **wie sie sich am eigenen Schopf aus dem Lern-Sumpf ziehen können.**

Aber auch die TÄTER **profitieren**. Die meisten gehen ja nicht absichtlich „gegen" die Lernenden „vor", sondern sie haben es im Zuge ihrer Ausbildung so gelernt. Sie leiden selbst, denn es ist extrem schwer, eine Klasse von Schülern zu unterrichten, von denen die meisten leiden. Das löst sogenannte „Disziplin-Probleme" aus, denn (junge) Menschen, die gerne tun, was sie tun, haben wenig Veranlassung, gegen die Lehrkräfte zu kämpfen. Einige Lehrkräfte, die in den letzten Jahren in Pilotprojekten mitgemacht haben, berichteten inzwischen, wie hoffnungsvoll sie einst gewesen waren, und wie ent-TÄUSCHT sie dann wurden (d.h. die Täuschung hörte auf) und wie sie selbst gelitten hatten. Es ist ja kein Geheimnis mehr, daß auch LehrerInnen unter der Situation **leiden**.

Inzwischen aber haben Lehrkräfte die gehirn-gerechten Techniken ausprobiert und berichten. Viele machen z.B. Aussagen wie: **Ich gehe seit Jahren erstmals gerne in die Schule!**

Sie sprechen **leuchtenden Auges** von den **leuchtenden Augen ihrer Schutzbefohlenen**, sie haben begonnen, die große **Freude zu erleben**, die sich bei gehirn-gerechtem Vorgehen einstellt. Einige Kommentare finden Sie auch in unserer WANDZEITUNG: **www.birkenbihl.de**

Daß Lehrkräfte lernen können, weit besseren Unterricht zu erteilen bzw. ihre Schüler weit mehr zu unterstützen, wenn es darum geht, ihnen zu helfen, lernen zu lernen, sehen wir letztlich als Teil ihrer Aufgabe an. Wenn sie mit Hilfe dieser Techniken ihren Job besser machen können, umso besser. Aber was ist mit dem Opfern?

Alle Macht den Opfern?

Angenommen wir hätten mit Hilfe der Checkliste festgestellt, daß der Unterricht von heute morgen (oder die Mitarbeiter-Schulung in der Firma) NULL KÜGELI erhält. Dann wissen wir, daß dieser Unterricht (diese firmeninterne Unterweisung) alles andere als „gehirn-gerecht" war. Was nutzt uns das? Nun, wie oben bereits festgestellt, lernen wir als erstes, daß wir nicht schuld sind. Das ist eine enorme Er-LEICHT-erung für viele Betroffenen! Aber wir können handeln. Wir können durch faszinierende An-REICH-erungs-Maßnahmen (der RECHTEN Checkliste) wenn schon nicht wegen, dann doch wenigstens TROTZ Unterweisung lernen. Dies gilt gleichermaßen, egal ob die OPFER **SchülerInnen** (ab ca. 14 Jahren) sind, **Mitarbeiter** in firmeninternen Schulungsmaßnahmen, **Arbeitslose**, die man zu Umschulungen „eingeladen" hat, ja sogar **KundInnen**, die lernen müssen, ein neues Produkt (Handy, Gabelstapler) oder eine Dienstleistung (z.B. eine Software) zu nutzen.

Der folgende Abschnitt ist dem Zwillings-Buch für Lernende ***(Trotzdem LERNEN)*** **entnommen**, damit Sie als Lehrende oder als Eltern ihn zur Kenntnis nehmen, auch wenn Sie das Lerner-Buch nicht lesen.

Nun sagen manche meiner Seminar-TeilnehmerInnen: Das ist äußerst unfair! Wieso müssen wir als OPFER lernen, Lernstoff gehirn-gerecht anzu-REICH-ern? Wieso sollen wir die Arbeit der TÄTER leisten (also der Lehrkraft, des Fachbuchautors, des Autors oder Übersetzers der hirnrissigen Gebrauchsanleitung etc.)? Wieso müssen wir als Lernende leisten, was dieser Mensch **nicht** geleistet hat? Richtig, es mag Ihnen unfair erscheinen, aber bitte bedenken Sie zweierlei:

Wir als Opfer?

1. **Wir als Empfänger müssen immer „Arbeit leisten"**, wenn wir etwas Gehörtes (Gelesenes, Gesehenes) **verstehen** wollen, auch wenn der Sender gehirn-gerecht sendet. Wir müssen nämlich immer **wahrnehmen, mitdenken, begreifen, eigene Gedanken hinzufügen** etc. Das heißt **passives** Aufnehmen von Infos ist nicht effektiv, wie wir von Schule und unserer Couch beim Fernsehen genau wissen.
2. Wenn wir bedenken, **wie wenig beim passivem Konsumieren „hängenbleibt"** und wie leicht es wird, sich Dinge zu merken, die wir **aktiv-kreativ gelernt** haben, dann hören wir auf, über Unfairneß zu klagen.

Möchten Sie lieber unfairerweise das Gefühl haben, zu „doof" zu sein und **hilflos zusehen**, wie Sie wieder einmal NICHT lernen, oder möchten Sie lieber (unfairerweise) zur **Selbsthilfe** greifen, **um die Situation dramatisch zu verbessern?** Eben!

Aber selbst wenn wir uns anfangs noch nicht zutrauen, selbst für unsere gehirn-gerechte Unterweisung sorgen zu können, profitieren wir von der Checkliste. Denn wir haben mindestens begriffen, daß es nicht an uns liegen kann, **wenn** die Checkliste zeigt, **daß** dieses Prüfgut (dieser Unterricht, dieser Artikel, dieser Lehrfilm, dieses PC-Programm etc.) **nicht gehirn-gerecht** ist. Dann wissen wir, daß Probleme beim Begreifen und Merken **nicht unsere Schuld** sein können. Wir haben demzufolge ab sofort aufgehört, Opfer zu sein. Egal ob die Situation unfair sein mag (Fairneß ist nicht als Geburtsrecht einzuklagen, es ist in der Natur nicht vorgesehen), wir können **handeln**! Wir können zumindest versuchen, gehirn-gerechtere Lehr-Personen aufzutreiben, oder wir **lernen, uns das Wesentliche im Zweifelsfall selber gehirn-gerecht beizubringen**. Deshalb betone ich immer, daß wir Lehren/Lernen als zwei Aspekte derselben Münze sehen müssen, das eine ohne das andere geht nicht. **ENDE ZITAT**

EINSTEIN stellte einmal fest: Alles Wesentliche mußte ich mir selber beibringen.

Autonomes Lernen an Schulen?

Warum nicht? Sollten Schulen nicht Orte des LERNENS sein? In meinem Büchern *Stroh im Kopf?* (ab 36. Auflage) und *Das innere Archiv* befindet sich je ein Modul mit demselben Titel (Gehirn-gerecht-Machen von Information); in *Stroh im Kopf?* stellte ich eine 5-Schritt-Methode zu autodidaktischem Lernen vor. Viele SchülerInnen waren so lange stark gegängelt worden, daß sie es zunächst sehr schwierig fanden, sich einer Thematik selbständig zu nähern. Deshalb gab es zahlreiche Fragen, weshalb ich in *Das innere Archiv* eine Ergänzung anbot. Aber inzwischen habe ich viele der Ideen wiederum weiterentwickelt. Heute können Sie Ihren SchülerInnen noch mehr bieten, nämlich: die neuen **NLLS** (Non-Learning Learning-Strategies), also unsere gesamte **Trick-Kiste**.

Somit haben Sie genügend Möglichkeiten, um Ihren SchülerInnen **diverse Startmöglichkeiten** zu bieten. Und diese können (in Kleingruppen oder einzelne) WÄHLEN! Wichtig: Wenn so ein Prozeß (z.B. autonomes Lernen) erst einmal gestartet wurde, beginnt er ein Eigenleben zu entwickeln, somit ist vor allem der Anfang das Problem, bei den die Hilfe des Coach so wichtig ist.

START-möglich-keiten bieten

Wenn Lehrkräfte beginnen, SchülerInnen zu autonomem Lernen zu verhelfen, müssen sie natürlich damit rechnen, daß sich auch **autonomes Denken** entwickeln wird. Dies kann zu faszinierenden EntDECK-ungen – auch für LehrerInnen –- führen, wenn sie es zulassen. Damit wird die folgende typische Klage von SchülerInnen, die von unsäglichem Frust und Leiden zeugt, ebenfalls entwaffnet:

> **Schülerin, 20, Gymnasium (CH):**
> **Den Lehrern nach dem Mund reden/schreiben?**
> (...) und in jenen Fächern, in welchen wir Bücher wählen oder Vortragsthemen bestimmen können, haben wir SchülerInnen uns ein Repertoire von Lehrer-Wünschen zurechtgelegt. **Wir wissen doch genau, was die Lehrperson will und wann es eine gute Note gibt. Da lohnt es sich nicht, aus dem Rahmen zu fallen und sich für etwas speziell zu engagieren.** Es ist traurig, aber ich habe durch all die Jahre gelernt, mich zu **fügen** ... In meiner Klasse machen dies die meisten so.

ist das nicht traurig?

Haben Eltern Angst vor der Schule?

Mikro-WQS

Frage: Wieviel Prozent der Erwachsenen in unserem Land sind schulgeschädigt (teilweise in gravierendem Maße)?

- ❑ weniger als 10%
- ❑ zwischen 11% und 25%
- ❑ zwischen 26% und 50%
- ❑ mehr als 50%

Denken Sie zurück an den Schock nach der großen PISA-Studie 2000. In den Wochen und Monaten danach jagte ein Beitrag in den Print-Medien wie auch in Radio und Fernsehen den anderen und brachte neben vielen Infos über die Gegenwart auch diese erschreckende Realität an den Tag: Es sind weit mehr als 50% unserer Erwachsenen, die schlimme Schul-Erlebnisse hatten – es sind zwei Drittel (2/3) unserer Mitmenschen, viele davon Eltern, Tanten, Onkel, Großeltern. Wie glauben Sie, werden sie (unbewußt) ihre Kinder, Nichten, Neffen, Enkel beeinflussen? Wie reagiert ein Mensch, der einst verletzt wurde? Er will vergessen, er unterdrückt die Erinnerungen und er versucht, über das Thema möglichst nicht nachzudenken! Dies halte ich für einen Grund, warum das Thema Lernen/Lehren in diesem unseren Lande so einen geringen Stellenwert hat.

Mikro-WQS

Frage: Welche Menschengruppe ist größer?

Gruppe A: Menschen, die bereit sind, sich als potenzieller Superstar zum Affen zu machen (vgl. Casting-Shows, bei denen Zehntausende sich stundenlang anstellen, um eine Chance zu erhalten).

Gruppe B: Menschen, die Interesse daran haben, ihre Art zu lernen oder zu lehren mit wenig Aufwand dramatisch verbessern wollen; also Menschen, die gerne Super-LERNER oder Super-LEHRKRÄFTE sein möchten.

- ❑ Gruppe A
- ❑ Gruppe B

Interessant ist die Tatsache, daß diejenigen, die den Weg zum Superstar gehen wollen, häufig bald aufgeben, wenn sie zum ersten Mal realisieren, wieviel ein echter Musik- und/oder Tanz-Star lernen muß!

Tja, ich glaube, daß es weit leichter ist, Menschen zu finden, die Superstar werden wollen als Menschen, die ihre Fähigkeit zu LERNEN oder LEHREN entwickeln möchten.

Dies gilt natürlich nicht nur für jene, die **offiziell** lernen/lehren sollen (also SchülerInnen, StudentInnen und Lehrkräfte), sondern **auch** für jene, deren Lernen/Lehren eher inoffiziell abläuft (von Führungskräften, die sich unklar ausdrücken, über Menschen, die KollegInnen einweisen sollen, bis zu Verkäufern und Beratern von „erklärungsbedürftigen" Produkten, die Kunden das altbekannte Gefühl geben, dafür seien sie wohl zu „blöd").

Wir interessieren uns für „jeden Mist", nicht aber dafür, wie wir und unsere Kinder (MitarbeiterInnen) für die Zukunft in einer Informations- oder Wissens-Gesellschaft fit gemacht werden sollen. Da reden die Politiker wohltönend von „lebenslangem Lernen" und davon, daß Länder wie Deutschland nur **eine** Ressource haben, nämlich die geistigen Fähigkeiten ihrer MitbürgerInnen, aber in Südindien und an anderen (skandinavischen oder asiatischen) Orten lebt man uns vor, wie man diese menschliche Ressourcen systematisch schult und nutzt.

D unsere Ressource: GEIST !!

Erinnern Sie sich noch an die Politschlachten von wegen Greencards für Inder? Damals lautete der Slogan der ausländerfeindlichen Lobby: „Inder oder **Kinder**" (so unlogisch dieser Spruch auch war, denn Kinder brauchen einige Jahre, bis sie einen computerfachmännischen **Inder** „ersetzen" könnten)! Das Gerede ist inzwischen verstummt, aber nur, weil niemand ernsthaft an dem Thema **arbeiten** will. Jeder hofft, es wird weggehen, wenn wir nicht daran denken! Und warum wollen wir nicht daran denken? Antwort: Weil zu viele Erwachsene schul-geschädigt sind! Wir neigen dazu, das ganze Thema zu verdrängen. Denn sonst müßten wir uns eingestehen, daß vieles, was in der Schule geschieht, nicht zum Wohle der Jugend passiert. Ein Beispiel soll hier stellvertretend für unzählige stehen:

In einer TV-Talk-Show mit Schul-Beauftragten, Lehrkräften und Erwachsenen (= ehemaligen SchülerInnen) **berichtete eine Frau, daß sie als Achtjährige** ein erstes Mal von Mitschülerinnen **ausgelacht wurde, als sie einen Fehler machte**.

TV-TALK betreff PISA + Schule

Sie erzählte, wie sehr dieses Erlebnis ihr ganzes Schulleben geprägt habe, daß sie den Rest Ihrer Schulzeit Angst vor ähnlichen Blamagen hatte und sich niemals mehr frei äußern konnte. Daraufhin fragte sie einer der Schul-Beauftragten, ob sich so etwas später jemals wiederholt habe. Ja, so ca. einmal pro Schuljahr, wiewohl sie sich seit dem ersten

Male weitgehend weigerte, irgend etwas zu sagen, wenn es sich vermeiden ließ. Nun wollte er wissen, wie viele Jahre sie insgesamt zur Schule gegangen war. Sie hatte mit 14 eine Lehre begonnen (3 Jahren Berufsschule). Darauf sagte dieser Talkgast im Tonfall der Entrüstung:

Ein Mann stoppt ALLE

> Wenn Sie erlauben, **das ist doch typisch für die ganze Debatte hier**. Da ist diese Frau ab dem 8. Lebensjahr pro Jahr im Schnitt **einmal** ein wenig ausgelacht worden – mein Gott, das ist uns allen widerfahren, das gehört einfach dazu! Und das wird dann zum Schul-Trauma erhoben und als Beweis für die katastrophalen psychischen Folgen von Schule dargestellt ...

Er sprach so lange und vehement, daß danach von den anderen Gästen, die als frühere SchülerInnen eingeladen worden waren, keine/r mehr ein weiteres Beispiel vorzubringen wagte. Was man bei solchen und ähnlichen Diskussionsrunden meines Erachtens völlig übersieht ist u.a. dies:

1. Es ist m.E. eine geradezu strafbare Unterlassungssünde, daß **beim ersten Mal** (als sie von den KlassenkameradInnen ausgelacht wurde), **die Lehrkraft nicht** eingriff und diese Schmach sofort unterband!

Lehrer vs SchülerInnen

2. Es ist jedoch m.E. genauso schlimm, daß in all den Jahren danach **alle weiteren Lehrkräfte**, die anwesend waren, als sie **wieder** ausgelacht wurde, **ebenfalls nicht eingriffen**, um dieses Verhalten zu stoppen. Es dürfte klar sein, daß solche Erlebnisse auf das Selbstwertgefühl drücken müssen. Es ist schon schwer genug für einen Erwachsenen zu ertragen, wenn er ausgelacht wird, aber ein Kind leidet mindestens so, wenn nicht mehr, hat aber weit weniger Optionen. So kann ein Erwachsener den Ort, an dem man ihn auslacht, verlassen, falls er dies wünscht, während das Kind durch den Schulzwang diese Option nicht besitzt. In diesem Licht sollte man sich einmal fragen, warum Schulschwänzen zu einem so ausgeprägten Problem in modernen Staaten geworden ist, daß immer häufiger die Dienste der **Polizei** in Anspruch genommen werden, um diese Kinder zu zwingen, in die Schule zu gehen.

3. Der **entrüstete Talkgast** hatte sich darüber aufgeregt, daß man die seltenen Vorfälle (von ca. einmal pro Jahr) aufbauschen würde. Da nickten einige im Publikum Beistand, es klingt ja auch so „logisch", nicht wahr? Dabei bedenkt jedoch niemand, daß **einmal im Jahr vollkommen ausreicht**, um die Panik **an allen anderen Tagen** aufrechtzuerhalten. Wenn wir tagtäglich befürchten müssen, **heute könnte es wieder passieren** ... Das reicht aus, um den Adrenalin-Spiegel permanent zu erhöhen, d.h. eine physiologische Besonderheit auszulösen, die bei Soldaten als **Kriegs-Trauma** bezeichnet wird. Solche Soldaten landen im Sanatorium, während solche SchülerInnen täglich weiter an die „Front" (in die Schule) gehen müssen. Die Angst vor der Blamage ist weit schlimmer als die Blamage selber, wenn sie einmal chronisch geworden ist. Und das bringt uns zum vierten Punkt:

   dieser Mann (vgl. S. 200)

   TRAUMA

4. Wenn wir **vorher genau wüßten, wann** das Schlimme das nächste Mal geschehen wird (in vier Stunden, Tagen, Wochen, Monaten), dann könnten wir uns ja bis kurz vor jenem Datum entspannen, **aber wir können es ja nicht vorab wissen!** Es ist diese **Ungewißheit** – mehr als alles andere – was quält! (Dem fügte einer der Beta-Leser dieses Buches per E-Mail hinzu: „Die ständige Angst, dass der Lerner oder die Lernerin selber von Lehrer/Lehrerin lächerlich gemacht wird und/oder von den Übrigen ausgelacht wird bezieht sich nicht nur auf am eigenen Leib erlebtes. Die Angst wird auch dadurch geschürt, dass immer wieder **andere** in der Klasse ausgelacht werden. Wenn jeder nur einmal pro Jahr ausgelacht würde, würde das die Angst aller doch aufrechterhalten, oder?")

   quälende Ungewißheit

Richtig! Und das Schlimmste, das wir einem Menschen aufbürden können ist **Ungewißheit**, insbesondere über **lange Zeiträume** hinweg.

> Unser Gehirn ist **nicht** darauf angelegt, längere **Ungewißheiten** zu ertragen.

Ob MitarbeiterInnen monate-/jahrelang bangen, wann ihre Arbeit wegrationalisiert wird, oder ob **SchülerInnen** darauf warten, zum

Gespött zu werden – es ist die **Ungewißheit**, die so schwer zu ertragen ist und **immensen Streß** auslöst! So leiden z.B. die Gefangenen in Guantanamo-Bay **nicht** am meisten, weil sie ohne Prozeß und ohne Anwalt dort sitzen, sondern **am meisten leiden sie** (wie alle inzwischen Freigelassenen übereinstimmend sagen), weil sie **keine Ahnung haben, wie lange es dauern wird**. Der berühmte Satz NIETZSCHEs (Wir Menschen könnten so gut wie jedes **Wie** ertragen, wenn wir ein **Warum** kennen.), könnte variiert werden:

Deshalb verurteilen wir Menschen zu zeitlich begrenzten Gefängnisstrafen! Werfen Diktatoren hingegen Menschen zeitlich unbegrenzt in den Kerker, so ist die Zahl der Selbstmorde bzw. derer, die „irre werden" enorm hoch!

> Menschen ertragen fast jedes **Was**, wenn sie genau wissen, **wie lange** es andauern wird.

Kennt man einen **Zeitpunkt**, kann man zu zählen beginnen (Jahre, Monate, Wochen, Tage, Stunden, Minuten). Diese Art der Orientierung gibt Halt. Völlige Ungewißheit aber ist **haltlos**, man fühlt sich, als wäre einem der Boden unter den Füßen weggezogen worden, als würde man fallen, immer und ständig weiterfallen. Dies erzeugt eine Art von Vertigo-Krankheit. Es handelt sich um die psychische Analogie zur Raumkrankheit bei freiem Fall (d.h. bei Schwerelosigkeit). Bezüglich der Ungewißheit von Guantanamo gilt:

> Die Ungewißheit wurde von internationalen Fachleuten für Folter eindeutig als **Folter-Tatbestand** definiert.

So ähnlich ist es, wenn SchülerInnen einmal erlebt haben, daß die KlassenkameradInnen über sie (oder andere) **ungestraft** lachen dürfen, weil sie etwas nicht wissen, lange nachdenken, einen Fehler machen etc. Diese Angst löst eine ähnliche Ungewißheit aus, wie für die Folteropfer in Guantanamo-Bay, nur daß wir hier Kinder „foltern".

Mikro-WQS

Diese Zahlen wurden von verschiedenen Print-Medien veröffentlicht (u.a. FOCUS, März 2003).

Frage: Wieviel Prozent der Lehrkräfte lassen sich um 2 bis 10 Jahre vorzeitig aus der Schule entfernen, indem sie sich entweder als permanent krank (= arbeitsunfähig) einstufen oder vorzeitig pensionieren lassen?

Die Zahlen sind erschreckend, und zwar nicht nur bezogen auf die Lehrkräfte, sondern auch bezogen auf ihre **Opfer**: die Zahl von Kindern, die zu streßkrank sind, um in die Schule zu gehen, z.B. weil sie zu Recht befürchten müssen, man könnte wieder einmal **ungestraft über sie lachen** (heute, morgen oder irgendwann). Ebenso wächst die Zahl von Kindern, die sich direkt umbringen (auch Neunjährige!) oder die sich indirekt umbringen (Drogen, Alkohol), bzw. die nur mit Medikamenten dem Unterricht beiwohnen können. In Deutschland wird heute zehnmal so viel Ritalin verschrieben wie vor 10 Jahren; in Amerika ist der Anteil der angeblich kranken Kinder noch dramatischer gewachsen. Dort können sogar Lehrkräfte Eltern gerichtlich dazu verurteilen lassen, den Kindern **Ritalin** zu verabreichen. Somit reicht das Spektrum von ADHD-Kindern von über 14% in manchen Ländern, bis zu knapp 4% (Schweiz), wobei Deutschland zwischen beiden Extremen liegt.

Vgl. Quellen: Jörg BLECH: *Die Krankheitserfinder* und ein „BAG-Bulletin" (vom Bundesamt für Gesundheit) am 04.04.2002.

RITALIN

Somit sind die **nicht sauber einzuordnenden Fälle** (wie auch die Dunkelziffern) so hoch, daß man **keine genauen Zahlen** nennen kann, aber bezogen auf die Frage nach den Lehrkräften, die vorzeitig aus dem Schuldienst ausscheiden, sind die Zahlen bekannt: Es sind über 90% der LEHRKRÄFTE, die sich zwischen 2 und 10 Jahre vorzeitig aus der Schule entfernen (lassen). Genauer: Es sind 92% (laut FOCUS, März 2003). Im Klartext:

> Immer mehr **SchülerInnen** werden in der **Schule streßkrank**, müssen mit der chemischen Keule (oft jahrelang) „ruhiggestellt" werden (oder greifen zu Drogen bzw. Alkohol), weil sie es nicht länger ertragen können, während sich **gleichzeitig** immer mehr Lehrkräfte aus der **Streß-Falle Schule** entfernen (lassen).

Priester haben andere Probleme, z.B. mit dem Zölibat, aber Geistliche ohne diesen Druck sind sehr glücklich in ihrem Beruf.

Geistliche hingegen sind noch mit 90 Jahren beruflich tätig! Deshalb wundert es kaum, daß es Selbsthilfe-Gruppen für schul-geschädigte LehrerInnen gibt, aber keine für gemeinde-geschädigte Pfarrer.

Aber darüber reden wir kaum in diesem Land, das einst das Land der Dichter und Denker war. Da die meisten Erwachsenen in ihrer Schulzeit ebenfalls viel Unangenehmes erlebt haben, jedoch dazu neigen, darüber nicht nachzudenken, müssen sie ihre **Ängste unterdrücken**. Daraus resultiert eine gefährliche Entwicklung, die besonders den engagierten Lehrkräften große Sorgen macht:

> ELTERN lassen sich fast nie in der Schule blicken. Sie kommen weder zu Elternabenden noch zu Sprechstunden – bis es zu spät ist.

Dann ist ein gegenseitiges entspanntes Kennenlernen von Eltern und Lehrkräften kaum noch möglich, das Kind ist versetzungsgefährdet – es brennt bereits lichterloh –, und so kommt es leider häufig zu außerordentlicher **Feindseligkeit gegen die Lehrkräfte**, d.h. **gegen Personen, die uns an jene erinnern, unter denen wir früher als Opfer gelitten haben**. Eine Mutter berichtete, daß sie, als sie die Schule ihrer Tochter betrat, eine ähnlich lähmende Beklemmung erlebt habe wie in ihrer Kindheit: Sie konnte kaum atmen, sie fühlte sich akut bedroht und wiewohl sie rational wußte, daß Sie **heute nicht Opfer,** sondern Besucherin war, konnte sie diese Gefühle nicht beherrschen:

> Als ich diese leeren Korridore entlangschritt und meine Schuhe auf den Steinfließen hören konnte, die bilderlosen Wände, leises Murmeln hinter manchen Türen – so war es früher immer, wenn ich wieder mal draußen stehen mußte und dann etwas auf und abging, weil es mich fror. Auf dem Weg zu dem Treffen mit der Lehrerin meiner Tochter erlebte ich so viel Schmerz aus meinen Kindertagen, daß ich auf dem Absatz umdrehen und die Schule verlassen mußte.

Zum **Beispiel**: Theater, Konzerte, Austellungen mit Werken der SchülerInnen, Info-Abende über Lern-Techniken etc.

Leider veranstalten die meisten Schulen keine/wenige **außerschulische Aktivitäten**, an denen **Eltern** die Schule ihrer Kinder in einer ganz anderen Rolle als ihre eigenen Schulen einst erleben: Keine leeren Korridore, in denen die Schritte der Vergangenheit hallen, sondern die festlich geschmückte Aula/Sporthalle, in der das eigene Kind (oder eines/r Freund/in des eigenen Kindes) in einem Theaterstück oder Konzert mitwirkt, in einer Ausstellung eine Figur zeigen will. **Jetzt** können Eltern erstens schlecht wegbleiben und zweitens ihre alten Ängste und Streß-Gefühle wesentlich leichter überwinden, weil sie diese Schule und ihre Menschen (z.B. die Lehrkräfte ihres Kindes) in einem völlig anderen Licht erleben. So können sie mit diesen Personen gemeinsam ein neues HEUTE und MORGEN aufbauen, welches das alte GESTERN langsam verblassen läßt. In vielen Schulen in anderen (z.B. in angelsächsischen) Ländern hat man allerbeste Erfahrungen mit solchen Aktivitäten gemacht. Ein Tip einer Lehrerin aus einer englischen Schule:

Tip aus GB

> Vor dem eigentlichen Ereignis, in der Pause und danach, ergeben sich zwanglose Möglichkeiten für uns und die Eltern, einander kennenzulernen und über die **tolle** Leistung des Kindes zu sprechen, die heute zur Debatte steht. Also ergibt sich doch eine ganz andere Basis für Gespräche heute, wie auch für spätere Kommunikationen, sollte es mal zu echten Problemen kommen. Bei solchen Anlässen kann man von Anfang an wirklich **miteinander** reden, so daß Lehrer und Eltern später **gemeinsam** und **mit dem Kind** Lösungen suchen können, falls dies je nötig wird. Außerdem lernen sich alle Betroffenen ein wenig kennen, statt daß, wie früher, die Kinder in der Mitte hingen und **entweder** mit Lehrkräften **oder** mit Eltern zu tun hatten – so gut wie nie aber **beide gemeinsam in einer sozialen Situation** erleben konnten.

ein neuer Anfang

Das alles könnte sich mit diesem Buch ändern! Es gibt Wege, die das Lehren massiv erneuern und revolutionieren können – und zwar **auch** für Menschen mit Schulschäden. Es ist ein **neuer Anfang**, auf den man sich einlassen kann. Und da **Lernen und Lehren zwei Seiten derselben Medaille** sind, können wir über das eine nicht sprechen, ohne das andere (und umgekehrt) einzubeziehen. Zwar liegt der **Schwerpunkt dieses** Buches beim **Lehren** (und im Zwillings-Titel beim Lernen), aber **die beiden Tätigkeiten sind wie**

Zwillinge auch dann miteinander verbunden, wenn wir gerade nur den einen sehen.

...Dann müßten die ELTERN kommen

Wenn Schulen in Zukunft Veranstaltungen anbieten würden, z.B. als Info **nach** einer Schüler-Theateraufführung oder einem Konzert mit SchülerInnen (zu dem die Eltern kommen „müssen"), dann können **Schulen wieder zu wirklichen Orten des Lernens/Lehrens** werden, an denen **alle glücklich** sein können: die Ex-Opfer, weil das Lernen neuerdings zur Freude wird, die Lehrkräfte, die ja oft als Opfer der Vergangenheit handelten, und die Eltern, die häufig jetzt erst **nachträglich** begreifen, was ihnen damals widerfahren war. Ich erlebe es in meinen Vorträgen und Seminaren immer wieder, daß mir TeilnehmerInnen in den Pausen mit Tränen in den Augen erzählen: Sie hätten heute erstmals begriffen, daß **sie als Kinder und junge Leute ja gar nicht blöde gewesen seien** und daß der Unterricht damals eben nicht gehirn-gerecht gewesen war, was sie zu Opfern gemacht hatte. Viele fügen hinzu, daß sie sich **ab jetzt zutrauen**, neue Dinge auszuprobieren, weil sie zum ersten Mal erfahren hätten, daß Lernen von der Natur als lustvolle Tätigkeit vorgesehen ist, weil es Überlebenswert hat, und daß eine Menge passiert sein muß, wenn sich das einst geändert hat.

> Es ist unglaublich, die Freude und Erleichterung in den Gesichtern zu sehen, weil ihnen jetzt klar ist, wie gerne sie vor der Schule und teilweise **danach** auch **außerhalb** der Schule gelernt hatten, sowie daß dies die **eigentlich natürliche Art des Lernens** darstellt.

Ziel dieses Buches ist es, meinen LeserInnen ähnliche Einsichten (für sich oder Familienmitglieder, Freunde etc.) zu ermöglichen.

PS: Auch LEHRKRÄFTE sind einst SchülerInnen gewesen

Wer meint, alle LehrerInnen hätten nie Angst in der Schule gehabt (sonst wären sie ja wohl kaum LehrerInnen geworden), irrt. Interessanterweise stellen auch viele **LehrerInnen** fest, daß sie **in ihren früheren Angst- bzw. Lieblingsfächern** zu denselben Urteilen kommen wie andere Erwachsene. Manche haben (mit Entsetzen) begriffen, **daß ihr heutiger Unterricht dem Unterricht ähnlich ist, den sie in früheren Angstfächern erlitten**. Viele verstehen erstmals, daß auch sie **als Kinder** begonnen hatten zu glauben, daß **die Opfer selbst verantwortlich dafür seien, ob sie lernen**. Diese Einstellung blieb manchen erhalten. Das heißt: So manche Lehrkraft lehrt **ihr früheres Lieblingsfach** und behandelt SchülerInnen, die „nicht klarkommen", als seien diese schuld, und zwar gerade, **weil sie selbst als Kind in ihrem Angstfach die Schuld für Lernprobleme internalisiert hatte**. Daher kommt es dieser Lehrkraft heute gar nicht in den Sinn nachzuforschen, ob sie als Lehrkraft möglicherweise (mit) verantwortlich sein könnte. Die Checkliste brachte dies schon häufig an den Tag.

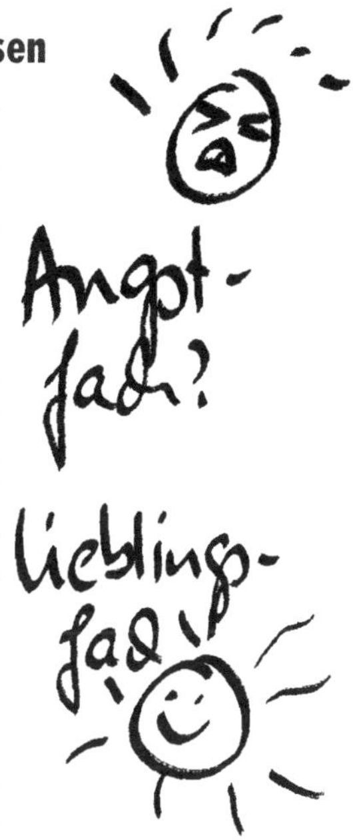

Vielleicht möchten Sie zwei Module in meinem Buch *Das innere Archiv* zur Ergänzung heranziehen: Modul 8 – Forschungsergebnisse über das Lernen (Seite 149 ff.) und Modul 14 – Lehrer-Modul (Seite 242 ff.).

In der Kommunikatons-Theorie weiß man seit Jahrzehnten um die **Verantwortung des Senders**, warum soll dies bei Lehrkräften, Chefs, Ausbildern, Kundenberatern etc. anders sein? Allerdings hatte es früher genausowenig Sinn, diese Sender „schuldig" zu sprechen, wie es heute hilft, wenn wir die Schuld den Opfern zuschieben. Die Frage ist, was wir dagegen unternehmen können und genau darum geht es ja in diesem Buch.

Viel Er-FOLG (= Folge Ihres Tuns ab heute) wünsche ich Ihnen und Ihren SchülerInnen sowie deren Eltern.

Modul 4 – Lehrer-/Schüler-Fragen

Vorbemerkung

Ich möchte meiner Kollegin und Autorin Frau Dr. Christin M. KUNZ in Villmergen (Schweiz) danken: Einige der hier vorgestellten Fragen stammen aus ihren ausgedehnten Recherchen; teilweise transkribierte sie sogar meine Antworten (vom Tonband-Protokoll).

Danke Christin :-)

Dr. Christin M. Kunz
www.ck-centrum.ch

1. Lehrer-Frage: Gehirn-gerecht in der Schule?

Wie kann ich auf Ihre gehirn-gerechten Lerntechniken (z.B. KaWa©, ABC-Listen usw.) eingehen, **wenn ich einen starren Stoffplan habe** und mir nur sehr wenige Lektionen pro Fach zur Verfügung stehen?

BIRKENBIHL: Die erwähnte Kollegin, Frau Dr. KUNZ, arbeitet ja in der Schweiz mit Kindern, Jugendlichen und Lehrkräften und zeigt, daß es geht. Um nur zwei Beispiele zu nennen:

Vgl. ABC-Listen, Seite 50.

1. Wenn Sie 2 bis 3 Minuten für eine ABC-Liste zu „opfern" glauben, dann ist dies überhaupt **kein Opfer**, denn **Sie sparen später weit mehr Zeit**, weil die Lernenden durch das **ABC-Denken** ins Thema **eingetaucht** sind und zahlreiche mögliche **Assoziationen** im Wissens-Netz „angerissen" haben, die durch Ihren anschließenden Vortrag sofort aktiviert werden. Sie sind „im Thema drin", statt über den Lippenstift der Freundin oder über den neuen DJ in der Disko nachzudenken.

Vgl. *INCIDENTAL*, Seite 89ff.

2. Wenn kleine **Gruppen gemeinsam** an einem KaWa© zum Thema gearbeitet haben, tauchen garantiert „neue" Gedanken auf, die die Einsichten und Ent-DECK-ungen der einzelnen er-WEIT-ern und das Thema in einer Weise an-REICH-ern, wie Sie als Vortragender das niemals erreichen können. Merke: Unser Gehirn ist auf die **aktive** Wissens-Verarbeitung eingestellt, nicht den passivem Konsum, zu dem der klassische Frontal-Unterricht aber zwingt.

2. Lehrer-Frage: Starrer Stoffplan I

Deshalb stellt sich auch folgende Frage immer wieder:

Ich muß meinen Schülern laut Lehrplan einfach zu viel Stoff vermitteln – das ist in der knappen Zeit kaum zu schaffen. Da helfen auch Ihre Ansätze nicht.

BIRKENBIHL: Ein angehender Pharma-Referent muß eine gewisse Menge an medizinischem Basiswissen „verpaßt" bekommen, und das in wenigen Wochen. Anschließend werden dann pharmakologische Grundkenntnisse „draufgesetzt", zum Schluß muß er alles über „unsere" Produktreihe lernen, und dann sattelt man das spezifische Fachwissen für unsere einzelnen Produkte drauf (welche Studien wann was unter welchem Arzt in welcher Weise nachgewiesen haben, welche größeren Erfolgs-Anwendungen es bisher gegeben hatte, von Nebenwirkungen, die man zugibt, und jenen, die man eher befürchtet, ganz zu schweigen).

Ausbilder in der Pharmazie erhalten chronisch zu wenig Zeit für das alles, die Kursteilnehmer müssen eine Reihe von Prüfungen bestehen, sonst fliegen sie.

Ähnlich geht es in vielen Branchen und Firmen zu. Wir wissen, daß ungelernte Arbeitskräfte (vor 100 Jahren noch 80 % der Arbeitnehmer) in Zukunft auf weniger als 20 % zurückgedrängt werden und daß man heute und in der Zukunft weit mehr erwartet. Eben deshalb ist es ja so schlimm, wenn unsere Schulen nur stur ihr Programm „fahren", ohne den SchülerInnen zu zeigen, wie man sich Wissen selbständig aneignet (was dann mit dem Wissen, das derzeit laut Lehrplan „dran" ist, ständig trainiert werden könnte).

Wissen

Wenn LehrerInnen sich NICHT MEHR als VermittlerInnen von (euphemistisch:) „Wissen" (eigentlich eher nackte Daten) sehen würden, sondern in einer Rolle, die sie und ihre SchülerInnen **zukunftstauglich** macht, dann gäbe es weit mehr motivierte SchülerInnen, und mit den wenigen „De-Motivierten" käme man leichter klar. Schon weil der Gruppendruck der zufriedenen SchülerInnen die wenigen ABWEICHLER erzieht, während momentan der **Gruppendruck** in vielen Klassenzimmern genau **gegenteilig** läuft: Die **wenigen** SchülerInnen, die zu Hause die Art von Förderung erfahren haben, daß sie nicht wegen, sondern trotz Schule gut lernen können, werden von den vielen

der Gruppendruck HILFT LEHRERInnen

Opfern des Systems zu Recht als Ausnahme eingestuft und demzufolge als ABWEICHLER abgelehnt, oft vehement. Wollen wir diesen Prozeß nicht lieber umkehren? Und wenn Sie mir eine ketzerische Frage gestatten: Außer Regierungs-Tätern (beim Fiskus, bei Hunderten von Behörden und in Schulen) ist es niemandem gestattet, häufig bis zu 2/3 oder 3/4 „Ausschuß" zu produzieren, ohne daß man das Unternehmen schließen würde. Aber wenn landauf, landab in allen industrialisierten moderenen „Zivilisationen" über die Hälfte der SchülerInnen „Probleme" zu haben scheinen, wenn die Zahl der angeblichen Lern-Opfer (Legasthenie, A-Kalkulie, Lernbehinderungen aller Art) von Jahr zu Jahr wächst und damit auch die Zahl der Kinder, die man an SONDER-Schulen (für Ausge-SONDER-te) unterbringt, dann sollte man doch nachdenklich werden! Keine Privatschule kann so operieren, weil ihr die Schüler weglaufen würden. Nur an staatlichen Schulen ist das der Alltag.

Vgl. *Appell an alle lehrenden Personen* (Seite 178ff.).

Falls Sie sich fragen, **warum Eltern nicht** (weit häufiger) **protestieren**, so liegt der Grund meines Erachtens darin, daß die Menschen, die derzeit Eltern von Kleinkindern und SchülerInnen sind, die zweite oder dritte Opfer-Generation darstellen. Schulen begannen sich nach dem Zweiten Weltkrieg dramatisch zu ver-SCHLIMM-„bessern": Eine Schulreform nach der anderen entfernte das Geschehen im Klassenzimmer immer weiter von gehirn-gerechten Procederes, die es damals im Ansatz bereits gab – z.B. das CHORSPRECHEN (das es auch in vielen Stammes-Gesellschaften gibt, vgl. Seite 66ff.), welches u.a. beim Sprachenlernen ideal ist. Wir alle kennen alte (!) Menschen, die vor 50 oder mehr Jahren ihren CAESAR oder HOMER im Chor in der Klasse aufgesagt haben und die heute noch ganze Passagen rezitieren können und auch genau wissen, was sie da sagen, weil sie den Stoff damals auch begriffen haben (siehe Rand).

Diesen Prozeß nutzt meine **gehirn-gerechte Methode Fremdsprachen zu lernen**, u.a. auch. Vgl. hierzu das Buch und das gleichnamiges Hörspiel *Sprachenlernen leicht gemacht* sowie Sprachkurse, die nach der Birkenbihl-Methode aufgebaut sind.

Ganz anders die **Eltern heutiger Kinder**: Sie mußten erleben, daß sie nach jahrelangem sogenannten Fremdsprachen-Unterricht unfähig sind, sich in einem fremden Land zurechtzufinden, sowie daß das meiste Schulwissen (gemäß Studien mindestens 80%) irgendwie „versickert" ist, so daß sie ihren Kindern auch dann nicht helfen können, wenn sie sich vage erinnern, „das" aber mal „gelernt" zu haben – ob es sich um Tätigkeiten handelt (Wurzelziehen, grammatikalische Übungen, die das Sprachgefühl nachweislich NICHT verbessern) oder um Fakten, die sie mal büffeln und pauken mußten, um irgendeine der unzähligen Prüfungen zu bestehen. **Inzwischen wissen wir auch, daß Prüfungen niemanden besser machen** und daß sie für Kinder unter ca. 12 bis 13 Jahren regelrecht verboten sein müßten (vgl. *Warum Kinder keinen Prüfungen ausgesetzt sein sollten*, Seite 183ff.).

3. Lehrer-Frage: Starrer Stoffplan II

Was halten Sie davon, daß man uns als LehrerInnen sogar die **Reihenfolge** dessen vorschreibt, was wir lehren sollen?

BIRKENBIHL: Manche Lehrpläne zeigen erzwungene, andere eher eine **mögliche** Reihenfolge auf. Hierzu führte ich vor vielen Jahren einige interessante Experimente in der Industrie durch: Es ging um Fachkräfte, die neu eingestellten potentiellen Pharma-Beratern in wenigen Wochen das nötige **medizinische Grundwissen** beibringen mußtcn.

Experiment Nr. 1

Ich schrieb die **Überschriften** der einzelnen Unterrichts-Einheiten auf Kärtchen und bat die LehrerInnen, die Themen zu sortieren. **Sie ahnen es: Nicht zwei hatten dieselbe Reihenfolge gewählt.**

Experiment Nr. 2

Einer Hälfte dieser Lehrkräfte wurde (per Zufallsgenerator durch Mischen der Kärtchen) eine (willkürliche!!) Reihenfolge der Lektionen „aufgezwungen", die andere Hälfte durfte frei wählen. Welche Lerngruppe (also „SchülerInnen") meinen Sie, hat später bessere Resultate erzielt?

❐ a. diejenigen, deren Lehrer selber wählen durften

❐ b. diejenigen mit der Zufalls-Reihenfolge

❐ c. beide Ergebnisse waren gleich gut

Meine Seminar-TeilnehmerInnen raten meist a), denn sie gehen davon aus, jede **sinnvolle** Reihenfolge müsse besser sein als eine zufällige bzw. erzwungene.

Tatsache aber ist, „dem ist nicht so". Bei einer zufälligen Reihenfolge muß die Lehrkraft sich wesentlich mehr anstrengen – und das Ergebnis ist ein besserer Unterricht! Angenommen ich erkläre heute die Rolle der Gameten in der Geschlechtsbestimmung und weiß, daß gestern die Chromosomen dran waren und morgen die DNS (DNA) folgt, dann kann ich ruhig ein wenig „schlampen", die Schüler wissen noch zu wenig, um es zu merken. Wenn die drei Unterrichtseinheiten aber einige Tage oder gar Wochen auseinanderliegen, muß ich jede Lektion „sauber" durchziehen. Also definiere ich sicherheitshalber **jedesmal**, was ein Chromosom ist, oder ich veranstalte ein Mini-Wissens-Quiz, um die Erinnerungen der Schüler an die Lektion vor 10 Tagen zu stimulieren. Allerdings muß man einiges mehr wissen, um eine willkürliche Reihenfolge zu lehren. FAZIT:

> Lehrkräfte unterrichten sogar besser, wenn die Reihenfolge **nicht** der selbst gewählten entspricht.

Ich erzähle LehrerInnen und AusbilderInnen manchmal von diesem zweiten Experiment, ohne die Antwort zu verraten. Dann lade ich sie zu einem dritten Experiment ein.

Experiment 3

Ich beginne den Versuch am Tag vor einem geplanten Probe-Unterricht (mit Kamera) und lade die TeilnehmerInnen ein, diesen mit einer willkürlichen Reihenfolge zu halten. Davor hatten alle eine Gliederung abgegeben, jetzt wirbeln wir die Punkte auf der Gliederung durcheinander und schaffen eine neue Reihenfolge (z.B. indem wir die Stichpunkte einfach nach dem ABC sortieren).

Diese willkürliche Reihenfolge ist in der Regel im ersten Ansatz didaktisch nicht „sinnvoll", außer ... Tja, außer, man würde jeden Gedanken als kleines abgeschlossenes Mini-Modul entwickeln. Dazu müßten sich die TeilnehmerInnen aber heute abend **noch einmal mit dem Stoff auseinandersetzen**, um morgen die Version mit der geänderten Reihenfolge zu präsentieren. **Frage: Wie viele der Betroffen sind Ihrer Meinung nach dazu bereit?**

- ❐ a. niemand
- ❐ b. unter 10%
- ❐ c. 11 bis 40%
- ❐ d. 41 bis 60%
- ❐ e. mehr als 61%

Nun, wenn es allen völlig frei steht (z.B. bei einer geheimen Wahl), dann entscheiden sich so gut wie alle dagegen (also lautet die Antwort: „unter 10%", oft sogar „niemand"). Wenn man offen wählen muß, so daß alle sehen können, wie man sich entscheidet, wird zwar das Ergebnis „besser", aber einige TeilnehmerInnen ärgern sich und „meckern" in den Pausen „herum". Manchmal habe ich schon mit „Spionen" gearbeitet, also angebliche TeilnehmerInnen, die solche Randgespräche hinterher protokollierten. Dabei stellt sich ganz klar heraus, daß die meisten LehrerInnen, AusbilderInnen, DozentInnen etc. die Extra-Anstrengung scheuen, weil sie das Neu-Denken anstrengend finden. Es ist ihnen klar, daß dieses Neu-Denken einem eigenen Lern-Prozeß entspricht, und das finden sie zu mühselig. Daraus können wir ein doppeltes Fazit ableiten:

1. **LehrerInnen sollten eigentlich Menschen sein, denen das Lernen so viel Spaß macht, daß sie mit ihrer akuten Lern-Freude die SchülerInnen anstecken, oder?** Wenn man bedenkt, wie lernfaul viele LehrerInnen sind, so zeigt dies: Viele von ihnen sind auch Opfer (von früher) und halten Lernen für schwierig und anstrengend. Schade!
2. **Allein die Handlung, über eine neue Reihenfolge aktiv nachzudenken, bedeutet bereits einen Lern-Erfolg.**

Wer also als Lernender oder Lehrender öfter über eine neue **Reihenfolge** nachdenkt, kann sein Wissen auf spannende Weise er-WEIT-ern und ver-TIEF-en!

Beispiel: Es geht um die Grundlagen der Genetik. Nehmen wir an, die dritte Unterrichtsstunde sollte laut Lehrplan MENDEL anbieten, also die MENDELschen Gesetze. Vielleicht wird ein wenig über den Mönch erzählt, von seinen Erbsen und davon, wie lange seine Ergebnisse fast vergessen waren ... und und und. Das interessiert die Schüler jedoch

nicht unbedingt so sehr. Würden wir mit dem Klon-Schaf DOLLY und dessen Nachfahren einsteigen, fänden es die Schüler vielleicht wesentlich interessanter. Allerdings müssen wir nun die schwarzen und hellen Erbsen Mendels auf Dolly „**übersetzen**“, wir müssen also ein wenig selber denken, um diesen Wissens-Tranfer zu veranstalten! Mit einem schwarzen und einem weißen Schaf namens „Dolly-Black“ und „Dolly-White“ können wir die Analogie entwickeln. Dabei werden Fragen auftauchen, wie: „Bekommen wir bald graue Dollies oder weiße mit schwarzen Punkten?“ Es ist möglich, daß wir im ersten Ansatz die Analogie zu MENDELs Erbsen nicht gleich schaffen, aber das zeigt uns nur, daß wir als LehrerInnen nicht genügend wissen! MENDEL hatte mit 8 verschiedenen Erbsen angefangen. Also nehmen wir ein schwarzes, ein graues und ein weißes Schaf (das sind 3), plus ein braunes, ein beiges und ein pinkes (also schon 6). Dazu wählen wir noch ein gestreiftes und ein kariertes Schaf (seien Sie ruhig absurd, es macht mehr Spaß und fördert klares Denken). Das wären nun die 8 Schafe, analog den 8 Erbsenarten. Nun können wir die SchülerInnen sogar wetten lassen (ja, „zocken“ macht Spaß). Auf einmal wollen sie wirklich wissen, was passieren wird, und sind auf die Ergebnisse scharf! Davon träumen manche LehrerInnen ihr Leben lang.

Wir könnten uns auch fragen: Ist der Prozeß bei Pflanzen vergleichbar? Beginnen wir im zweiten Durchgang mit einer Erbse namens „Dolly“, deren Nachfahren wir züchten wollen. Und jetzt verfahren wir analog zum Klonschaf. Am Ende erwähnen wir beiläufig, daß es mal einen Mönch namens Gregor MENDEL gab, der die Sache mit den Erbsen durchgezogen hatte („Schaut mal im Lehrbuch nach, Seite 48!“).

Auf diese Weise hat man **als Lehrkraft selbständig, autonom gearbeitet**. Man hat nicht nur das Textbuch „vorgetragen“ (nach vorne getragen), man hat **eigenständig** gearbeitet. Im Klartext: Man hat genau das getan, was viele LehrerInnen sich von ihren SchülernInnen erhoffen. Wer **mit gutem Beispiel** vorangeht, **lehrt durch dieses Beispiel** und erhöht die Chancen, daß Schüler das selbständige Arbeiten lernen werden.

Ich weiß, daß ich mich mit solchen Bemerkungen bei manchen Lehrkräften nicht gerade beliebt mache. Aber bitte bedenken Sie: Wenn wir über Menschen irgendeines anderen Berufsstandes reden würden, könnte ich das noch verstehen. Aber wir reden von Leuten, die von anderen Menschen fordern, ständig hinzuzulernen. Wir sprechen von Leuten, die diese Menschen, die ihnen anvertraut werden, jahrelang von einer Prüfung zur nächsten hetzen, so daß die meisten SchülerInnen nur noch „für die Prüfung" lernen. Von solchen Menschen sollte man meines Erachtens durchaus verlangen dürfen, daß auch sie über ihren Stoff immer wieder neu nachdenken. Je mehr jemand weiß, desto SPIEL-erischer sind solche Gedanken-SPIELE, also fällt es leicht. Fallen solche Gedanken-SPIELE den sogenannten Experten jedoch zu schwer, dann haben sie (also die Lehrkräfte!) die Prüfung eben **nicht** bestanden. Ihren SchülerInnen sagen sie: Wer die Prüfung nicht besteht, sollte mehr lernen. Tja, das sage ich Ihnen auch (stellvertretend für ihre SchülerInnen, die es ihnen meist nicht sagen können). Das mag hart klingen, aber in der Zukunft brauchen wir LehrerInnen mit einer **professionellen Einstellung**, die unsere jungen Leute auf die Wissens-Gesellschaft vorbereiten. Wenn aber nur Kopfarbeiter Chancen haben, dann muß man ihnen das „kopf-arbeiten" auch vorleben!

S. *Prüfungen helfen nicht!*, Seite 183ff.

Das industrielle Zeitalter ist endgültig vorbei!

Aus der Sicht der SchülerInnen gäbe es noch eine weitere Möglichkeit. Wenn das Lernmaterial vorhanden ist (heutzutage mit Lexika, Internet etc. kaum noch ein Problem), dann können die SchülerInnen die Lektionen **autonom** als Hausaufgabe vorbereiten. Das unterscheidet übrigens teure Privatschulen von Regelschulen: in den privaten müssen die SchülerInnnen weit mehr selbst erarbeiten. Dieser pro-aktive Zugang zum Wissen führt dazu, daß man später weit mehr weiß (ohne zu pauken!). Wenn die Schüler jetzt noch in Kleingruppen darüber reden und Fragen formulieren dürfen, bevor die Lehrkraft auf Fragen der Arbeitsgruppen antwortet, dann haben alle sehr viel davon. So können Lehrkräfte ihre Schützlinge zu autonomem Lernen führen, als Fremdenführer, als Coach und nicht als „Pauker".

„autonom" macht Spaß

Auf diese Weise haben die SchülerInnen den Stoff gelesen, ehe sie in die Klasse kommen. Der Lehrer braucht den Stoff selbst gar nicht vorzutragen. So lernen die jungen Leute einen Wissens-Erwebs-Stil, der sowohl in Firmen als auch in akademischen Kreisen völlig normal ist. Die beste Vorbereitung für die Wissens-Gesellschaft der Zukunft. Denn gerade das unterscheidet sie von der Industrie-Gesellschaft der Vergangenheit: Damals gingen nur Akademiker und Top-Führungskräfte in der Wirtschaft so vor, in Zukunft werden es alle Kopf-Arbeiter sein.

4. Lehrer-Frage: Angst vor Schüler-Fragen?

Ich weiß, daß viele meiner KollegInnen vor den Fragen der SchülerInnen regelrechte Angst haben und sie deshalb nicht zulassen. Was meinen Sie?

BIRKENBIHL: Ich stimme Ihnen zu. Das Problem ist in meiner Branche dasselbe: Die wenigsten TrainerInnen sind begierig auf Fragen ihrer TeilnehmerInnen, und wenn, dann können nur wenige die Frage auf den Punkt beantworten. Oft weiß nach einer Rede von einigen Minuten kein Mensch mehr, wie die Frage eigentlich gelautet hat. Daher empfehle ich den Trainern in meiner Train-the-Trainer-Ausbildung immer zwei Dinge:

1. **Jede Lehrkraft** (auch TrainerInnen sind Lehrkräfte) **sollte in ihrem Fach wesentlich mehr Hintergrundwissen** haben als das Wissen, das heute „vorgestellt" wird.

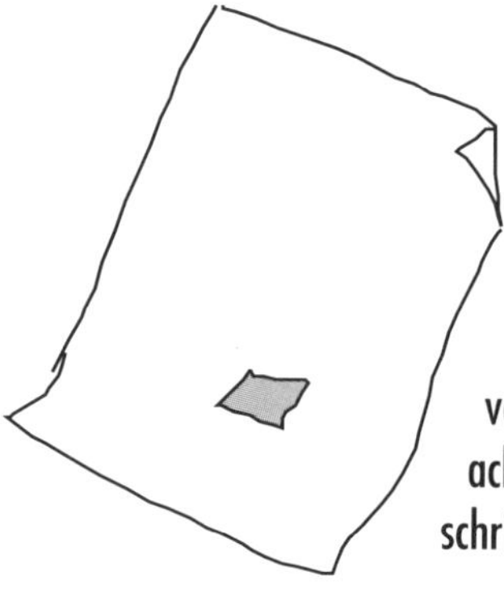

In meinem Rhetorik-Kurs (Audio-Kurs und Buch) habe ich bereits vor Jahrzehnten eine einfache Metapher geschaffen, die bei manchen Betroffenen sofort Kopfnikken auslöst: Stellen wir uns ein Blatt Papier von mindestens A4-Größe vor, auf dem ein **Streichholzschächtelchen** ruht. Es symbolisiert das Wissen, das wir **heute** vortragen, also unseren jeweiligen „Vor-Trag" (man beachte die Wort-Bildung) bzw. in der Schule unser vorgeschriebenes **Stundenwissen**.

Das Ganze ist natürlich dynamisch, deshalb können wir das heute zu Präsentierende (Streichholzschächtelchen) auf dem großen Papier-HINTERGRUND hin- und herschieben. Dabei wird das Gedankenspiel von folgenden Bedingungen beeinflußt:

viel HIN-TER-GRUND

- Je größer der Hintergrund (also eher ein A3- als ein A4-Blatt), desto variabler wird das System.
- Ein/e relativ „unbedarfte/r" Vortragende/r hat nur ein einziges HINTERGRUND-Blatt und diverse Streichholzschächtelchen, die je nach Bedarf aufgelegt werden; also z.B. eine Lehrkraft, die Geschichte und Latein gibt, hat Ihr Geschichts- und ihr Latein-Streichholzschächtelchen auf ein und derselben Hintergrundfläche. Aber ein Mensch, der sehr viel weiß, hat im Laufe der Jahre weit größere Flächen aktiviert, so daß er/sie eher mit DIN-A5-Schachteln auf A2- oder A1-Flächen „herumschiebt". Das bringt uns zur dritten Bedingung.
- Je mehr Wissen **und** Hintergrund-Wissen jemand besitzt, desto erfolgreicher wird sein Denken, wobei wir Er-FOLG (immer als FOLGE unseres vorherigen Tuns) definieren (operante Definition).

2. **Nehmen Sie regelmäßig Ihre Antworten auf Band auf**. Heutzutage gibt es wunderbare Möglichkeiten, beiläufig aufzuzeichnen, so daß keine Ausrede akzeptiert wird. Hören Sie dieses akustische Dokument **mehrmals**. Beim ersten Mal halten Sie Ihre Antworten möglicherweise noch für ziemlich gut, aber wenn Sie beim dritten oder vierten Mal den Impuls haben, die FF-Funktion einzusetzen, weil Sie es nicht mehr „aushalten" können, dann wissen Sie, daß Sie einer schwachen Antwort auf die Schliche gekommen sind.

mit-schneiden

Ich führe solche Tests übrigens mehrmals pro Jahr (seit nunmehr 34 Jahren) durch und habe dadurch enorm viel gelernt! Früher pflegte ich beim Antworten gerne von Hölzchen zu Stöckchen zu hüpfen, ich verlor mich in faszinierenden Exkursen, die vor allem mich selbst faszinierten, und ich sprach durchaus weiter, auch wenn ich eigentlich nicht Bescheid wußte. Heute komme ich sehr schnell auf den Punkt

sich selbst regelmäßig überPRÜFEN

Auch in der Alpha-TV-Reihe wurde ich immer wieder angesprochen wegen meiner Fähigkeit, die Fragen der Zuseher live im Studio zu beantworten.

und gebe fast immer sofort zu, wenn ich nicht Bescheid weiß. Die Gefahr zu „labern" ist weitgehend gebannt, wie man auf meinen Video-Seminaren leicht nachvollziehen kann.

Ich kann diesen Selbst-Test allen LehrerInnen nur wärmstens empfehlen, denn die Selbst-Einschätzung kann extrem „danebenliegen". Auch ich mußte schon feststellen, daß viele Lehrkräfte innerhalb und außerhalb von Schulen neben dem offiziellen Lernstoff oft nur wenig mehr wissen. Das erinnert doch sehr an genervte Eltern bei Fragen wie: „Warum ist der Himmel blau?" Allerdings gibt es einen Unterschied. Eltern müssen nicht alles wissen, aber wenn ein Lehrer (in einem konkreten Fall) eine **Wetter-Lektion** in seinem Lehrstoff „hat", dann müßte er die Frage nach dem blauen Himmel sehr wohl beantworten können, auch wenn die Antwort im Textbuch (und im offiziellen Lernstoff) nicht „vorkommt".

Vgl. auch die nachfolgende Frage *Starrer Stoffplan III.*

Ich glaube auch, daß ein Teil der Frustration über Lehrpläne damit zusammenhängt, daß irgendwelche Leute außerhalb des Klassenzimmers plötzlich den blauen Himmel zum Lernstoff machen (s. Rand). Dann höre ich oft Aussagen wie: „Da bin ich als Lehrkraft ganz schön demotiviert und frustriert; ich fühle mich als Handlanger derer, die diese Lehrpläne ausgearbeitet haben." Mal ehrlich: Wenn ich das, was ich ab morgen vermitteln soll, gut kenne, kann ich ja leicht umpolen.

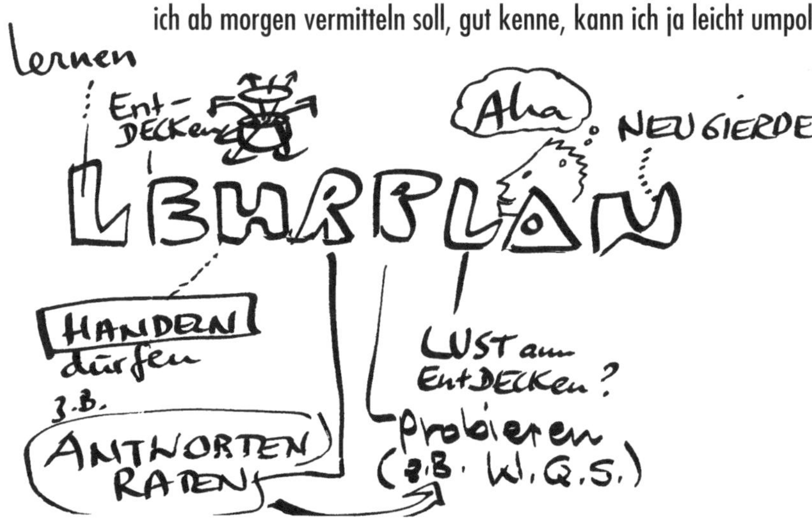

5. Lehrer-Frage: Starrer Stoffplan III

a. Sind unsere Lehrpläne eine Hilfe oder unser Gefängnis? Die SchülerInnen erhalten normalerweise keinen Einblick in die Lehrpläne! Wozu dann überhaupt Lehrpläne erstellen (s. Rand)?

b. Welche Rolle spielen Lehrpläne für „autonomes Lernen" der Schüler und welche Rolle für die Lehrpersonen?

BIRKENBIHL: Beginnen wir mit b. Diese Frage höre ich gleichermaßen von LehrerInnen, Eltern und Opfern. Lassen wir eine Schülerin, stellvertretend für viele, sprechen: Tamara, 20, Schülerin an einem Gymnasium:

> Ich hätte so viele Interessen und ich lerne in der Freizeit sehr viel. So besuche ich Kurse und Weiterbildungen mit erwachsenen Personen. In der Schule ist dies ganz anders. Die Lehrkräfte bestimmen über unsere Köpfe hinweg die Lehrziele. Wir haben nicht die Möglichkeiten, Schwerpunkte zu bestimmen oder uns zu fragen, was wir für unsere Berufe später brauchen. In den meisten Sprachen z.B. konzentrieren sich die Lehrkräfte auf das **Schreiben** und auf die **Grammatik** der Sprache. Dabei würde ich so gerne in meinen Sprachen Französisch, Englisch und Spanisch besser **sprechen** können. Ich reise gerne und unterhalte mich gerne mit anderen Menschen. Ich fühle in der Schule mich oft in ein fremdes Korsett gepreßt.

Aber es ist ja nicht so, daß die LehrerInnen über die Situation glücklich wären. Während LehrerInnen in den skandinavischen Ländern sehr viel Freiheit genießen und Schulen regional nur der Gemeinde Rechenschaft schulden, in der sie sich befinden, werden Schulfragen in anderen Ländern viel zentralistischer gehandhabt. So wie die Planwirtschaft in der Wirtschaft nicht funktionieren kann, weil man nie lokal reagieren kann, so produziert auch eine Lehr-Planwirtschaft mehr Opfer als Sieger! Dabei wäre es interessant, die Unterschiede zu untersuchen, und zwar sowohl in den einzelnen Bundesländern unserer

Hintergrund zu meiner Frage: Die Erziehungsministerien der Schweiz verlangen von ganzen Distrikten die Erstellung von Lehrplänen. Alle **Lehrkräfte** (oder einzelne eines Faches einer Schule) setzen sich zusammen und **überlegen**, WAS für die SchülerInnen in ihrem Fach zentral ist. **Sie bestimmen Inhalte, Themen und Schwerpunkte**. Dann folgt eine **Gegenlesung** durch Aufsichtsbehörden und Lehrkräfte anderer Fachrichtungen. Nun werden die **Lehrpläne berichtigt und gedruckt** und gelten in Zukunft als Richtlinien für viele nachfolgenden Lehrkräfte und Ihre SchülerInnen in der Schweiz.

Ich freue mich auf Hinweise und Infos von Ihnen; bitte in die **Wandzeitung** auf **www.birkenbihl.de**, unter dem Stichwort: **Lehrpläne**/Lehrer-Perspektive (bzw. Schüler- oder Eltern-Perspektive). Bitte im ersten Satz klarstellen, in welchem **Land** Sie (oder Ihre Kinder) unterrichtet werden oder unterrichten. Danke.

deutschen FÖDERATION als auch im Vergleich zu den Schweizer und österreichischen KollegInnen (s. Rand) bzw. in anderen Ländern.

Jetzt zum 1. Teil der Frage (a.), inwieweit Lehrpläne eine Hilfe oder ein Gefängnis darstellen. Ich schlage vor, Lehrpläne als metaphorische REISEPLÄNE zu sehen. In *Stroh im Kopf?* (ab der 36. Auflage) stellte ich im Modul über das GEHIRN-GERECHT-MACHEN von Informationen bereits fest:

> Wir finden es vollkommen normal, eine Urlaubsreise von 2 bis 3 Wochen akribisch zu planen, aber unsere Lehr- und Lernaufgaben planen wir leider nicht in dieser Weise.

Schließlich kann ein gemeinsames vor uns liegendes Jahr mit einer Reise verglichen werden. Viele Leute lesen vorab eine Broschüre oder einen Reiseführer über **neue** Länder. Ähnlich sollten LehrerInnen am Anfang des Schuljahres der Klasse einiges über die Themen der nächsten Monate mitteilen. So wie ein Urlaubsreisender sich im Vorfeld über wichtige Aspekte seiner Reise informiert, so sollten wir SchülerInnen Anhaltspunkte zur Orientierung bieten.

Tip 1: Am Anfang eines Jahres (Semesters) besprechen Sie den Lehrplan mit Ihren SchülerInnen. Vielleicht stellen Sie ihn als **metaphorischen Fahrplan für dieses Schuljahr** vor? Klären Sie den Standort, an dem die Reise beginnt (z.B. „Letztes Jahr haben wir **die vier Grundrechenarten** abgeschlossen ...“), und zeigen Sie, wohin die Reise gehen wird (z.B.: „... und dieses Jahr wollen wir einmal sehen, was alles passiert, wenn wir diese Techniken an Teilen von Zahlen anwenden, wir werden nämlich ins Bruchrechnen einsteigen ...“).

Vergleichen Sie die NLL-Strategie des Ball-im-Tor-Effektes© (Seite 61ff.).

Spätestens wenn man beginnt, **auf diesen Grundlagen aufzubauen**, sollte man den SchülerInnen Möglichkeiten bieten, etwaige Lükken (autonom) zu schließen, sonst werden sie bald hoffnungslos hinterherhinken.

Im Geschichts-Unterricht könnten Sie erläutern, daß „wir mit dem Römischen Reich im Jahre 753 vor Christus beginnen werden, als Romulus und Remus **angeblich** die Stadt Rom gründeten ...“. Merke:

Begriffe wie **„angeblich" reizen das Denken** und **wecken Interesse** am Thema.

In meinem Buch *Das innere Archiv* erkläre ich dies näher: Modul 8 *Forschungsergebnisse über das Lernen* (Stichwort: weiche Formulierungen).

Tip 2: Lernen Sie von den TV-Leuten in Magazin- oder News-Sendungen (bei den Privatsendern), wie man **Sie** lockt, während der Werbung „dabeizubleiben", **und setzen Sie ähnliche Tricks im Unterricht ein** – z.B. ein WQS vorab bzw. die Vorankündigung (s. Seite 149).

Voran-Kündi-gung (vgl. TV-Spot)

Tip 3: Erklären Sie auch strategische Details, z.B.: „Dabei fahren wir aber nicht immer chronologisch fort, denn wir werden die Völker berücksichtigen, die von den Römern unterworfen oder stark beeinflußt worden sind. So daß wir uns vorstellen können: Unser Zug fährt die Höhepunkte des Römischen Reiches ab, aber wir werden immer wieder mal aussteigen und Busfahrten ins Umland unternehmen, um uns bestimmte Gegenden näher anzusehen ..."

Tip 4: Manche Teilgebiete „liegen" uns mehr als andere. Ich rate allen Lehrkräften, DozentInnen, TrainerInnen (auch in der Wirtschaft): Suchen Sie sich für jedes **Teilthema, das Sie „hassen"**, einen Außenseiter, jemanden (in oder von außerhalb der Schule), der/die dieses Teilgebiet „liebt". So vermeiden Sie, daß Ihre Ablehnung sich auf die SchülerInnen überträgt. Außerdem wird jemand, der dieses Thema liebt, besser unterrichten. Diese von Reinhard **KAHL als „Dritte" bezeichneten Menschen von „außen"**, die in die Schule kommen – beschreiben einen neuen Weg. Bei www.birkenbihl.de finden Sie hierzu zwei Videokassetten mit Projekten an kanadischen und deutschen Schulen, die im Handel nur schwer zu bekommen sind. Hier sehen Sie, wie sehr es nicht nur den SchülerInnen hilft, sondern auch den Lehrkräften (und daß ca. ein Drittel des Lehrpersonals akute Probleme damit hat!).

Die DRITTEN kom-men

Tip 5: Falls Sie niemanden finden können, benützen Sie das Thema, um mit der Klasse zu üben, wie man sich ein Thema autodidaktisch erarbeitet! Es könnte Sie erstaunen, wieviel Faszinierendes die SchülerInnen in Ihrem Haß-Thema zu finden vermögen; vielleicht wurden

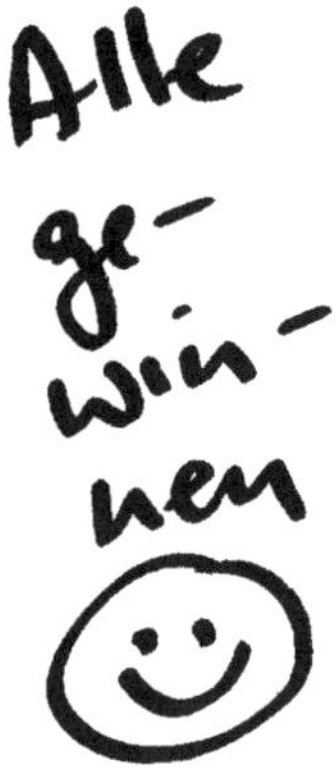

Sie damals von einer Lehrkraft „fehlprogrammiert", die ebenfalls keinen Bezug zu diesem Gedanken hatte. Wenn Sie als Coach den Schülern helfen, autonom zu sein, gewinnen diese doppelt: Einerseits können sie diesem Thema unvoreingenommen begegnen, andererseits lernen sie etwas fürs Leben. Und auch Sie als Lehrkraft gewinnen: Einerseits gibt es ein sehr gutes Gefühl, wenn man Menschen zur Autonomie anleitet (verleitet), andererseits könnte es sein, daß die SchülerInnen interessante Aspekte entdecken, die Sie als Lehrkraft im Folgejahr einsetzen können.

Tip 6: Falls es in einem Lehrbuch eine Stelle gibt, die Sie besonders **wichtig** finden, könnten Sie vielleicht eine/n Schauspiel-Schüler/in einladen, der Klasse diese Stelle vorzutragen. Diese Leute freuen sich über jeden Auftrag (auch ohne Honorar) – und alle profitieren. Anschließend kann der Textabschnitt diskutiert werden.

Eine weitere Variante besteht darin, daß wir **mit anderen Lehrkräften** (und Dritten) **zusammenarbeiten**. Es wird in der Zukunft immer wichtiger, daß alle kooperieren. So können sich z.B. ein Biologie- und ein Deutsch-Lehrer zusammentun, und man könnte einen wichtigen Artikel über Biologie auch sprachlich durchgehen o.ä.

Manchmal kann man auch mit **Nachbarschulen** kooperieren und einen begrenzten **Lehrer-Austausch** vornehmen. Lehrkräfte der einen Institution kommen als „Dritte" zur **Partnerschule**, jedoch nur zu ihren Lieblings-Themen (und umgekehrt).

N Auch hierbei profitieren alle – LehrerInnen wie SchülerInnen an **beiden** Institutionen.

Tip 7: Wenn wir die Lehrpläne offenlegen (s. metaphorische Reise, Seite 220), dann könnte man den SchülerInnen helfen, weitere Wissens-Quellen anzuzapfen. Die älteren SchülerInnen, die schon im Internet surfen, können sogar selber recherchieren, z.B. ob Fernsehprogramme der folgenden Woche/n Relevantes bieten werden.

Übrigens hat dies noch einen weiteren wichtigen Vorteil: Wie Sie wissen, nehmen wir immer selektiv wahr (vgl. Mehrblatt *Wahrnehmung*, Seite 255ff.). Außerdem werden unsere Wahrnehmungen immer von unseren derzeitigen **Interessen** gefärbt. Wir registrieren Dinge, die in unsere offenen Fragen passen, quasi aus den Augenwinkeln (analog hören wir vieles, das wir sonst „überhört" hätten). Wissen wir beispielsweise, daß wir in Geschichte in einigen Wochen oder Monaten über die arabischen Länder sprechen werden, werden wir Dokumentationen über diese Länder **erstens** im TV-Programm **wahrnehmen** (weil wir solche Sendungen auf einmal „**entdecken**"), und zweitens sind wir eher bereit, derartige Sendung **zu sehen**, da es uns völlig schmerzlos eine Menge Zusatz-und Hintergrund-Infos verschafft.

TV als Hilfe für Lehrende + Lernende ↓

Ich bin dafür, nicht dauernd über das Fernsehen herzuziehen, sondern dieses Medium zu **nutzen**, nur eben intelligenter! Es gibt wunderbare Sendungen – aber SchülerInnen, die zu Hause nie gelernt haben, ein TV-Programm systematisch zu durchforsten, um hilfreiche Sendungen (**die viel Lernarbeit ersparen**) zu finden, kennen diese Hilfestellung durch das Fernsehen gar nicht. Man muß sie hinführen ...

6. Lehrer-Frage: Arbeiten mit Lehrfilmen (Videos) im Unterricht?

Als Lehrkraft habe ich oft ein **schlechtes Gewissen** bei der Arbeit mit Lehrfilmen oder Lehr-Videos. Wie würden Sie **Filme im Unterricht einsetzen**, z.B. einen Film zur Kuba-Krise? Ich habe immer ein **schlechtes Gewissen**, wenn jemand von der Aufsichtsbehörde kommt und sieht, daß ich „nur" einen Film ablaufen lasse?

BIRKENBIHL: Das ist leicht zu lösen: Lassen Sie die Gruppe vorher ABC-Listen zum Thema anlegen und bitten Sie dann, im Film auf die Aspekte zu achten, die in ihren Listen stehen bzw. fehlen. So können sie beim Zuschauen ihre ABC-Listen „auffüllen" – aber mit einem Stift einer anderen Farbe, weil sie anschließend miteinander darüber reden wollen, was ihnen dieser Film an NEUEM bot. So schlagen Sie gleich mehrere Fliegen mit einer Klappe:

1. **Sie lösen einen weit erfolgreicheren Aufnahme-Prozeß aus, wenn** Sie auffordern, auf IRGEND ETWAS zu achten (hier: „Welche Infos im Video sind, bezogen auf euer ABC, für euch NEU?") Dies wurde u.a. von Ellen J. LANGER und ihren Mitarbeitern nachgewiesen (ich berichte in *Das innere Archiv* darüber). Diese Textstelle (aus dem Modul über neue Forschungs-Ergebnisse) könnten Sie den Aufsichtskommissions-Mitgliedern zeigen (da diese Leute leider Forschungsergebnisse dieser Art eher nicht kennen).
2. **Die SchülerInnen können dem Film auf diese Weise tatsächlich mehr „entnehmen".** Das dürfte Ihr eigenes „schlechtes Gewissen" beruhigen. Nachdem Sie zwei-, dreimal erlebt haben, welche großartigen BEILÄUFIGEN Lernprozesse Sie auf diese Weise auslösen können, wird sich Ihr Gewissen maßgeblich beruhigen.

Vgl. *INCIDENTAL*, Seite 89ff.

3. **Sie können den Schülern mit diesem Vorgehen gleichzeitig klarmachen, daß sie hier eine Methode erlernen, wie man gehirn-gerecht vorgeht.** Dies könnten sie zu Hause immer wieder einmal trainieren (mit TV-Dokus oder Talk-Shows), um sich auf das Berufsleben und spätere lebenslange Lern-Erlebnisse vorzubereiten. Wenn wir so vorgehen (vorbereitend über etwas nachdenken, beim Sehen/Lesen/Schauen ein neues ABC anlegen oder ein vorhandenes vervollständigen und hinterher vergleichen), dann SPIELEN wir das Thema. Dieses SPIEL resultiert in BEILÄUFIGEM Lernen, dem neuen Schlüsselwort der Lern-Zukunft schlechthin.

Vgl. Sie hierzu auch mein Buch *Intelligente Wissens-Spiele.*

7. Lehrerfrage: Kleingruppen-Diskussionen der SchülerInnen?

Ein Lehrer, der dieses Manuskript vorab gegenlas, meinte: Mir geht es so ähnlich, wenn ich die SchülerInnen miteinander reden lasse. Ich weiß zwar, daß Diskussionen notwendig sind, wenn wir die alte Pauk-Schule aufgeben wollen, aber ich habe ein ähnlich schlechtes Gewissen wie der Kollege mit dem Kuba-Video (siehe 6. Lehrerfrage).

BIRKENBIHL: Das kann ich gut nachvollziehen, ich hatte ähnliche Probleme im Seminar, als ich begann, Gruppenaufgaben und Gruppen-Diskussionen einzusetzen. Nun müssen Sie bedenken, daß ich ein hohes Tages-Honorar erhalte und die Teilnehmer ja oft nur einen Tag lang unterweisen kann. Einerseits wurde mir durch die Gehirn-Forschung in den 70er Jahren bereits zunehmend klar, daß ich nicht weiterhin nur Frontal-Unterricht machen konnte. Wiewohl die Forschungsergebnisse mich zunehmend überzeugten, daß die Lernenden **AKTIV** (mit-)denken dürfen müssen und daß selbst „Darüber-Reden" weit wichtiger ist als nur zuhören, hatte ich ähnliche Probleme.

Einerseits war mir klar, daß passives Konsumer-Verhalten im Unterricht so wenig Lernen auslöst wie passives Fernsehen (hierzu hatten wir bereits bahnbrechende Studien gemacht). Andererseits aber hatte ich Schuldgefühle nach dem Motto: Die Auftraggeber (bzw. im offenen Seminar die einzelnen TeilnehmerInnen) bezahlen viel Geld, also muß ich laufend vortragen und darf die TeilnehmerInnen nicht selber reden lassen, denn das könnte ja als Aus-Zeit von mir als Referentin ausgelegt werden. Ich brauchte bis in die Mitte der 80er Jahre, bis ich das Problem lösen könnte, indem ich den **Teilnehmern** erklärte, warum ich das tat, wobei ich in einem Buch eine sehr hilfreiche Stelle fand: Ich sprach innerhalb der ersten halben Stunde von der Idee in Wolf SCHNEIDERs hervorragendem Standardwerk über Sprache (*Wörter machen Leute*). Dort weist er nämlich darauf hin, daß wir etwas erst be-GRIFF-en haben, wenn wir es in Sprache fassen. So konnten die Anwesenden nachvollziehen, wie **notwendig** es ist, daß **Lernende über das Neue** miteinander **reden dürfen**, weil erst das sprachliche Er-FASSEN ein „Fassen" (im Sinne des „mit der Hand fassen") darstellt. Dieses „Fassen" („Greifen") ist die Grundlage des verstandesmäßigen Be-GREIF-ens. Damit erhöhte ich auch ihre Bereitschaft, sich in die Kleingruppe einzubringen (die damals absolut nicht vorausgesetzt werden konnte). Ich wies darauf hin, daß dies ebenso wichtig sei, wenn sie **ihre eigenen Mitarbeiter oder Kollegen** „informieren" wollten (es waren Führungskräfte-Seminare). Daß wir im Seminar ebenso vorgehen mußten, war dann folgerichtig, denn Lehrkräfte, die das eine predigen und das andere tun, überzeugen niemanden.

Übrigens kann es Auftraggebern, Schulbehörden und anderen Zweiflern gegenüber hilfreich sein, darauf hinzuweisen, wie schwer es uns (anfangs) fällt, die Lernenden selbst reden zu lassen. Einem eingefleischten „Frontal-Unterrichtler" fällt es natürlich weit leichter, selber die ganze Zeit zu reden!

Später half ich firmeninternen Trainer-KollegInnen, ihren Chefs gegenüber ähnlich zu argumentieren, und heute **erwarten** die TeilnehmerInnen bei der Erwachsenenbildung bereits, daß sie selbst aktiv mitarbeiten dürfen und **beschweren** sich über einen Referenten, der von früh bis abends selber quatscht. Wenn wir diesen Erfolg jetzt noch in diejenigen Klassenzimmer transportieren können, in denen es noch übrlich ist, daß nur die Lehrkraft vorne redet, dann hätte dieser Prozeß insgesamt nur fast zwei Generationen gedauert.

Wichtiger Zusatz-Tip

Durch die Anregung eines englischen Trainer-Kollegen (Paul SMITH), der mir schon oft wertvolle Ideen schenkte, griff ich seine großartige Technik auf: Paul SMITH hatte nämlich festgestellt, daß bereits eine Kleingruppen-Diskussionen von **nur 2 Minuten** sehr fruchtbar sein kann.

Daraus entwickelte ich bei meinen Groß-Seminaren mit Hunderten von Teilnehmern schnellste Gruppenbildungen, indem sich die Damen und Herren in den Reihen 1, 3, 5, 7 etc. zu den TeilnehmerInnen in den Reihen 2, 4, 6, 8 etc. UMDREHEN. Diese Kleingruppen können mehrmals am Tag im Nu gebildet werden. Sie arbeiten immer 2 bis 3 Minuten (selten auch mal 5 Minuten) intensivst, z.B um direkt davor erstellte ABC-Listen oder WORT-Bilder (KaWa.s©) miteinander zu vergleichen oder um die Ergebnisse einzelner Listen zusammenzutragen (konsolidieren). Diese Mini-Arbeitsgruppen bringen enorm viel, kosten aber wenig Zeit und können in jedem normalen Klassenzimmer durchgeführt werden. Sollte es noch Klassenzimmer mit angeschraubten Pulten geben (das erlebe ich auch öfter, wenn wir ein Groß-Seminar in Kinos, Theatern oder großen Hallen durchführen), lasse ich die Teilnehmer der Kleingruppen aufstehen. Wieder drehen sich die Reihen 1, 3, 5 etc. zu den Reihen 2, 4, 6 etc um. Nun ist der Arbeitskreis eine Mini-Stehparty. Dies ist a. eine willkommene Abwechslung vom Sitzen und wird sehr positiv aufgenommen, weil es dem Bedürfnis nach Bewegung entspricht.

S. Neuro-Mechanismus *BEWEGUNG*, Seite 64ff.

8. Lehrerfrage: Wissen aktiv er-arbeiten?

aktiv jaaa!!

Wieviel Prozent der Zeit dürfen/sollen die Lernenden selber aktiv sein?

BIRKENBIHL: Als Faustregel können wir sagen: Bei regulärem Unterricht minimum ein Viertel der Zeit, besser ein Drittel, noch besser zwei Drittel, wo dies möglich ist. Wenn wir möglichst viele TRICKS einsetzen, gibt es zu jedem noch so „trockenen" Thema zahlreiche Möglichkeiten, das Tun in den Vordergrund zu stellen. Gelingt es, die Lernenden möglichst oft (sei es auch nur jeweils 90 Sekunden oder 2 Minuten lang) aktiv etwas erarbeiten zu lassen, so stellt unser „Vortrag" den roten Faden dar, der von einem Aha-Erlebnis zum nächsten führt. Damit nähern wir uns dem SOKRATISCHEN Ideal wieder ein ganzes Stück. Es gibt eine interessante Parallele in der Verkaufs-Psychologie (wobei ich seit Jahrzehnten darauf hinweise, daß auch Leute, die unterrichten oder überzeugen wollen, genaugenommen ihre Ideen „verkaufen" müssen). In den 70er Jahren kam in den USA ein Gedanke auf, der besagt: Statt DEN Kunden etwas VER-kaufen zu wollen, sollte man dafür sorgen, daß DIE Kunden unser Produkt KAUFEN WOLLEN. Dies gilt für geistige Produkte im selben Maß. Wenn Lernende mindestens mit ABC-Listen und/oder WORT-Bildern (KaWa.s©) aktiv nachdenken dürfen, ist die Chance, daß sie „kaufen" **wollen**, wesentlich größer, weil es neurologisch **unmöglich** ist, zu lernen, wenn man nur passiv konsumieren darf.

Auch der **Lehrer-Lehrer** (STERN) Heinz KLIPPERT (s. Literaturverzeichnis) plädiert für 2/3 (der Zeit) Schüler-Arbeit in der Klassen, d.h. im Unterricht.

Die folgende Frage höre ich meist eher von meinen Trainer-KollegInnen als von Lehrkräften, **weil an unseren Schulen viel zu wenig RHETORIK-Training stattfindet.** Es ist auch interessant, daß der folgende Lehrer dies nur mit der Oberstufe durchführt. Optimal wäre es, wenn solche Übungen bei den ca. 12-jährigen beginnen würden. Aber das Problem, das er beschreibt, haben meine Trainer-KollegInnen in der Erwachsenenbildung auch, z.B. wenn TeilnehmerInnen aufgezeichnete Rollenspiele hinterher ansehen sollen.

Früher begann das Rhetorik-Training mit ca. 10 Jahren – an Elite-Schulen ist das heute noch so.

9. Lehrerfrage: Video-(Rhetorik)Training

Wenn ich Video-Training mit Schülern durchführe (z.B. um in den Oberklassen Rhetorik zu trainieren), habe ich das Problem, daß jeder sich nur für seine eigene Aufzeichnung interessiert. Sind Mitschüler zu sehen, dann schwätzen sie, was denjenigen gegenüber, deren Rede gerade angeschaut werden sollen, unfair ist. Was soll ich tun?

Im Unterricht wäre das z.B. die rhetorische Frage oder ein Quiz-Spiel.

BIRKENBIHL: Ja, das kenne ich. Deshalb entwickelte ich 1975 eine Technik mit dem Ziel, die TeilnehmerInnen zu motivieren, mit Interesse zuzuschauen, auch wenn gerade die anderen „dran" sind. Die Lösung sieht wie folgt aus: Zuerst sprechen wir über den einen oder anderen strategischen Ansatz, den wir anschließend vor der Kamera üben (z.B. mehr Fragen zu stellen, statt die Leute mit Sage-Technik zuzuquatschen). Anschließend mache ich die Gruppe auf bestimmte andere Aspekte (z.B. auf **non-verbale**, wie Stimme, Tonfall, Körperhaltung, Gestik, Mimik) aufmerksam, und nun gilt es, auf **diese** zu achten, während wir gucken. Nun ergibt sich der oben bereits beschriebene Effekt: Weil dic SchülerInnen (bzw. erwachsene Seminar-TeilnehmerInnen) auf **einen** Aspekt ACHTEN, nehmen sie weit mehr wahr, mit dem Zusatznutzen, daß sie nun auch sehen wollen, was die anderen bezüglich des **später** erklärten Aspektes „zu bieten" haben. Da ja dieser Aspekt erst **nach** der Aufzeichnung erläutert wurde, hat jede/r in bezug darauf völlig spontan agiert.

Zusatz-Tip

Vgl. Lehrfilm, Seite 223f.

Denken wir noch einmal an den Kollegen, der Video-Filme in der Klasse zeigen will. Der eben erklärte Vorteil kann auch hier eingesetzt werden: Man spricht **vor** dem Zeigen des Films über bestimmte Aspekte, die es zu beobachten gilt (z.B. wie ein Reporter versucht, Objektivität herzustellen, oder wie lange die einzelnen Schnitte dauern – für junges Publikum sind Schnitte unter 10 Sekunden normal!). Neben dem positiven Lern-Effekt für die SchülerInnen bietet dieses Vorgehen Ihnen einen weiteren Vorteil: Wenn nämlich **Außenstehende** den Raum betreten, können Sie den Film noch kurz laufen lassen, dann unterbrechen und um Schüler-Kommentare bitten: „Beobachtungen?". Nun merken die Außenseiter (z.B. eine Unterrichts-Kommission!), wie **kompetent** die SchülerInnen über Aspekte reden, die sie selbst gar nicht bewußt wahrgenommen hatten. Dies zeigt auch Skeptikern, daß hier mittels Film doch „echt gelernt" wird! Fazit:

> Wann immer Menschen (inkl. SchülerInnen) sich im Voraus Gedanken zu einem Thema machen (dürfen), z.B. indem sie ein **2-Minuten-Wissens-ABC** erstellen, **aktivieren sie tausende von Wissens-Fäden in Ihrem Wissens-Netz** und sind demzufolge (d.h. als FOLGE dessen!) weit besser auf das Folgende vorbereitet. Deshalb können sie besser wahrnehmen als früher, wenn Lehrkräfte die SchülerInnen mit Unterrichts-Einheiten frontal zuquatschten.

Eine interessante Variante

Hier gilt es, einen Film möglichst effizient auf Informations-Einheiten hin „auszuschlachten". Wir wissen aus der Wahrnehmungs-Physiologie, daß nur Bruchteile der Welt in unser Bewußtsein gelangen. Die folgende Strategie erhöht die Menge an Details, die die Betrachter **bewußt** registrieren können. Bewußt Wahrgenommenes hat eine faire Chance, bewußt verarbeitet zu werden, denn: Was wir einmal KONSTRUIERT haben, können wir später leichter RE-KONSTRUIEREN. Achtung: Bei dieser Variante muß neben der Leinwand eine große, gut ablesbare **Uhr** hängen, die auch während der Vorführung gesehen werden kann.

So geht's: Zuerst lese man eine Kurzbeschreibung zum Film vor. Dann stelle man einige konkrete Fragen zum Film. Hier müssen Lehrkräfte vorab überlegen, welche Fragen sie ableiten wollen. (Eine andere Möglichkeit ist es, von den SchülerInnen mögliche Fragen sammeln zu lassen. Dies geht aber nur, wenn sie mit dem Lehrstoff schon einigermaßen vertraut sind.) Jetzt einigt man sich darauf, welche der Fragestellungen im Film beachtet werden sollen – mindestens drei, nicht mehr als sechs. Diese Fragen tragen wir in eine **Checkliste** ein. Jetzt kreuzen die ZuseherInnen beim Sehen vorgegebene Punkte einfach an, während sie weitere Aspekte durch Eintragen von Stichpunkten in der Liste „bearbeiten". Dabei sollen sie jedoch immer die **Uhrzeit** registrieren und mit eintragen, wenn Sie ein Stichwort aufschreiben.

Die Uhr hilft bei allen Filmen, Videos, DVD.s etc. **ohne** Timecode.

Nehmen wir an, eine der Fragen lautete: „Wie groß war die Gefahr, daß es in der Kuba-Krise zu einem Weltkrieg hätte kommen können?" Jetzt achten einige SchülerInnen 50 Minuten auf **diese** Frage, während andere SchülerInnen andere Fragestelllungen verfolgen. Gleichzeitig aber kann man gar nicht anders, als einiges von dem wahrzunehmen, was die **anderen** verfolgen sollen. So lernen SchülerInnen, wieviel man tatsächlich wahrnehmen **kann**, was die anschließende Diskussion ja verdeutlicht. Wobei gute Lehrkräfte dies eingangs ruhig bemerken dürfen („Mensch, Ihr habt aber viel wahrgenommen, alle Achtung!"), denn viele SchülerInnen sind so verunsichert, weil sie beim klassischen Unterricht oft glaubten, sie seien unfähig, sich Dinge zu merken, daß EINGANGS ein wenig (ehrliche) Bewunderung der Lehrkraft sehr hilfreich ist. Später braucht es das nicht mehr, denn bald motiviert die eigene Leistung, die nämlich akute Freude auslöst. Wenn LehrerInnen (wieder mal) leuchtende Augen im Unterricht sehen wollen – die hier vorgestellten Möglichkeiten bringen das zuwege! Dann gehen auch die Lehrkräfte mit leuchtenden Augen nach Hause!

PS: **Warum sollten die SchülerInnen die Zeiten notieren?** Es kann sein, daß unterschiedliche Menschen eine Aussage an ganz anderen Filmszenen „festmachen", was zu großem Erstaunen führen kann. Dies ist ein spannender Effekt, der extrem faszinierend werden kann. Ansonsten hilft das Notieren der Zeiten auch, zu begreifen, daß die Zeit heute ziemlich schnell zu verlaufen scheint. Kein Wunder, wenn der Geist gehirn-gerecht arbeiten darf, ist das ganz „normal".

10. Lehrer-Frage: Leistungs-Bewertung?

Sollen SchülerInnen ihre LehrerInnen bewerten müssen?

Finden Sie diese Beurteilung (s. Rand) durch SchülerInnen nicht gefährlich? Bitte begründen Sie Ihre Ja- oder Nein-Antwort. (Lehrer an einer privaten Berufsschule)

Eine Neuerung: Heute werden an vielen schweizerischen Schulen von den SchülerInnen **Lehrerbewertungen** verlangt, d.h., SchülerInnen beurteilen – meist mit Hilfe eines Fragebogens – Lehrkräfte.

BIRKENBIHL: Müssen? Nein, nein, es müßte heißen: Die SchülerInnen **dürfen** endlich! Endlich dürfen die SchülerInnen die Lehrkräfte beurteilen! Nein, ich finde die Beurteilung nicht gefährlich. Ich halte sie für lange überfällig. Gute Lehrkräfte haben sowieso nichts zu fürchten! Im übrigen finden Sie ja auch nichts dabei, daß **alle** Lehrkräfte alle SchülerInnen mehrmals pro Jahr prüfen und bewerten. Warum sollten Erwachsene das weniger gut verkraften können als Kinder, deren Selbstwert noch nicht gefestigt ist? (Wissen Sie, wie viele Kinder sich jedes Jahr wegen schlechter Noten umbringen???)

Wenn Sie zu meiner Generation gehören (und in den 40er Jahren des letzten Jahrhunderts geboren wurden), möchten Sie vielleicht vorab mit den SchülerInnen reden. Sie könnten Ihren SchülerInnen in etwa erklären:

> Als ich studierte und meine Ausbildung als Lehrer durchlaufen habe, da waren die Lehrkräfte noch ein bißchen die Könige und Kaiser. Da wäre die Idee, daß man Lehrkräfte beurteilen könnte, völlig absurd gewesen, weil man Halbgötter ja nicht beurteilt. Jetzt hat sich dies sehr geändert. Aber uns hat man natürlich im Studium nie beigebracht, wie wir den Unterricht so gestalten können, dass er gehirngerecht wird. Das hat man erst durch die Forschung erfahren, als wir schon längst LehrerInnen waren, und das müssen wir jetzt alle nachträglich lernen. Früher arbeiteten einige begnadete Lehrkräfte intuitiv so, daß wir heute sagen können: Es war gehirn-gerecht. Aber das waren wenige Genies.
>
> Durch Eure Bewertungen könnt Ihr uns helfen, gehirn-gerechter vorzugehen. Wenn Ihr z.B. schreibt, das Vorrechnen der Rechenaufgaben an der Tafel sei absolut nicht hilfreich, dann werden wir

Übrigens werde ich bei meinen Management-Seminaren **immer beurteilt**. Oder bei einem Kongreß mit 14 Rednern, da stehen wir alle im Wettbewerb miteinander und wissen genau: Nur die Top 5 werden von anderen Veranstaltern eingeladen!

uns damit auseinandersetzen. So kann die Bewertung uns allen helfen, denn von besserem Unterricht profitieren alle! Wenn ihr Wünsche formuliert, dann können wir gemeinsam neue Wege suchen. Allerdings ist dies nur sinnvoll, wenn wir herausfinden, warum etwas nicht funktioniert bzw. welche der (alten oder neuen) Maßnahmen ihr als besonders hilfreich empfindet, damit wir sie beibehalten oder sogar verstärken können. So können wir alle daraus lernen.

Ich kann eindeutig feststellen, daß ich durch **Beurteilungen** von Teilnehmenden immens viel gelernt habe. So neige ich z.B. zu einem sehr schnellen Sprechtempo. Ich habe früher vom ersten bis zum letzten Moment ununterbrochen geredet. Ich habe zunächst keine Übungen gemacht (vgl. Seite 224ff.). Damals waren meinen TeilnehmerInnen also keinerlei Denkpausen gestattet. Ich habe damals nur wenig Quizaufgaben eingesetzt. Aufgrund der Kritiken lernte ich, meinen Redefluß stellenweise zu verlangsamen (man kann ja seine Art nicht völlig umkrempeln, aber man kann kleine Oasen zum Ausruhen schaffen – und seien es nur 30 Sekunden hier oder da (das bringt bereits viel). Ich habe durch Kritik gelernt, Fragen konkret zu beantworten (ursprünglich neigte ich zum „Labern"). Also zusammenfassend kann ich feststellen: Ich bin meinen Kritikern dankbar!

11. Lehrer-Frage: Geschichts-Unterricht

Vor etwa einem Jahr fand sich diese Frage eines Lehrers in der Wandzeitung (**www.birkenbihl.de**), deren Beantwortung das Thema GESCHICHTE umfaßt.

Als Lehrer und Privatmann bin ich sehr an Ihren „Lernstrategien" interessiert und habe bereits einige kleine Erfolge zu verbuchen. Die KaWa.s© sprechen mich besonders an. Wie aber kann ich komplexere geschichtliche Zusammenhänge wie z.B. „Griechische Geschichte" oder „Preußen" in meinem Gedächtnis (oder dem der Schüler) speichern? Für einen Tip oder auch einen Hinweis auf eines Ihrer Bücher (ich habe sie tatsächlich nicht alle gelesen) wäre ich Ihnen sehr dankbar.

BIRKENBIHL: In meinem Buch *Das innere Archiv* gibt es ein **Lehrer-Modul** (für LehrerInnen, die mal einen Traum hatten!) und eines

über bahnbrechende **Forschungsergebnisse**. Wenn Sie nur diese beiden Module lesen würden, fänden Sie wertvolle Hilfen. Desweiteren möchte ich Ihnen heute einige **strategische Ansätze für den Geschichts-Unterricht** vorstellen (bisher noch nicht veröffentlicht):

Geschichts unter-richt: spannend!!

1. Vor jeder neuen Unterrichtseinheit

(bzw. wenn ein neues Thema oder ein neuer Aspekt beginnt)

a. Lassen Sie die **SchülerInnen** kurz je eine **ABC-Liste** machen (jede/r SchülerIn soll pro ABC mindestens 10 Begriffe finden), das dauert ca. **90 Sekunden**, dann

b. in **Kleingruppen** à 6 bis 8 die **Ergebnisse auf ein größeres ABC übertragen** (A3-Bogen in Streifen schneiden, dicke Filzstifte). Das dauert nochmal ca. **2 Minuten**, dann:

c. **Gruppen-Ergebnis-Vergleich** (der auch für LehrerInnen sehr interessant ist, weil sie entweder merken, wie wenig zum Thema bekannt ist, oder aber überrascht werden von Aspekten, die einige SchülerInnen schon zum Thema doch wissen. Die Gruppen-Ergebnisse an die Wand pinnen und davor **herumgehen** (ca. **2 bis 3 Minuten**) und sehen, was die anderen Gruppen gefunden haben.

Vgl. *BEWEGUNG*, Seite 64ff.

2. Das JAHRES-LERN-POSTER!

Auf einem langen breiten Papierstreifen (Papierrollen für Kinder, zum Malen ... auch helles Packpapier ist denkbar) werden die wichtigsten Jahreszahlen in chronologischer Reihenfolge eingetragen. Im Laufe des Unterrichts fügt man Stichpunkte (und kleine Zeichnungen) hinzu, so ergibt sich eine historische Karte. Dieses „Papier-Band" kann dann systematisch ausgebaut werden, wobei die Anordnung waagerecht wie senkrecht sein kann. Bei **waagerecht** kann man jederzeit:

a. in die Zukunft nach rechts verlängern,

b. in die Vergangenheit nach links verlängern,

c. oben und unten „anbauen", wenn in einem Zeitraum (man beachte die Wortbildung „Zeit-RAUM") besonders viel geschehen ist. Solche Stellen im Geschichts-Poster fallen optisch auf und bleiben daher besonders gut im Gedächtnis.

Bei senkrechter Anordnung dementsprechend die Zeit nach oben/unten verlängern.

3. WQS (Wissens-Quiz-Spiel)

Vgl. *WQS*, Seite 72ff., 114, 123, 157ff.

Wichtig ist dabei, daß sie nur am Anfang die Wissens-Quiz-Fragen und Antworten selber „basteln" müssen. Denn in dem Maß, in dem Ihre SchülerInnen mehr und mehr wissen, können Sie die folgende **Variante** spielen:

TV-Quiz? Nein: wir spielen im Klassenzimmer!

Nicht Sie als Lehrer, sondern die Schüler machen alles. Sie sind lediglich Coach und Berater. Die Schüler WÄHLEN ihre Rollen; die stilleren, die nicht gern vor den anderen „auftreten" wollen, arbeiten z.B. in der Vorbereitungsphase in der REDAKTION, sie wird die Fragen und Antworten erstellen (sie als Lehrer lesen gegen, damit keine Fehler ins Spiel gebracht werden). Eine andere Gruppe wird das Spiel gestalten (die MANAGER). Sie überlegen, wie das Klassenzimmer mit minimalem Aufwand in ein „Studio" verwandelt werden kann, wie man die beiden „Stühle" vorne oder inmitten der Gruppe aufbaut, manche denken sich großartige Kulissen aus. Schüler, die gerne exponiert sind, losen unter sich die QUIZ-MASTER-Rolle aus, wenn mehrere Lust haben, mit wechselnden Rollen. Übrigens kann man z.B. jede Woche mit einem Quiz abschließen, das während der Woche vorbereitet wurde. Die SchülerInnen sind weit kreativer als man erwartet, wenn sie mal handeln dürfen. Der Rest der SchülerInnen „spielt" das PUBLIKUM, aus dem die Spieler REKRUTIERT werden. Hierzu entwickeln die MANAGER ein entsprechendes PROCEDERE (Namen werden aus dem Hut gezogen: von „Namen-Lotto" bis hin zu regelrechten „Vorausscheidungen" etc.).

So kann man wirklich spielend lernen

4. THEATER SPIELEN

Das könnte gut mit DEUTSCH-Unterricht und/oder Sprecherziehung/Rhetorik u.ä. gekoppelt werden.

Die Klasse (oder auch mehrere Klassen zusammen) führt ein Theaterstück auf, in dem wichtige Teile oder Aspekte des Stoffes dargestellt werden. Eine Gruppe kreierte einmal eine Pantomine (mit fetziger Musik im Hintergrund), in der sie alle Leute chronologisch darstellten, die von den Medici umgebracht worden waren. Dabei wurde äußerst theatralisch gespielt, wer wie gestorben war (meistens Gift). Eine ähnliche Fakten-„Kette" könnte man aus allen Persönlichkeiten bilden, die man wegen ihres KETZERTUMS tötete (Na, wer fällt Ihnen da auf Anhieb ein?) oder bedroht wurden (GALILEI). Dabei könnte man auch herausarbeiten, wessen Glaubensinhalte inzwischen von der Wissenschaft eindeutig bestätigt wurden (Giordano BRUNO). Aber es kann auch Sprechtheater gemacht werden, in dem entweder mit einem Skript (klassisch) vorgegangen wird oder so, wie viele TV-Serien heute gedreht werden: a. die Gruppe entscheidet/entwickelt den roten Faden, aber b. die „Schauspieler" improvisieren die Szene/n selbst.

Merke: Nach einigen „Proben" ist der Unterrichtsstoff „gelernt", das merkt man gar nicht! Deshalb spreche ich ja von Nicht-Lern Lern-Strategien (non-learning learning strategies) oder meiner TRICK-Kiste.

5. MUSICAL (HISTORY-RAP)

Die SchülerInnen verarbeiten die wichtigsten Fakten zu

a. einem „**Musical**"-Medley (bekannte Melodien werden umgedichtet, vgl. jährliche Karnevalslieder im Fernsehen).

b. **Rap-Songs**, die sie in einer echten Aufführung vor Eltern vortragen (vgl. *Haben Eltern Angst vor der Schule?*, Appell, Seite 197ff.).

Kinder (die als REDAKTEURE arbeiten) haben wieder die Chance, stille Jobs zu übernehmen, z.B. am Manuskript mitzuarbeiten (als Autoren) oder aber technisch (Textverarbeitung am PC, Drucken etc.), damit alle später mitlesen können. Sie können sich aber auch als KulissenmalerInnen betätigen, als „Licht"-Techniker (d.h. als jene, die die Scheinwerfer zu bestimmten Zeitpunkten auf bestimmte Stellen richten) etc.

6. TV-News

Die Klasse verarbeitet die historischen Daten, Fakten etc. zu „**News**". Dabei können verschiedene Ausgangs-Situationen gewählt werden, z.B. nach dem Motto: **Wenn es damals 24-Stunden-TV-News-Sender gegeben hätte, wie wären die wichtigen historischen Begebenheiten von Anker-News-Leuten vorgetragen worden?** Dann werden „Einspielungen" gezeigt; dabei können Zeit-

genossen Leute interviewen (z.B. ein Journalist interviewt Nero, während Rom brennt), oder Sie gehen in Variante 5 (s. Seite 235) über. Es kann auch EINE KLASSE an Variante 5 arbeiten, eine andere an 6, anschließend verbinden sich die Gruppen oder sie führen ihre Produktionen an einem „bunten Abend" für Schüler und Eltern vor.

7. SCIENCE FICTION

Variante: ZEITREISEN in die Vergangenheit – die SchülerInnen sind ZEIT-TOURISTEN ...

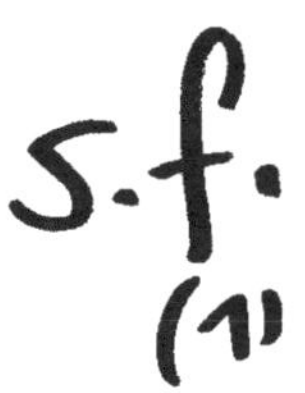

a. ... die in der Vergangenheit nur **zusehen** und **darüber berichten** können, weil die Gesetze der Zeitreisen sie (wegen des gefürchteten Zeit-Paradox) dort nicht eingreifen lassen. Manche Schüler können JOURNALE schreiben, andere BRIEFE an die Daheimgebliebenen, wieder andere schreiben Artikel, Bücher etc. und wieder andere gestalten eine Internet- (oder Intranet-)Seite.

b. ... die **mit den Leuten von damals reden können**, wobei diese das „Gespräch" als Traum erleben – aber so kann ein heutiger Mensch einen damaligen interviewen; z.B. könnten FLIEGE, BIOLEK oder KERNER Nero zartfühlend wie immer befragen, warum er meinte, Rom anzünden zu müssen, oder einer der Journalisten, die die Kids kennen (von mir aus von MTV) interviewt diese Leute (Nero mit dem flammenden Inferno Roms im Hintergrund). Hier kann man Interviews SCHREIBEN und dann aufführen oder aber live spielen (siehe Punkt 4, Theater) **etc. etc. – Die Möglichkeiten sind zahllos**.

Variante: Historische Persönlichkeiten im Heute

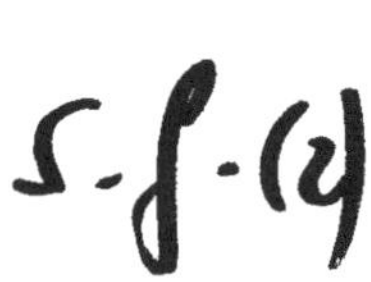

Die SchülerInnen sind ZEIT-MANIPULATOREN, die in der Lage sind, einzelne Leute in der Vergangenheit zu „fangen" und für eine Stunde (einen Tag) hierhin zu bringen. Diesen Persönlichkeiten wird ihr Aufenthalt in der Zukunft später wie ein Traum erscheinen, deshalb müssen die SchülerInnen genau planen:

1. **Welche Dinge** dürfen die „Vergangenen" nicht sehen, damit Sie nicht begreifen, daß sie in der Zukunft sind, bzw. welche brauchen wir (z.B. Gänsekiele, Tinte und Feder, Sanduhren); dabei kann es zu überraschenden FUNDEN kommen, so hatten die Römer bereits Tageszeitungen, die allerdings vor allem Tratsch enthielten (wie wir CICEROs Tagebüchern im Vatikan entnehmen können).
2. **Was wollen wir sie fragen?**
3. **Das Ergebnis** kann nach Rollenspielen ebenfalls erfunden werden.

Die alte Frage, ob Forscher Daten finden oder erfinden ... hmmm).

Variante: Holodeck planen

StarTrek-Fans können ein **historisches Holodeck** planen. Was müssen sie bei der Gestaltung alles berücksichtigen, damit die historischen Personen sich später, wenn das Holodeck aktiviert wird, „richtig" verhalten? Bei Napoleon müßte man z.B. genau entscheiden, was man an der „Persönlichkeit" verändern muß, je nachdem, ob sie vor oder nach Waterloo auftreten wird. Fazit:

> SchülerInnen müssen sich den Stoff selbst **EROBERN**. Lehrer müssen endlich aufhören, als „Tonbandgerät" zu fungieren! Sie müssen Fremdenführer, Coach und Tutor werden. Erst im letzten Drittel des jeweiligen Themas sollten sie die SchülerInnen anleiten, sich zu fragen, WAS WIR AUS DER GESCHICHTE LETZTLICH LERNEN KÖNNEN. Dabei dürfen sie wieder helfen, aber erst nachdem die SchülerInnen selbst beginnen durften (das ist ja angeblich der Grund dafür, daß Geschichts-Unterricht im Curriculum steht!). Das können SchülerInnen erst begreifen, nachdem sie **mit den Fakten gespielt** haben. (Boshafte Bemerkung: Ich kenne jede Menge Geschichts-LehrerInnen, die keinen „Sinn" in ihrem Lernstoff sehen. Es muß unterrichtet werden, weil es im Lehrplan steht. Warum es drin steht? Achselzucken ... schade, gell?)

Das war meine Antwort, in der Wandzeitung nachts zwischen 3 und 5 Uhr früh, in einem Satz „runtergeschrieben" ... Für dieses Buch wurde es nur um die Tippfehler „beraubt" und minimal korrigiert.

Es folgen einige Schüler-Fragen. Ich habe solche ausgewählt, die besonders typisch sind, auch wenn manche LehrerInnen das nicht gerne wahrhaben wollen. Es hat doch keinen Sinn, die teilweise extrem frustrierende Atmosphäre in zahllosen Klassenzimmern (aller Industrie-Länder!) zu leugnen, wenn wir etwas dagegen unternehmen wollen, oder? Wobei ja immer beide Seiten frustriert werden, SchülerInnen wie Lehrkräfte. Nur: Letztere können sich dem Streß entziehen – und viele tun dies auch –, aber die SchülerInnen werden von der Polizei in die Schule geschleppt, wenn sie ihr fernbleiben wollen.

Das dürfen wir dabei nie vergessen.

12. Die sieben HÄUFIGSTEN Schüler-Fragen

Hervorhebungen im Text: vfb.

Lehrer sollten diese häufig-sten Klagen kennen!

1. Was kann ich tun, wenn man **den Unterricht öde findet**, die Lehrperson aber nicht verletzen möchte?
2. Was können wir **SchülerInnen**, die **bereit sind zu lernen, gegen die „Faulheit" der Lehrkräfte** tun? Gemeint sind **Lehrkräfte**, die sich **kaum vorbereiten, nur Textbuchinhalte wiedergeben, auf unsere Wünsche kaum eingehen** und bei **Fragen ausweichende Antworten** geben?
3. Wie kann man in einem solchen Unterricht **herausfinden**, welches die Schwerpunkte der Lehrkraft sind, wie sie **benotet** und wie man sich auf **Prüfungen** vorbereiten soll?
4. Sind **SchülerInnen** solchen Lehrkräften nicht **ausgeliefert**?
5. Wie kann ich als **erwachsener Schüler** bei einer großen Pflichtstunden-Belastung **lustvoller und effizienter lernen?**
6. Wie kann ich **innerhalb dieses „geordneten" frontalen Unterrichtes** persönlich optimal **profitieren**?
7. Kann ich überhaupt die **relativ starre Lehrweise vieler Lehrkräfte** so beeinflussen, dass **Lehrkräfte bereit** sind, ihre **Lehrstrategien** zu **ändern**?

Ich freue mich, Ihnen mitteilen zu können, daß diese häufigen Schülerfragen (eigentlich Klagen) durch das, was dieses Buch Ihnen zeigt, vollkommen verstummen werden! Aber zunächst noch eine typische Frage, die ebenfalls bei gehirn-gerechtem Vorgehen nie mehr gestellt werden muß:

13. Eine besondere Schüler-Frage (zum Physik-Unterricht)

Ich würde gerne wissen, wie es möglich wäre, gehirn-gerechtes Lernen in den Schulen einzuführen. In meiner Klasse gibt es viele Schüler, die zum Beispiel in Physik eine Nachprüfung im Herbst haben. Mir fällt das Fach Physik leicht, weil ich die Sachen verstehe und **nicht** auswendig lerne. Der Lehrer hat zu diesen Kindern gesagt, sie müssten sich halt einfach in den Ferien hinsetzen und den Stoff LERNEN. Meiner Meinung nach müßten sie ihn **VERSTEHEN**. In meiner Schule heißt es generell (und in den meisten anderen Schulen wahrscheinlich auch): Seid nicht so stinkfaul, lernt halt etwas.

PHYSIK

Wir haben in großen Teilen dieses Buches immer wieder betont, daß dieser Schüler den Finger auf die Wunde legt, wenn er zu Recht davon ausgeht, BEGREIFEN wäre besser als stures Pauken. Aber da manche LehrerInnen so manches in diesem Buch bezweifeln werden (ihr gutes Recht), freue ich mich besonders, zwei Reaktionen einer Lehrerin vorstellen zu dürfen, die uns zeigen, daß es geht. Sie unterrichtet CHEMIE, was die Frage sicher ebenfalls beantworten wird.

Nachfolgend werden m.E. alle 8 Schüler-Fragen „beantwortet", sowohl die 7 häufigsten als auch die letzte.

14. Lehrer-Frage: Chemie – Kügeli verteilen?

Es folgen zwei Faxe/E-Mails einer Chemie-Lehrerin, die sich seit vielen Jahren bemüht, gehirn-gerecht vorzugehen und die meine Entwicklungen zu „noch mehr Gehirn-Gerechtigkeit" seit vielen Jahren mitverfolgt. Sie gehört zu den ersten, denen ich die **Doppel-Checkliste** vorstellte, und zu den **ersten, die praktisch im Unterricht damit arbeitet**. Aus diesen Pilot-Versuchen stammen die folgenden Seiten, die stellvertretend für ähnliche Fragen anderer „Test-Piloten" in Klassenzimmern und Seminarräumen stehen. Diese Gedanken zeigen, wie Lehrkräfte denken und vorgehen müssen, wenn sie die 8 Schüler-Fragen (oben) durch ihr Verhalten im Unterricht „beantworten" wollen.

Ich danke Frau Magdalena KUNTERMANN dafür, daß ich diesen Doppelbeitrag einer engagierten Chemie-Lehrerin hier abdrucken darf (Hervorhebungen meine).

spannend!

Liebe Frau Birkenbihl,

Es geht um MODELLE und EXPERIMENTE. Ein Beispiel aus der 7. Klasse – Volumenkontraktion: In je einem Zylinder messe ich genau 50 ml Alkohol bzw. 50 ml Wasser ab. Jetzt schütte ich beide Flüssigkeiten in einen dritten Zylinder und alle erwarten jetzt 100-ml-Lösung. Aber es sind nur 96 ml. Wo sind die 4 Milliliter?

Jetzt folgt allgemeines Raten wie: Da ist noch was am Zylinder hängengeblieben u.ä.

Als nächstes ziehe ich ein Modell heran. Ohne Kommentar führe ich das gleiche Experiment mit Erbsen und Sand durch.

Das Ergebnis ist noch deutlicher, das sind nicht einmal 80 ml. Doch schon während des Mischens gehen die Hände hoch. Hier hat jeder begriffen, daß sich bei unterschiedlicher Größe der Teilchen die kleineren in die Zwischenräume der größeren Teilchen schieben können, und die meisten schaffen auch die Transferleistung ohne meine Hilfe, daß Alkohol-Teilchen und Wasser-Teilchen unterschiedlich groß sein müssen.

das WESENtliche suchen

Das ist für mich ohne jeden Zweifel ein gehirn-gerechtes Vorgehen. Mein Problem taucht bei der Vergabe von „Kügelchen“ auf. Bei den Strategien kann man das Modell unter Reduktion auf das WESENtliche einordnen. Das wäre 1 Punkt. Welche Neuro-Mechanismen werden hier aktiviert? Vergleichen? Das taucht ja erst am Ende auf, wenn die Erbsen und der Sand mit Alkohol und Wasser verglichen werden. Assoziatives Denken? Ich bin immer davon ausgegangen, wenn Kügelchen verteilt werden, dann macht die Anzahl eine Aussage darüber, wie gehirn-gerecht etwas ist.

BIRKENBIHL: Das ist ganz normal: Wenn wir ein neues Be-WERTungs-Instrument kennenlernen, müssen wir es im ersten Schritt intellektuell verstehen und werden im zweiten Schritt, bei den ersten Praxis-Anwendungen, noch auf Probleme stoßen. Was theoretisch klar war, wirkt plötzlich am konkreten Beispiel verwirrend. Deshalb wollen wir die Beschreibung noch einmal ansehen, diesmal jedoch (mit „vfb“ gekennzeichnet) **kommentieren**.

Vgl. auch Modul 2, *Kügeli verteilen* (S. 166ff.).

Volumenkontraktion: In je einem Zylinder messe ich genau 50 ml Alkohol bzw. 50 ml Wasser ab.

vfb: Bei jedem **EXPERIMENT** aktivieren Sie **mindestens** den Neuro-Mechanismus des **VERGLEICHENs** (neu/bekannt? Schon ähnliches gesehen?): die ersten 2 Kügeli (●●). Des weiteren erlauben Sie eigenständiges **ASSOZIATIVES** (Mit-)Denken bei Ihren Zuschauern (●●), und weil Experimente eine Sache er-**FORSCHEN**, aktivieren Sie die Suche nach dem **WESEN**-tlichen (●) wie auch den **EXPLORER-Geist** (●) in Ihren SchülerInnen. Somit liegen Sie also hier schon bei **6 Kügeli**. ●●● ●●●

Jetzt schütte ich beide Flüssigkeiten in einen dritten Zylinder und alle erwarten jetzt 100 ml Lösung. Aber es sind nur 96 ml. Wo sind die 4 Milliliter?

vfb: Beim SCHÜTTEN kommt **BEWEGUNG** auf: wann immer sich etwas bewegt, wird der Neuro-Mechanismus BEWEGUNG aktiviert (●). Wenn die SchülerInnen sich vorher oder beim Zusehen **FRAGEN** stellen (●●) und nun etwas Bestimmtes erwarten und diese Erwartung wird **nicht** erfüllt, sind Sie erstaunt (EXPLORER wird wachgehalten). Somit sind wir jetzt schon bei 6 (von oben) plus 3, also **9 Kügeli**. Gratuliere. ●●● ●●● ●●●

Jetzt folgt allgemeines Raten wie: Da ist noch was am Zylinder hängen geblieben u.ä.

vfb: Beim **RATEN** wird der Neuro-Mechanismus des FRAGENs jetzt, **nach** dem Zusehen, **erneut** aktiviert, damit wird die Aufmerksamkeit auf einem hohen Niveau **gehalten**.

Als nächstes ziehe ich ein Modell heran. Ohne Kommentar führe ich das gleiche Experiment mit Erbsen und Sand durch: Das Ergebnis ist noch deutlicher ...

vfb: Jetzt aktivieren Sie **erneut** den Neuro-Mechanismus des **VERGLEICHENS** beim zweiten Experiment. Beim zweiten Durchgang gibt es also wieder **9 Kügeli** insgesamt! Gratuliere!

Ganz allgemein können wir festhalten, daß aktives Tun, z.B. durch Experimente jeder Art, absolut die meisten Kügeli erhält. Bei Experimenten wie dem oben geschilderten, können wir von folgenden Spielregeln ausgehen:

1. Da die Zuschauer immer **automatisch VERGLEICHEN** müssen (bekannt oder unbekannt? Kenne ich Ähnliches?), gibt es zwei Kügeli für diesen Neuro-Mechanismus (●●).

2. Wenn die Zuschauer selber denken dürfen, denken sie garantiert (vorwiegend) **ASSOZIATIV**, damit aber entdecken sie vorhandene Wissens-Fäden in ihrem Wissens-Netz bzw. schaffen neue Verbindungen selbst, also 2 Kügeli (●●). Im Verkauf nennt man das „den Kunden kaufen lassen“ (statt zu versuchen, zu verkaufen). Auf den Unterricht übertragen können wir sagen: Selber denken lassen, statt alles „vorkauen“ und „vorverdauen“ zu wollen. Wir als Lehrende wollen das Wissen in kleinen Häppchen anbieten, aber schlucken, kauen und verdauen müssen immer die Lernenden, egal was wir anstellen. Je aktiver wir sie also selber „kaufen lassen“, desto besser für alle Beteiligten!

19-jährige Schüler, die kurz vor dem Abitur stehen, wissen genügend über Chemie, um gute Fragen stellen zu können. Wäre dies eine erste Chemiestunde mit Anfängern, würden diesen kaum Fragen „einfallen“ – deshalb helfen WQS.e (Wissens-Quiz-Spiele) so sehr!

3. Wenn die Lernenden **FRAGEN STELLEN** dürfen bzw. per Wissens-Quiz eingeladen wurden, gewisse FRAGEN „im Kopf zu haben“, erhalten wir weitere 2 Kügeli (●●). Bitte bedenken Sie, daß wir gerade Einsteigern mit einem spannenden WQS (Wissens-Quiz-Spiel, s. Marginalie, Seite 234) helfen können, denn: Um gute Fragen zu stellen, muß man bereits einiges wissen.
4. Wenn wir den Lernern erlauben, dem **WESEN** einer Sache nachzuspüren (●), aktivieren wir einen mächtigen Neuro-Mechanismus, der mit einigen Aspekten in unserer Doppel-Checkliste engste Verbindungen hat: Er verstärkt die Wirkung der **FRAGEN** (s. oben), aber er weckt auch in besonderem Maße den **EXPLORER** in uns (●), also führt er in der Regel zu mindestens 2 Kügeli bei Zuschauern. Wer selber experimentieren darf (strategische Maßnahme **PROBIEREN OHNE ANGST**: ●●), also mindestens 2 weitere Kügeli.

5. Bei einem guten Experiment werden **REGELN ABSTRAHIERT** (●), vielleicht werden auch bestimmte Aspekte in gewisse Denk-**KATEGORIEN** „sortiert" (●).

Vgl. *Abstrahieren,* Seite 37.

Sie sehen, daß leicht **ca. 12 Kügeli** vergeben werden können, wenn **aktiv experimentiert** werden darf. Das entspricht der Art, wie unser Gehirn „gepolt" ist. Experimente entsprechen dem aktiven Tun bzw. dem Zusehen, wie jemand etwas tut – beides natürliche Lernformen seit Jahrmilllionen. Beide Arten des Lernens lösen episodische Erinnerungen aus, also Er-LEB-nisse, die mit dem LEBEN etwas zu tun haben, im Gegensatz zu „trockenem" Unterricht oder toten Pauk-Methoden. (Diese führen zum sogenannten semantischen Gedächtnis – nur für Worte.)

Manche Dinge kann man zwar nicht selbst im Klassenzimmer tun, aber per Film (Video, DVD) vorführen. Hierauf bezieht sich **die zweite Frage** (eine Woche später) derselben Lehrerin. Das Spannende ist, daß Frau Magdalena KUNTERMANN nach wenigen Tagen des Ausprobierens und Testens (wieviel Kügeli kann ich hier vergeben?) mit der Doppel-Checkliste bereits sehr sicher war, wie Sie gleich sehen werden, denn diesmal hat sie **die Bewertung bereits selbst** vorgenommen.

Film
Video
DVD

Liebe Frau Birkenbihl,
wie bereits telefonisch angedeutet, werde ich die „Kügelchen-Verteilung" nach der „erweiterten Doppel-Checkliste" am **Beispiel** des **Aspirins** vornehmen. Das war das letzte Thema, das ich mit meinen Schülern (Stufe 13) behandelt habe. Für dieses Thema hatte ich drei Doppelstunden vorgesehen. Die erste davon werde ich etwas näher beschreiben. Es ging dabei um die Fragen, was Aspirin ist, was man mit Aspirin macht, wie es wirkt, wie man es herstellt und seine Geschichte.

Aspirin

Nachdem ich das Thema der Stunde, „ASPIRIN", angeschrieben hatte, bat ich die Schüler als Inventur eine **ABC-Liste** zu diesem Thema zu erstellen. Das ergibt **3 KÜGELCHEN** (● für ABC-Liste, ●● für assoziatives Denken). Anschließend bat ich meine Schüler, ihre Liste mit

ASPIRIN

der des rechten und linken Nachbarn zu **vergleichen** und so zu ergänzen; also weitere 2 (●● für Vergleich). = **5 KÜGELCHEN**.

Nachher haben sie Fragen aufgeschrieben, die sie zu diesem Thema gerne beantwortet haben möchten (●● für Fragen). Diese Fragen haben sie mir dann vorgelesen. Ausbeute: 3 bis 5 Fragen pro Schüler = **7 KÜGELCHEN**.

Jetzt haben wir uns einen 30 Minuten langen Film zu Aspirin angesehen, in welchem die Geschichte des Aspirins, Wirkungsweise, Einsatzmöglichkeiten usw. geschildert wurden. Dabei haben die Schüler wieder eine ABC-Liste erstellt, die nachher mit der des Nachbarn verglichen wurde (● für ABC, ● für Info festhalten, ●● für Vergleich) = **11 KÜGELCHEN**.

Nach dem Film konnten wir eine erste Bilanz ziehen, welche der gestellten Fragen bereits beantwortet wurden, aber auch festhalten, welche Fragen sich neu ergeben haben, z.B.: Woher weiß das Aspirin, daß ich Zahnschmerzen habe und nicht Bauchweh? Diese Frage wurde durch die Behauptung eines Arztes im Film, daß sich das Aspirin im entzündeten Gewebe anreichert, ausgelöst. Das war der Augenblick, wo auf alle noch offenen Fragen meine Gegenfrage folgte: Wie könnten wir die Antworten darauf finden? (●● für Fragen, ● für Explorer) = **14 KÜGELCHEN!!**

Das waren genügend offene Fragen, mit denen sich die jungen Leute bis zur nächsten Stunde beschäftigen konnten und die ihnen durchaus auch die Möglichkeit eröffnete, Explorer zu sein, z.B. um herauszufinden, warum das Aspirin als Tablette **nicht** wasserlöslich ist, das Aspirin als Brausetablette schon.

Ich habe dabei 14 Kügelchen für gehirn-gerechtes Vorgehen gezählt. Dabei glaube ich, daß **das Wichtigste** an dieser Stunde war, daß die Schüler **ihre eigenen Fragen** formuliert haben. Sie waren jetzt **neugierig auf die Antworten**, vor allem dadurch, daß auch nicht alle Antworten gleich und direkt kamen, sondern nach manchen auch noch **gefahndet** werden mußte, so manche Behauptung aus dem

ASPIRIN

Film auch in Frage gestellt wurde und überlegt wurde (Wie können wir das überprüfen oder herausfinden?).

Was habe ich früher anders gemacht? Statt der ABC-Inventur gab es ein **sogenanntes Unterrichts-Gespräch**. Das war bestimmt nicht langweilig. Je nachdem, wie viel Zeit ich hatte und wie gut ich drauf war, war das sogar hochinteressant. **Das Problem dabei ist, daß wir nicht alle Schüler mitnehmen. Einige wenige denken mit, andere hören fasziniert zu und andere denken an etwas ganz anderes.** Sie bemühen sich **meine** Fragen zu beantworten, um mir einen Gefallen zu erweisen. Das ist aber nicht Ziel des Unterrichts. **Früher habe ich die Fragen im Unterricht gestellt.**

Dies sind übrigens einige der Fragen, die meine Schüler formuliert haben.

1. Was ist Aspirin chemisch gesehen für eine Substanz? (Formel)
2. Wer hat Aspirin erfunden oder hergestellt?
3. Wie wurde es gefunden oder hergestellt? KEKULÉ hat ja die Strukturformel des Benzols im Schein des Kaminfeuers geträumt (nachdem er sich jahrelang die Frage gestellt hat, welches die Struktur des Benzols ist).
4. Warum bekommen einige Menschen von Aspirin Magenschmerzen?
5. Aspirin wird ja auch zur Nachbehandlung bei Herzinfarkt verwendet. Ist die Wirkweise die gleiche wie bei der Schmerzbekämpfung?
6. Wie wirkt Aspirin?

Interessant an **allen** Fragen ist, daß genau diese Fragen in dem Film beantwortet werden. Wenn ich meine Schüler diese Fragen nicht hätte stellen lassen, hätte ich ihnen Wissen präsentiert, nach dem keiner gefragt hat. Was für ein Unterschied!

Diesen Aspirin-Film habe ich früher auch eingesetzt, aber wenn wir uns einen **Film** angesehen haben, dann so, wie das alle **von zu Hause gewohnt waren, passiv**. Alle fanden das, was sie gesehen haben, interessant, und **nach einigen Stunden hat kaum noch einer was darüber gewußt**, denn es fand ja keine Tiefenverarbeitung statt. So hatte ich auch immer ein leicht **schlechtes Gewissen**, wenn ich ein Video gezeigt habe, wiewohl das den Sachverhalt manchmal besser erklärt hat, als ich das als Lehrer je tun hätte können. Kurzum glaube ich, dass ich, seit ich Ihre „Doppel-Checkliste" kenne, noch einmal überdenke, was ich eventuell noch tun könnte, um meine „Kundschaft" selbst zum Arbeiten und Denken zu bringen. Wir beantworten damit die Fragen meiner Schüler und nicht meine.

M. Kuntermann

Vgl. S. 241f.

BIRKENBIHL: Ich freue mich riesig, wenn ich solche Berichte lese. Wetten, daß kein einzige/r SchülerIn dieser Lehrerin jemals Fragen wie die Schüler-Fragen in diesem Modul stellt?

Wetten, daß das auch Abertausende von anderen Lehrern schaffen könnten?

Bitte bedenken Sie:

Jedes Mal, wenn wir etwas gehirn-gerecht „rüberbringen" können, haben wir wichtige und gute Arbeit geleistet.

Selbst wenn immer wieder mal Aspekte übrig bleiben, die man eingangs (aus Hilflosigkeit) noch „im alten Stil" durchpaukt, werden die „trockenen Stellen" weniger und weniger.

Darüber hinaus: Der 1. Punkt für den Geschichtslehrer (Seite 233) gilt **immer**, ich wiederhole ihn ganz bewußt, aber diesmal als **Lückentext**. (Wenn Sie wollen, vgl. Sie mit dem Original-Absatz.)

Lückentext-Spiel

Vor jeder neuen Unterrichtseinheit (bzw. immer wenn ein neues Thema oder ein neuer Aspekt beginnt):

a) Lassen Sie die **SchülerInnen** kurz je eine ________ machen (jede/r SchülerIn soll pro ________ mindestens 10 Begriffe finden). Das dauert ca. **90 Sekunden**, dann:

b) in **Kleingruppen** à 6 bis 8 die ________ **auf ein größeres** ________ **übertragen** (A3-Bogen in Streifen schneiden, dicke Filzstifte). Das dauert nochmal ca. **2 Minuten**, dann:

c) **Gruppen-Ergebnis-**________ (der auch für LehrerInnen sehr ________ ist, weil sie entweder merken, wie wenig ________ bekannt ist, oder aber überrascht werden können von Aspekten, die einige ________ schon zum Thema wissen. Gruppen-________ an die Wand pinnen und davor ________ **(ca. 2 bis 3 Minuten**) und sehen, was die anderen Gruppen ________ haben (vgl. das Lern-Poster-Experiment in *Das innere Archiv* und *Bewegung*, Seite 64ff.).

LÜCKENTEXTE: Im Lerner-Buch *Trotzdem LERNEN* finden Sie ein spannendes Lückentext-Spiel, mittels dessen man als Lehrkraft sehr schnell **beobachten** kann, wie gut unsere Gruppe ein Thema begriffen hat (z.B. ehe wir in die Endrunde der Prüfungsvorbereitungen gehen).

Merkblatt 1: Anlegen von Wissens-ABC.s & KaWa.s©

Experiment – Vorbereitungen

1. Bitte **Schreibzeug** zurechtlegen.
2. Einen **Timer** mit Sekundenangabe (notfalls ein **Küchenwecker**) auf 2 oder 3 Minuten einstellen.
3. Schreiben Sie **senkrecht** am linken Rand ein **ABC** (von A bis Z).

STOP! Alles vorbereitet?

Experiment 1: Das ABC-Spiel

1. Wählen Sie ein **Thema:** ____________________
2. Raten Sie, wie viele Begriffe Sie in den zwei oder drei Minuten, die Sie sich geben wollen, schaffen werden? (Hilfestellung: Je aktiver Sie normalerweise mit diesem Thema zu tun haben, desto mehr Begriffe werden Sie „griffbereit" vor**finden**.)

   Wie viele Begriffe? ____________________

   Achtung, ehe Sie zu schreiben beginnen!
   Das Ziel ist nicht, bei „A" zu beginnen und sich (verbissen) zum „Z" durchzukämpfen, sondern: Entspannen Sie sich, wandern Sie mit den Augen die Liste „rauf und runter" (wie meine TeilnehmerInnen gerne sagen). Wenn Ihnen zu „G" oder „N" etwas „einfällt", notieren Sie dies. So erleben Sie kein systematisches „Ausfüllen" einer ABC-Liste, sondern eine Schreib-Augenwanderung.
3. Stellen Sie den **Timer** (Küchenwecker) ein! ❐ ok
4. Nun **starten Sie den Timer und schreiben Sie!**
5. Jetzt **zählen Sie die Begriffe:** ____________________
   (Anzahl)
6. Zum Schluß **vergleichen Sie** Einschätzung und Ergebnis!

A ____________
B ____________
C ____________
D ____________
E ____________
F ____________
G ____________
H ____________
I ____________
J ____________
K ____________
L ____________
M ____________
N ____________
O ____________
P ____________
Q ____________
R ____________
S ____________
T ____________
U ____________
V ____________
W ____________
X ____________
Y ____________
Z ____________

Wissens-ABC Irak-Krieg

Wichtig ist, daß jeder Begriff, den wir hinschreiben, nur uns selbst etwas „sagen" muß. Wenn man die Liste mit anderen SpielerInnen vergleicht, muß man vielleicht hier und da erklären, was ein Wort bedeutet.

Es gibt grundsätzlich zwei Arten von ABC-Listen:

1. **Schnelle Stichpunkte** (s. rechts) und
2. **Eine ange-REICH-erte Liste** (mit kurzen Kommentaren).

Die Liste (rechts) ist die erste schnelle Liste, die ich zu dem Thema anlegte, als ich das Ende einer interessanten TV-Dokumention zum Irak-Krieg „erwischt" hatte.

Als die wenigen Minuten vorbei waren, notierte ich neben jeden Begriff eine kurze **Bemerkung**. Die meisten bezogen sich auf das Gesehene und Gehörte, hier und da fügte ich eigene Assoziationen hinzu. Diese sollten wir jeweils kenntlich machen, so daß wir später immer wissen, welche Ideen **nicht** Teil unserer Paraphrase der Botschaft (hier der Sendung) sind. Im Fallbeispiel habe ich sie mit „vfb" gekennzeichnet. Die lange, ange-REICH-erte Liste können Sie zum Vergleich hier einsehen:

A =	**Anzahl**/Waffen **Alternativen**
B =	**Bodentruppen. Berater** der Regierungen.
C =	**Co-Evolution**
D =	**Diplomaten, Differenzen**
E =	**Ethnische** Konflikte
F =	**Frieden** muß aktiv herbeigeführt werden (wie Kriege auch)
G =	**Golf-Region**, Fallbeispiele noch und nöcher ...
H =	**Hightech-Waffen** (inkl. am Soldaten selbst)
I =	**Israel**/Palästina-Konflikt, **Irak**-Konflikte (vs. **Iran**, vs. die Welt)
J =	J
K =	**Krieg-/Konflikt-Forschung**
L =	**Luftabwehr**
M =	**Militärische „Auseinandersetzung"**
N=	**Nachsorge. NATO**
O =	**Ohne moralische Skrupel: Opfer: Zivilisten**
P =	**Probleme nach Krieg**
Q =	**Qualität**/Waffen
R =	**Region**
S =	**Stehende** Heere (mod. Kriegsführung); **Strategie** entscheidend – vfb
T =	**Tägliche Einschätzungen**
U =	**Überlegene Waffen; UNO**
V =	**Völkerrechtler**
W =	**Wissenschaftler**
X =	
Y =	
Z =	**Zivilbevölkerung**

Fallbeispiel: Konfliktforschung-ABC

(ange-REICH-erte ABC-Liste Konfliktforschung – Was deutet auf Krieg?)

A = **Anzahl**/Waffen Alternativen
Alternativen zum Krieg ...

B = **Bodentruppen**.
Berater der Regierungen.

C = **Co-Evolution** von Kampfeswillen und Fähigkeit durch technische Wunderwaffen (wie Gewehre, die um die Ecke schießen können)

D = **Diplomaten** (in **UNO**) versuchen Kriege zu vermeiden;
Differenzen zwischen NATO-Verbündeten machen Frieden schwierig bis unmöglich. vfb: Wenn die USA sich dann noch aus der UNO ausklinken, wenn diese ausnahmsweise gegen einen von den USA gewollten Krieg (Irak) ist, dann ist das sehr traurig.

E = **Ethnische** Konflikte in letzten Jahren verschärfen Lage, Arabien vs. West, Islam vs. Christliche, wobei (vfb) die Fundamentalisten aller Religionen gleich intolerant und gemeingefäfhrlich sind. Es ist äußerst gefährlich, über die islamistischen herzuziehen, ohne zu bedenken, welchen Ausländerhaß bei uns z.B. christliche „Fundamentalisten" erzeugen können ...

F = **Frieden** muß **aktiv** herbeigeführt werden (wie Kriege auch) – vfb

G = **Golf-Region**, Fallbeispiele noch und nöcher, wobei die Palästinenser den Israelis dasselbe antun, wie die Israelis den Engländern damals. Da sie erfolgreich waren, finden sie ihren Kampf auch moralisch gerechtfertigt, im Sprachgebrauch der Engländer waren sie einst auch Terroristen gewesen.

H = **Hightech-Waffen** (inkl. am Soldaten selbst), siehe „C"

I = **Israel**/Palästina-Konflikt, **Irak**-Konflikte (vs. **Iran**, vs. die Welt)

J = J

K = **Krieg**- und Konflikt-Forschung: Parallelen zwischen beiden. Ein Krieg ist eine Variante von Konflikt, können daher Maßnahmen der Konfliktforschung hier zum Tragen kommen?

L = **Luftabwehr** extrem wichtig

M= **Militärische** „Auseinandersetzung": Muß es immer ein „Krieg" sein?

N= **Nachsorge** meist nicht existent (vgl. Afghanistan damals, als die Russen es verließen hat sich niemand gekümmert, nicht die freie Welt noch Amerika. Heute dasselbe: viel zu wenig Hilfe, um das Land endlich aufzubauen ...). Na ja, dort gibt es halt kein Bodenschätze ...; **NATO**

O = **Ohne** moralische Skrupel: Kriegstreiber wie Bush (sen. **und** jr.): **Opfer**: Zivilisten (a) durch Verletzungen und Tote im Krieg und durch Minen später, sowie b) in der Nachkriegszeit, wenn es an allem fehlt und wieder eine Generation von Kindern sich suboptimal entwickeln wird (geistig-intellektuell wegen Unterernährung, Krankheiten etc.)

P = **Probleme** nach dem Krieg: viele wurden vorher nicht bedacht, wiewohl sie absehbar waren (z.B. Post-Kriegs-Afghanistan, Irak etc.) vfb: Wie heißt es so schön: Die USA haben zwar den Krieg gewonnen, nicht aber den Frieden ...

Q= **Qualität** der Waffen heute wichtiger als Anzahl (siehe „A") Waffen/Soldaten

R = **Region** gesamte: in Brand stecken (US-Pläne hierzu existieren schon)

S = **Stehende** Heere (moderne Kriegsführung); **Strategie** entscheidend – vfb

T = **Tägliche** Einschätzungen der Kriegs-Wahrscheinlichkeit: *Washington Post;* diese Veröffenltichungen beeinflussen die Kriegs-Chance ebenfalls! Heute wird die Kriegsführung in weit größerem Maß durch die Presse gesteuert als früher, als die Presse immer erst Tage oder Wochen später berichten konnte.

U= **Überlegene** Waffen (nicht unbedingt mengenmäßig, mit weit besseren Waffen kann man auch zahlenmäßig mehr Feinden überlegen sein, das ist typisch für moderne Söldnertruppen); **UNO**

V= **Völkerrechtler** versuchen Spielregeln für Kriege zu finden (z.B. Genfer Konventionen), derzeit besteht die große Debatte, ob man einen „pre-emptive strike" zulassen darf, wenn ja, dann könnten in Zukunft alle möglichen Länder alle möglichen anderen Länder einfach so mit Krieg überziehen, um mögliche spätere Aktionen jener Länder zu vermeiden ...

W= **Wissenschaftler** befürchten, daß die Gegend auch nach einem neuen Irak-Krieg keinen Frieden finden wird, sowie, daß weltweit der Terror als Reaktion auf die US-Handlungen im Irak anwachsen wird ...

X = X

Y = Y

Z = **Zivilbevölkerung** ist immer das Opfer. Das begann mit dem langen Embargo, das war während der Bombardierung der USA wahr und das bewahrheitet sich im post-Kriegs-Irak auch wieder ...

Experiment 2: Das KaWa-Namens-Spiel

Schreiben Sie auf ein weiteres Blatt (**quer**) den **Namen** einer Person bzw. eines (fiktionalen) Charakters, den Sie gut „kennen" (z.B. Inspektor COLUMBO) in die **Blattmitte**. Schreiben Sie bitte möglichst große **Großbuchstaben**.

1. Diesmal **wandern Sie mit den Augen waagerecht** über die **Buchstaben** des Namens.
2. Jedesmal, wenn Ihnen etwas einfällt (z.B. eine Eigenschaft), notieren Sie dies. So könnte Ihnen bei **Dagobert Duck** zu „**G**" einfallen, daß er **geldgierig** ist, oder Sie denken bei „**B**" vielleicht an seine Eigenart, seinen Neffen Donald immer wieder zu betrügen, also notieren Sie z.B. bei „**B**" **betrügen**. Schreiben Sie immer **waagerecht** (dies ist KEIN Mind-Map) und zeigen Sie klar durch „Blasen" oder farbige Linien, **welche Assoziation zu welchem Buchstaben des Namens gehört**.

Nachdem jeder Begriff den Namen für eine Sache, einen Prozeß, eine Tätigkeit etc. darstellt, können wir zu jedem erdenklichen Thema KaWa.s© anlegen! Wir sehen: Sowohl das ABC als auch ein KaWa© bieten uns immer eine **schnelle kleine Inventur** nach dem Motto: Was weiß ich? Was fällt mir heute ein bzw. zu?

So können wir jederzeit zu jedem Thema feststellen, **wie „fit" wir derzeit** sind (oft weniger als wir dachten). Wir können aber auch „schnell mal ein ABC oder ein KaWa© anlegen", **ehe** wir **tiefer** über ein Thema nachdenken wollen, **denn die Liste löst einen neurologischen Vorteil im Gehirn aus**: Sie zwingt die Mitarbeiter in den Katakomben, zumindest die Hände auf die Griffe der betreffenden Kästen zu legen, denn Sie arbeiten ja **mindestens 90 Sekunden** (bis 3 Minuten) lang an diesem Thema. Damit aber lösen Sie einen **neurologischen Mechanismus** aus, den wir dem Begriff des **assoziativen** Denkens zuordnen.

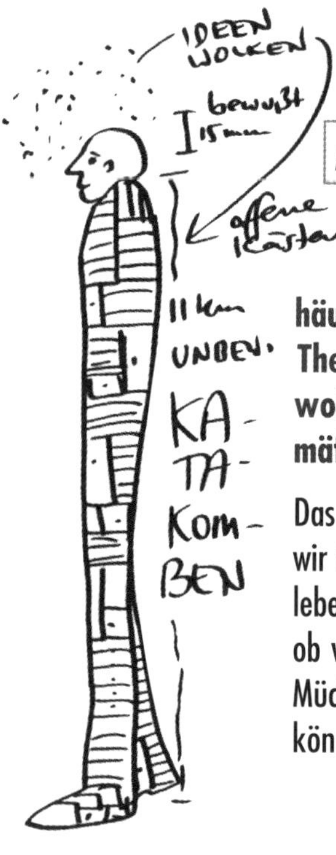

ABC-Listen und WORT-Bilder (= KaWa.s)

Beide Klassiker führen zum **Stadt-Land-Fluß-Effekt**©, d.h. wir erzielen den **Experten-Bonus** zu **allen** Themen, die wir **häufig** SPIELEN. Im Klartext: **Wir allein entscheiden, zu welchen Themen wir leere Denk-Wolken (Ideen-Schwärme) haben wollen und zu welchen Themen uns zufällig (ha ha!) regelmäßig sehr viel ein- oder zufällt.**

Das heißt: Wir denken nach und suchen Assoziationen, dabei stellen wir fest: Es fällt uns **nichts, wenig** oder viel ein (bzw. zu). Also erleben wir dies als **Mücke oder Lücke?** Es ist **unsere** Entscheidung, ob wir bei „leeren" Denk-Wolken auch in Zukunft lieber Lücken als Mücken finden wollen. Man muß nicht alles wissen, richtig. Aber man könnte weit mehr wissen, als man normalerweise weiß.

Lernen wird dann sooooo gehirn-gerecht und demzufolge sooooo leicht, daß man kaum noch begreifen kann, warum man so lange gedacht hatte, Lernen müsse anstrengend sein – wir werden bald viele Mücken finden.

Dabei können bereits **kleinste Lern- und Trainings-Einheiten extrem hilfreich** sein!

Aber das kann nur erfahren, wer es **einige Wochen** lang ausprobiert und (wie ein Forscher) beobachtet, was passiert!

Was bedeutet KaWa (& KaGa) eigentlich?

Nun, als ich in den 1990ern meine Seminar-TeilnehmerInnen vom logisch-rationalen, linearen Denken zum „kreativeren" **analogen Denken** hinführen wollte, entwickelte ich drei Denk-Tools: ABC-Listen, WORT-Bilder und Wort-BILDER. Komischerweise verführt uns eine ABC-Liste **NICHT** zum linearen Denken, wenn wir mit den Augen „rauf und runterwandern" und spontan eintragen, was uns einfällt. Somit erlaubt sie **assoziatives Denken** vom Feinsten (während viele Leute annehmen, eine ABC-Liste müsse rational-logisch sein).

Die WORT-Bilder entstehen durch freie Assoziation zu den einzelnen Buchstaben des WORTES und die Wort-BILDER dadurch, daß wir eine Idee „hieroglyphisieren", wir zeichnen sie also. Da dieses Konzept den meisten Leuten im ersten Ansatz etwas schwierig vorkommt, möchte ich alle Interessierten bitten, sich an anderer Stelle damit zu befassen (s. Rand). Hier will ich nur feststellen: Wer ein Problem zeichnet (und sei es noch so „abstrakt") hat es auch begriffen. Oder: Wer unfähig ist, das Problem zu „zeichnen", hat es nicht wirklich verstanden. Diese Zeichnungen müssen für einen Außenstehenden **nicht** verständlich sein, wir sprechen von einer anderen Form der Darstellung. Für alle, die hier völlig falsche Ängste haben, zeigt das Video-Seminar (vgl. Rand) auf, worum es dabei geht.

Vgl. zum LESEN (mit vielen Abbildungen) mein *Das große Analograffiti-Buch*, zum SEHEN mein Video-Seminar *Wortlos denken?*.

Nach langem Suchen nannte ich diese **drei machtvollen Denk-Tools** zusammengefaßt **ANALOGRAFFITI©**.[1]

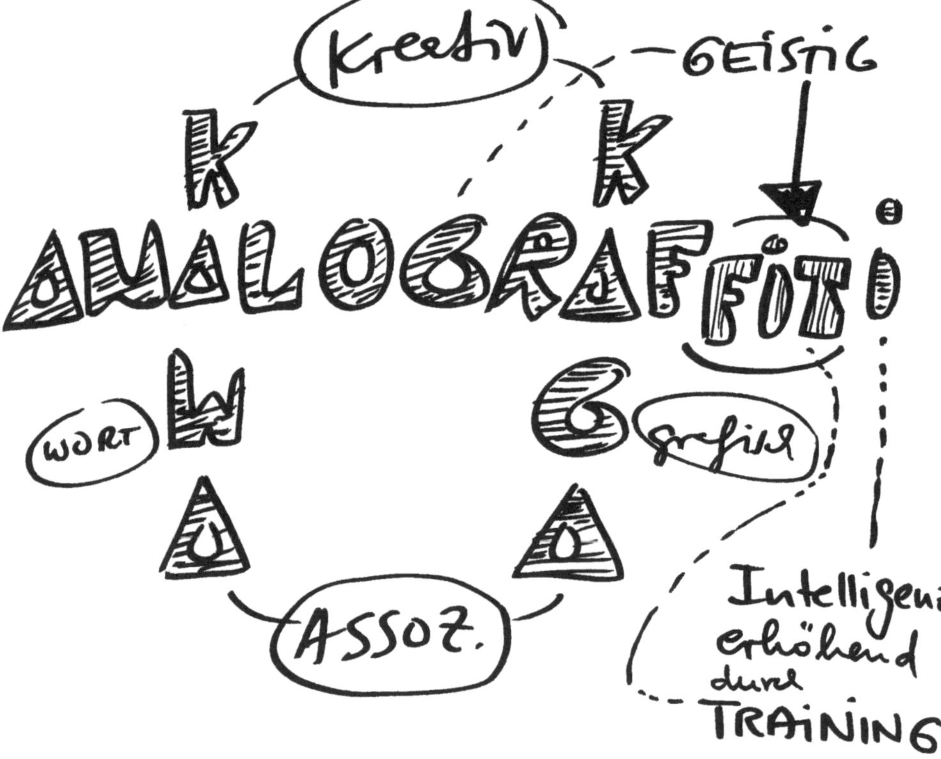

1 Ich danke Herrn LOHOFF (vom usa-Team), der bei der Namensfindung damals half: „Analografie" war der Vorläufer von ANALOGRAFFITI©, welches international verständlich ist.

Merkblatt 2: Wahrnehmung

Psychologische Filter

Im Modul *Lehrer-/Schüler-Fragen* (Seite 208ff.) hatten wir angedeutet, daß eine Reihe von Filtern zwei Aspekte der Wahrnehmung beeinflussen, nämlich erstens was wir überhaupt wahrnehmen (z.B. Interesse) und zweitens **wie** wir das, **was** wir wahrnehmen, einordnen, bewerten (oder, wie der Volksmund sagt, „finden"). Dieses Merkblatt kann die psychologischen Filter nur kurz andeuten:

Jede Art von Erwartung färbt, was wir wahrnehmen – egal, ob es Befürchtungen, Ängste, Hoffnungen oder gar Visionen sind. Wer viel Negatives erwartet, stellt seine Filter auf „Schlimmes" ein und wird demzufolge weit mehr „davon" wahrnehmen als jemand, der mit der rosaroten Brille durch die Welt geht und auf Positives wartet. Erwartungen prägen sowohl im Sinne von positiv/negativ als auch im Sinne von Ergänzungen, die wir vornehmen. Daran sehen sie, daß alle

Erwartungen

hier aufgelisteten (und einige hier aus Platzgründen weggelassene) Erwartungen miteinander in Verbindung stehen.

positiv?

Wir bewerten unablässig, daher „finden" wir alles, was „hereinkommt" unglaublich **schnell** angenehm oder unangenehm, gut oder schlecht, positiv oder negativ. Diese Tendenz ist seit Jahrtausenden bekannt. Deshalb empfehlen uns große Religionen (und philosophische Systeme), zu lernen, dieses vorschnelle Urteil auszusetzen oder zumindest zu verzögern (damit es uns bewußt werden kann). Im Extremfall rät man uns, völlig urteilsfrei wahrzunehmen (eine der Hauptforderungen im Buddhismus) bzw. Dinge und Menschen, die wir **nicht** mögen, sogar zu lieben (Jesus: Liebet eure Feinde).

Sprache

Ob wir jemanden als „obdachlosen Penner" oder als „Terroristen" bezeichnen, wird die „Wahrnehmung" (genauer: die Be-WERT-ung) jener, die ihn sehen oder von ihm hören/lesen maßgeblich beeinflussen. Ähnlich können unbedachte Vorbemerkungen von Lehrkräften regelrechte Angst vor neuen Themen auslösen („Nächste Woche wird es dann ernst, da beginnen wir mit dem Bruchrechnen") oder aber Ängste entschärfen („Also, das Bruchrechnen wird zu unrecht als schwer empfunden, es hängt davon ab, wie man es lernt. Ich zeige euch ab Montag, wie es sogar Spaß machen kann!"). Sprache ist einer der mächtigsten Filter, von denen die meisten Menschen leider gar nichts wissen.

metaphern

Ein gigantischer Filter der Wahrnehmung sind vor allem jene Metaphern, die wir nicht als solche erkennen, weil wir sie für „normale" Wörter halten, z.B. wissenschaftliche Beschreibungen (Teilchen und Wellen in der Physik). Im Gegensatz zu dem, was in den Textbüchern steht, sind auch dies „nur" Metaphern, wie auch „Quarks" und „Strings" – lauter potentielle „Bewohner" des Atominneren. Jede Metapher prägt die Art, wie wir sehen, deshalb sprechen manche Denker von der Metapher als einem Sinnesorgan (Neil POSTMAN: „Durch Metaphern sehen wir die Welt"). Gerade Lehrkräfte sollten die Wirkung von Metaphern kennen, deshalb empfehle ich ihnen besonders das Metaphern-Spiel mit ihren SchülerInnen zusammen zu spielen. Dabei lernen sie gemeinsam eine Menge über den Gegenstand (das Thema) sowie über die Rolle von Metaphern in unserer Wahrnehmung der Welt und unserem Denken über sie.

MEMe

Ein MEM ist laut Richard DAWKINS ein kulturelles „Gen", d.h. eine Idee, ein Glaubenssatz, eine (wissenschaftliche) Theorie etc. Diese MEMe wollen (wie die Gene auch) überleben, indem sie sich fortpflanzen. Im Gegensatz zu den Genen, die sich nur von einer Generation zur nächsten vermehren können, wandern MEMe innerhalb derselben Generation, d.h. sie verbreiten sich epidemisch. Wenn Sie innerhalb einer Woche 15-mal denselben Witz per E-Mail erhalten, dann können Sie einschätzen, wie rasant sich MEMe in unserer Zeit verbreiten – schneller als jemals in der gesamten Menschheitsgeschichte: Ursprünglich waren sie abhängig vom gesprochen Wort; mit dem geschriebenen konnten bereits große Entfernungen wie auch Zeiten „übersprungen" werden, aber heute wandern manche innerhalb von Sekunden um den ganzen Erdball. Wesentlich in unserem Zusammenhang ist, daß sie die Wahrnehmung genauso färben wie unsere Ängste/Hoffnungen (siehe: **Erwartungen**) oder Metaphern. Jedes MEM wirkt genauso hemmend oder fördernd wie eine Metapher, insbesondere die „bösen", die uns intolerant machen. Zwar halten sich viele von uns für besser als „die Fundamentalisten" (ob christlich oder islamistisch), aber wir sind genau so stur, inflexibel und intolerant, wenn jemand unsere Lieblings-MEMe angreift. Deshalb habe ich eine Vier-Punkte-Checkliste entwickelt, anhand derer wir prüfen können, ob ein MEM ein hilfreiches Denk-Tool oder einen metaphorischen Virus des Geistes darstellt (siehe Rand).

Vgl. mein Video-Seminar Viren des Geistes und/oder das Modul „Meme – Chancen und Gefahren" in *Das Birkenbihl ALPHA-Buch.*

Interesse

Sicher muß nicht erläutert werden, daß Interesse uns wach macht, aber wir sollten uns doch einmal fragen, warum gerade Leute, die ihr Wissen, ihren Lehrstoff oder ihre Produkte verkaufen wollen (inkl. Lehrkräfte) dies im Alltag ständig vergessen! Wäre dem nicht so, hätte weder dieses Buch noch sein „Zwilling" *Trotzdem LERNEN* geschrieben werden müssen! Da denkt man sich für die Erwachsenenbildung „Infotainment" aus, um wenigstens Opfer, die wählen können, bei der Stange zu halten, aber echten Opfern, die jahrelang gezwungen sind, in die Schule zu gehen, meint man es nicht schuldig zu sein, wenigstens ihr Interesse zu wecken, ehe man sie mit Infos vollzustopfen versucht! Diesem Mißstand habe ich in meinem Buch *Das innere Archiv* mit der Metapher Rechnung getragen, daß Unterricht oft sehr an das Prinzip Stopfgans erinnert, wenn Lehrer den SchülerInnen ihr Wissen löffelweise „aufzwingen", ohne Rücksicht auf deren Des-Interesse (und dann oft auch noch kritisiert werden). Wenn man sich das in Zeitlupe vor Augen hält, was hier passiert, kann man es kaum fassen!

Gewöhnung

Dies kann als Gegenpol von Interesse gesehen werden. Wenn Dinge sich wiederholen, die sich als ungefährlich entpuppt haben, werden sie aus dem bewußten Wahrnehmen herausgefiltert.

Ergänzung

Wir er-GÄNZ-en Lücken, fehlende Elemente, Buchstaben, Wörter etc. Diese Ergänzungen hängen von unserer persönlichen Geschichte sowie von unseren persönlichen Vorlieben und Abneigungen ab, also von unseren Erwartungen. Wir können auch sagen: Erwartungen führen zu Erfahrungen (Sie kennen das Prinzip der selbsterfüllenden Prophezeihung, das in den frühen 1950ern von Professor MERTON, Harvard, experimentell nachgewiesen worden ist). Da wir dazu neigen, uns für den Nabel der Welt zu halten, können wir uns kaum vorstellen, wie stark unsere Ergänzungen oft vom eigentlichen Reiz (oder der ursprünglichen Botschaft) abweichen. Deshalb glauben wir, der andere habe das gesagt, was wir verstanden haben. In meinem Buch *Kommunikationstraining* wies ich bereits vor 30 Jahren darauf hin: **Wahr ist nicht, was A sagt, wahr ist, was B hört!** Dies gilt jedenfalls für B, der ja **nicht weiß, was A wirklich gesagt hat.** Er kann nur von seiner Wahrnehmung ausgehen – die er für die Wirklichkeit hält! In meinem Video-Tages-Seminar *Fragetechnik* zeige ich anhand von Kommunikations- und Frage-Spielen, wie diese Wahrnehmungsprozesse im Alltag funktionieren.

Die männliche/weibliche Gehirn-Architektur führt zu unterschiedlicher Wahrnehmung. Männer sehen und hören ganz anders als Frauen. Daraus leiten sich auch psychologische Filter ab. Kenntnisse hierüber lassen viele Mißverständnisse begreifen und helfen uns, besser MITEINANDER zu kommunizieren (s. Rand).

Mann/Frau

Vgl. DVD *Männer/ Frauen – mehr als der kleine Unterschied?*

WESEN-tliche Aspekte des Filterns

Lassen Sie uns zum Schluß noch zwei Beispiele betrachten, die zugleich WESEN-tliche Aspekte des Filterns illustrieren: Im **ersten** Fall handelt es sich um individuelle DEUTUNGEN des Wahrgenommenen, wobei wir normalerweise nicht wahrnehmen, daß wir unsere Interpretation mit der Wahrnehmung selbst verwechseln. Im zweiten Fall wird uns die Tatsache bewußt gemacht, daß wir unsere bruchstückhaften Wahrnehmungen für „die (ganze) Wirklichkeit" zu halten pflegen. (Sicher kennen Sie die Schwurformel vor amerikanischen Gerichten: Dort muß man schwören, man werde „die Wahrheit sagen, die ganze Wahrheit und nichts als die Wahrheit". Welche Täuschung!)

Filter

1. **Drei Männer besteigen einen Berg:** ein Architekt, ein Kunstmaler und ein Schürzenheld. Wiewohl sie **gemeinsam** gehen und die Welt aus fast demselben Blickwinkel sehen, besteigt jeder von ihnen einen „ganz anderen" Berg.
   Der **Architekt** sieht vornehmlich potentielles **Bauland** und **Gebäude** (von der Almhütte über eine alte Scheune, die man zum Partylokal herrichten könnte, bis zu Grundstücken, die zum Be-

Die folgenden beiden Beispiele sind meinem Buch *Das innere Archiv* entnommen.

Fazit: Jeder sieht SEINEN Aspekt & glaubt, das GANZE erFASST zu haben.

bauen geeignet wären). Er sieht also keine Wiese, keinen Hügel, keine Lichtung – er sieht Grundstücke. Seine Interpretation, der kleine Taschenlampenkegel seines Bewußtseins sucht und findet Bauland.

Der **Kunstmaler** sieht vor allem **Farben und Formen**; er sieht zwar einige der „Grundstücke" (des Architekten), aber er sieht sie als **Licht und Schatten**. Er bemerkt auch einige der Damen (die er gerne malen würde), die anderen weiblichen Wesen sind für ihn so unerheblich, daß sie genau so gut unsichtbar sein könnten.

Der **Schürzenjäger** sieht **alle** (und wir meinen wirklich alle!) **Frauen**, die sich auf dem Bergweg hinauf- oder hinunterbewegen.

Fazit: Jeder der drei nimmt einige Aspekte wahr (nämlich jene, auf die das Licht seines Bewußtseins „hinfällt"), ohne zu merken, daß er aus diesen wenigen Aspekten seine ganze (Berg-)Welt konstruiert. Hinterher hat jeder ein Gefühl, mehr über Berge zu wissen, als vorher.

2. **Mehrere blinde Männer (in Indien) studieren den ersten Elefanten, der Ihnen begegnet.** Der erste hat ein **Bein** zu pakken bekommen, der zweite den Rüssel, der dritte den Bauch. Bald stellt der erste belehrend fest: „Also, ein Elefant ist säulenartig!", woraufhin der zweite vehement widerspricht: „Quatsch. Ein Elefant ähnelt einer Schlange, weich und biegsam und vorne ein Maul ...".

Daraufhin bricht der dritte in wieherndes Gelächter aus und hält seine Deutung (des Bauches) für die einzig mögliche, usw.

Merkblatt 3: Einladung zum Lehrer-Forum

Liebe LehrerInnen, DozentInnen, TrainerInnen ...
... an Grund-, Sekundar-, Berufsschulen und Gymnasien
... von staatlichen Schulen, Privatschulen und Einrichtungen der Erwachsenenbildung

Seit Jahren ist die Internetseite **www.birkenbihl.de** eine Plattform zum Informations- und Gedankenaustausch von Birkenbihl-Insidern. Die Seite besteht aus einem öffentlich zugänglichen Informations- und einem geschützten Foren-Bereich. Sie wird von Vera F. Birkenbihl kostenfrei zur Verfügung gestellt und mit erheblichem Aufwand aktuell gehalten. Sie sind herzlich eingeladen, sich ausgiebig im öffentlichen Bereich umzuschauen und die dort befindlichen Informationen zu nutzen.

Die passwortgeschützten Internet-Foren sind Birkenbihl-Insidern vorbehalten. Neben ABC-, Zitate-, Wissens-Spiele- und Witze-Forum (diese werden bereits sehr intensiv genutzt) gibt es seit Sommer 2004 ein neues – das **LEHRER-Forum**.

Als dessen Leiter lade ich sie ebenso herzlich ein, sich aktiv an einem breiten Gedankenaustausch zu den in diesem Buch vorgestellten Konzepten und deren Umsetzung im Bildungs-ALL-Tag zu beteiligen. Das LEHRER-Forum dient als **Basis des In-FORM-ations- und Meinungsaus-TAUSCH-es** für **beruflich in der Bildung tätige** Menschen. Wie der Zugang zu den Foren ist das LEHRER-Forum zusätzlich mit einem **Passwort** geschützt und damit nur „Insidern" zugänglich.

Wie werden Sie „Insider"?

Sie surfen zunächst intensiv im öffentlichen Bereich der Internetseite und beschäftigen sich mit deren Inhalten. Haben Sie **Lust** auf mehr und möchten Sie sich auch **aktiv** in einen Gedankenaustausch einbringen, dann fordern Sie unter der E-Mail-Adresse **Boehm@Bauchhirn.de** das Zugangspasswort für die Foren an und (falls Sie sich beruflich mit Bildung beschäftigen) auch das Passwort für das LEHRER-Forum. Sie erhalten per Mail einen Fragebogen, mit dessen Beantwortung Sie sich als Insider „qualifizieren".

Ich freue mich sehr auf Ihre Kommentare, Fragen und eigenen Erfahrungsberichte

Ihr

Dr. Dieter Böhm
Leiter des Birkenbihl-LEHRER-Forums

Literaturverzeichnis

1. **BATESON, Gregory:** Ökologie des Geistes. Suhrkamp, Frankfurt/Main 2001
2. **BECK, Annette:** Dissertation (im Internet: http:/www.uni-wuerzburg.de/sopaed1/vernooij/kriminalitaet/beck.htm
3. **BIDDULPH, Steve:** *Jungen! Wie sie glücklich heranwachsen* (Original: *Raising Boys.*). Heyne Verlag, München 2002
4. **BLECH, Jörg:** *Die Krankheitserfinder.* Fischer, Frankfurt/Main 2003.
5. **BUCHNER, Christina:** *Schreibvergnügen – Anregungen und Materialien für das 1. und 2. Schuljahr.* Bundesamt für Gesundheit: BAG-Bulletin vom 4.4.2002
6. **d'AVIS, Winfried:** *Der informierte Mensch.* Edition im Quintessenz Verlag 1999
7. **DAWKINS, Richard:** *Das egoistische Gen.* Rowohlt, Reinbek 1998
8. **DRAAISMA, Douwe:** *Die Metaphern-Maschine.* Primus Verlag, Darmstadt 1999
9. **FARSON, Richard:** *Die meisten Probleme sind keine.* Ueberreuter Wirtschaftsverlag, Frankfurt/Main 2002
10. **GELB, Michael:** *Das Leonardo-Prinzip – Die sieben Schritte zum Erfolg* (Original: *How to think like Leonardo da Vinci*). Ullstein Verlag, München 2001
11. **GOATLY, Andrew:** *The Language of Metaphors.* Routledge, London 1997
12. **HOLT, John:** How Children Fail. Dell Publishing, New York 1977
13. **JAMES, Jennifer:** *Thinking the Future.* Simon & Schuster, New York 1996
14. **JOHNSON, Mark/LAKOFF, George:** *Leben in Metaphern.* Carl-Auer Verlag, Heidelberg 2002
15. **JOY, W. Brough:** *Joy's Way – a Map for the Transformational Journey.* 1979, J. P. Tarcher, Inc., Los Angeles, USA
16. **KAHL, Reinhard:** *Schule überlebbar machen. Handbuch für Unbelehrbare.* Rowohlt Taschenbuch Verlag, Reinbek 1987
17. **KAHL, Reinhard:** *Treibhäuser der Zukunft.* Video zu beziehen über www.reinhardkahl.de
18. **KAHL, Reinhard:** *Vom Lob des Fehlers.* Video, Beltz, Weinheim 1999
19. **KAHL, Reinhard:** *Ziele und Wege innovativer Schulen: Netzwerke innovativer Schulen in Deutschland.* Bertelsmann Stiftung o. J.
20. **KIRCHNER:** zit. bei YATES, Frances A.
21. **KLEIN, Garry:** Natürliche Entscheidungsprozesse. Junfermann, Paderborn 2003
22. **KLIPPERT, Heinz:** *Methoden-Training – Übungsbausteine für den Unterricht.* Beltz-Verlag, Weinheim und Basel 2002
23. **KLIPPERT, Heinz:** *Kommunikations-Training – Übungsbausteine für den Unterricht.* Beltz-Verlag, Weinheim und Basel 2001
24. **KLIPPERT, Heinz:** *Pädagogische Schulentwicklung – Planungs- und Arbeitshilfen zur Förderung einer neuen Lernkultur.* Beltz-Verlag, Weinheim und Basel 2000

25. **KOESTLER, Arthur:** *Der Mensch – Irrläufer der Evolution* (Original: *Janus. A Summing Up*). Goldmann Verlag, Bern/München, 2. Auflage 1981
26. **KOESTLER, Arthur:** *Die Armut der Psychologie – Zwischen Couch und Skinner Box und andere Schriften.* Fischer, Frankfurt/Main 1989
27. **KOHN, Alfie:** *The Schools Our children deserve.* Houghton Mifflin, Boston 2001
28. **KOHN, Alfie:** *Punished by Rewards.* Mariner Books, Boston 1999
29. **KOTRE, John:** *Weiße Handschuhe.* Carl Hanser Verlag, München 1996
30. **KRASHEN, Stephen D.:** *Principles and Practice in Second Language Acquisition.* Prentice-Hall International, 1987
31. **LANGER, Ellen J.:** *Kluges Lernen – Sieben Kapitel über kreatives Denken und Handeln.* rororo, 2002
32. **LANGER, Ellen J.:** *The Power of Mindful Learning.* Perseus Books, Cambridge 1998
33. **LEVINE, Mel:** *A Mind at a Time.* © 2002
34. **LOFTUS, Elisabeth:** zit. von SCHACTER, Daniel L. (in: *Wir sind Erinnerung*)
35. **LULLUS, Raimundus:** it. bei YATES, Frances A.
36. **LULLUS, Raimundus:** *Opera – Clavis Pansophiae Frommann-holzboog.* Stuttgart/Bad Cannstatt 1996
37. **MAY, Rollo:** *Der Mut zur Kreativität.* Junfermann, Paderborn 1987
38. **NØRRETRANDERS, Tor:** *Spüre die Welt – Die Wissenschaft des Bewußtseins.* Rowohlt, Reinbek 1997
39. **POSTMAN, Neil:** *Keine Götter mehr – Das Ende der Erziehung.* dtv, München 1997
40. **POSTMAN, Neil:** *Wir amüsieren uns zu Tode – Urteilsbildung im Zeitalter der Unterhaltungsindustrie.* Fischer Taschenbuch Verlag, Frankfurt/Main 1988
41. **PROUST, Marcel:** *Auf der Suche nach der verlorenen Zeit.* Suhrkamp, Frankfurt/Main 1981
42. **RIEGER, Stefan:** *Speichern/Merken – Die künstliche Intelligenzen des Barock.* Wilhelm Fink Verlag, München 1997
43. **SCHACTER, Daniel L.:** *Wir sind Erinnerung – Gedächtnis und Persönlichkeit.* Rowohlt Verlag, Reinbek 2001
44. **SCHNEIDER, Wolf:** *Wörter machen Leute.* Piper, München 1996
45. **SMITH, Frank:** *Insults to Intelligence.* Heinemann, Portsmouth 1988
46. **SPITZER, Manfred:** *Geist im Netz.* Spektrum Verlag, Heidelberg 2000
47. **YATES, Frances A.:** *Gedächtnis und Erinnern – Mnemonik von Aristoteles bis Shakespeare.* Akademie Verlag Berlin, 4. Auflage 1997

Internet-Adresse
www.birkenbihl.de

In diesem Buch zitierte Werke von Vera F. Birkenbihl:

1. *ABC-Kreativ.* Ariston, Kreuzlingen/München 2002/Goldmann 2004
2. *Das Birkenbihl ALPHA-Buch.* mvg, Landsberg/München, 2. Auflage 2002
3. *Das große Analograffiti-Buch.* Junfermann, Paderborn 2002
4. *Das innere Archiv.* Gabal, Offenbach 2002
5. *Fragetechnik schnell trainiert.* mvg, Landsberg/München, 13. Auflage 2002
6. *Gehirn-gerechtes Rechentraining.* Video-Vortrag, Gabal, Offenbach
7. *Intelligente Party-Spiele.* Urania, Berlin 2003
8. *Intelligente Rätsel-Spiele.* Goldmann, München 2003
9. *Intelligente Wissens-Spiele.* Gabal, Offenbach 2003
10. *Männer/Frauen – mehr als der kleine Unterschied?* Video-Seminar, Gabal, Offenbach
11. *Mehr intelligente Kopf-Spiele.* Gabal, Offenbach 2004
12. *Rhetorik – Redetraining für jeden Anlaß.* Ariston, Kreuzlingen/München, 7. Auflage 2002 (auch als didaktisches Hörspiel erhältlich)/Goldmann 2004
13. *Trotzdem LERNEN.* Gabal, offenbach 2004
14. *Sprachen lernen leicht gemacht.* mvg, Landsberg/München 28. Auflage 2003
15. *Stroh im Kopf?* mvg, Landsberg/München, 43. Auflage 2004
16. *Viren des Geistes.* Video-Seminar, Gabal, Offenbach
17. *Wortlos denken?* Video-Seminar, Gabal, Offenbach

Ausführliche Informationen sowie einen aktuellen Gesamtüberblick zu all meinen Büchern, Video-Vorträgen, Ton-Kassetten etc. finden Sie auf meiner Website **www.birkenbihl.de**

Stichwortverzeichnis